大 学 问

始 于 问 而 终 于 明

劫后"天堂"

抗战沦陷后的苏州城市生活

巫仁恕 / 著

广西师范大学出版社
·桂林·

劫后"天堂":抗战沦陷后的苏州城市生活
JIEHOU "TIANTANG"
KANGZHAN LUNXIANHOU DE SUZHOU CHENGSHI SHENGHUO

本书简体中文版由台湾大学出版中心授权出版
著作权合同登记号桂图登字:20-2019-177号

图书在版编目(CIP)数据

劫后"天堂":抗战沦陷后的苏州城市生活 / 巫仁恕著. --桂林:广西师范大学出版社,2021.11
ISBN 978-7-5598-4371-5

Ⅰ.①劫… Ⅱ.①巫… Ⅲ.①城市-社会生活-历史-研究-苏州-1937-1945 Ⅳ.①K295.33

中国版本图书馆CIP数据核字(2021)第213243号

广西师范大学出版社出版发行
(广西桂林市五里店路9号　邮政编码:541004)
(网址:http://www.bbtpress.com)
出版人:黄轩庄
全国新华书店经销
广西广大印务有限责任公司印刷
(桂林市临桂区秧塘工业园西城大道北侧广西师范大学出版社集团有限公司创意产业园内　邮政编码:541199)
开本:880 mm ×1 240 mm　1/32
印张:10.125　　字数:234千
2021年11月第1版　　2021年11月第1次印刷
印数:0 001~5 000册　定价:69.00元
如发现印装质量问题,影响阅读,请与出版社发行部门联系调换。

简体版序

这本书能够以简体版的形式在中国大陆出版，我要特别感谢的是这本书的编辑刘隆进先生。其实我和隆进早已认识，在2013年由华师大上海史研究中心和哈佛燕京学社、香港大学香港人文社会研究所联合举办的"比较视野下的中国都市研究"高级研修班，我受邀担任讲员，其间我认识了隆进。他当时正在华东师范大学思勉人文高等研究院攻读硕士学位，而他的硕士论文也是我所关心的明清以来苏州文化精英，我对他的印象非常深刻。他当时送我到车站的时候，我们聊了很多；意想不到的是他毕业之后到了广西师范大学出版社任职，我们还有缘分能够再度联系上。这本书要感谢他在版权方面的费心联系。此外我还要感谢原野菁编辑的细心编校。

本书的繁体版出版之后不久，立刻受到北京中国社会科学院近代史所的史学同行注意，并召开青年读书会选读拙作，集体提出对拙作的评价，[1]让笔者感到万分的荣幸，同时也让笔者感到拙作着实

1　http://jds.cass.cn/xwkx/zxxx/201802/t20180208_3844861.shtml，检索时间：2020年6月15日。

有许多不足之处。此外，香港岭南大学的毛升教授也撰有深度分析的书评，[1]许多笔者尚未意识到与未及落笔之处，评者已"超前"为笔者演绎，让笔者非常佩服。笔者想趁此机会响应上述同行批评的几个大问题，聊表敬意。

关于史料的运用方面，的确拙作未及阅读苏州市与江苏省的档案，仅利用了苏州商会的档案。之所以如此，有几个主观客的原因。因为拙作聚焦于苏州的"四馆"，最初的研究动机即是以此四种行业切入，来研究沦陷时的苏州城市生活，而并非从市政管理的角度来探讨，于是商会档案成了阅读的重点。苏州档案馆所藏的苏州商会档案也是整理较完整，且已数字化的，利用起来相对方便，即使该馆规定无法影印或拍照，仅能抄写，对于停留苏州时间有限的笔者而言，还是最好的选择。如此说明当然不代表笔者认为阅读苏州市政或警政的档案是不重要的，相反，笔者相当赞同若要更深入地探讨城市生活，还需要更进一步阅读这类档案。然而，就客观条件而言，要能在档案馆里充分阅读这类档案，时间上至少需要数个月到半年不等，再加上苏州市政与警政的档案是否开放也是个问题。要克服上述这些难关，对笔者而言如同是件"不可能的任务"。只能期待内地青年学者投入时间与精力，继续笔者未能完成的任务。

在研究的方法方面，虽然笔者的确很希望效法人类学家"深描"的方法来呈现史实，尤其希望透过史料来呈现"弱者的武器"，但是非常遗憾的是从笔者搜集的史料里，很难达成这样的企图。最

---

1 毛升：《再思战争下的繁荣城市》，《二十一世纪》（香港），第169期（2018年10月），第139—147页。

大的原因在于史料在性质上所有的局限，因为无论是报纸或档案，都很难明显地看到当时市民的反抗心态，因为被高压统治下的市民不可能在正式的文献里显露出来其心理。唯有靠口述回忆才能呈现小市民的心声，可惜的是这类史料笔者能见到的并不多。虽然有关苏州的文史资料有不少口述回忆记录，但却甚少涉及这类日常生活。这也让我上了一课，了解人类学的方法应用在史学方面仍是有段落差，因为人类学除了民族志这类文献，还可以做田调采访，利用田调采访工作还原部分历史真实。而过去我们史学界的口述史记录或访问，其实仍是太着重在抗敌与受害，对日常生活的回忆向来不是重点。这提醒我们应该重新省思口述史的方法论了。

　　对拙作的批评中还有朋友提到，书中对人物的描述不够细致。关于这一点，笔者认为这其实是学术书籍在书写上的两难问题。拙作是采取社会史的研究取向，其特色是通过分析社会群体的活动与社会发生的现象，以探究社会结构的变化。由是，如政治史常见探讨某些重要政治人物的行为，或是思想史研究某些个人思想与心理的研究，在本书里少见描述。这样研究取向的缺点，就是个人的活动往往可能被化约到群体的活动里，而减少了对个人独特性的描述。再者，笔者搜集的史料缺乏个别较细致的案例，也会制约笔者的书写模式。至于日本人的形象在拙作中会显得模糊，主要是因为苏州到了"维新政府"成立后，大多数日本军队与官僚都调往他处，城内日军为数不算太多。"四馆"之中也只有烟馆有日人涉入其中较深，其他三馆稀见日人角色。

　　这本书虽然完成已近三年了，但是心中仍然有几个缺憾。其中一个最重要的缺憾，是当年其实在撰述此书时有一极大的野心，也就是毛升的书评所提到的，比较二战时期亚洲沦陷区跟欧洲沦陷区的异同，可惜这方面笔者力有未逮。二次世界大战的研究从全球史角度来看，重点仍然集中在欧洲战场，而亚洲战场长期以来被忽视。之所以有如此，有许多主、客观的因素。以中国战场而言，沦陷区的研究几乎大量集中在上海，至于从底层的角度来看沦陷区的生活，更是少之又少。现今欧洲研究二战时期沦陷区的研究范式已经出现多次转折，研究取径与研究面相也更加多元化，尤其从底层而来的研究令人耳目为之一新。身为中国历史工作者，也应该努力发掘二战时期中国战场沦陷区的历史真相，才能更加突显中国战场的重要性。

去年笔者曾经受邀到法国巴黎的高等社会科学院讲学，其间笔者也以此书为题报告了笔者的研究结果。出乎意料的是，当场获得许多法国学者的反响，让我非常感动。巴黎在二战时期曾经被纳粹德军统治，我想许多巴黎人的历史回忆里仍留有沦陷时期的许多印象，这也是他们对我这个题目充满兴趣的原因吧！由此可知这个议题的重要性，它不仅是中国抗日战争历史的问题，而是二战时期全球历史中的一部分。我深切期盼未来有更多后起的优秀学者继续努力，完成二战时期东、西战场沦陷区的比较研究。

另外一个遗憾是，当时虽然意识到沦陷区的妇女生活应该是一个非常重要的课题，只可惜那时无暇去处理这个问题，直到去年笔者才完成这方面的研究，撰写成《劫后妇女：抗战时期苏州沦陷后的妇女生活》一文。该文指出抗日战争造成妇女流离失所、生计困难，于是妇女被迫沦为乞丐、被卖、被诱拐等事件频仍。然而，上述这类战争时期的非常态现象，只是苏州妇女日常生活的一面。从苏州的例子可以发现，战争对当时社会的重要影响，就是加速了某些制度与社会的变迁，婚姻制度与新兴职业最为明显。再者，妇女的活动又反映了战时沦陷区社会的另一种特征,即高度的流动性。最后透过当时苏州妇女的休闲情况,呈现了战时城市社会贫富两极分化的现象。该文刊于《近代中国妇女史研究》第34期,欢迎有兴趣的读者参阅该文。

其实抗战沦陷区城市史的讨论,还有很多面向在此书未涉及,除了妇女生活的变化之外,职业工人的生计、劳资关系的变化、娱乐事业(如舞厅、电影与戏园等)的内容变化等,都是很值得注意的问题。回想起来自己在开始着手研究之初,虽然是根据自己所阅读的报纸史料而着眼在这四个馆,但是这四个属于纯消费性质的行业会被我注意,其实背后和我长期以来关心的明清消费文化史有关。不过,更遗憾的是,笔者在撰述本书的过程中,没有清楚地意识到战争时期大众消费史的重要性,也没有企图贯穿明清以来的消费史,更未充分思考到战时消费文化与1980年代改革开放后出现的消费社会有何连续性。幸赖毛升教授的书评点出了拙作在二战时期大众消费史的研究脉络下所具有的重要性。不仅如此,毛教授的书评还补充了此脉络的重要成果,其中也包含了二战时关于德国、日本等国的研究成果,可与本书的研究结果相呼应。这篇优秀的书评已经超前了我自己原先的设想,为未来的研究者理出新的可能性,在此强烈推荐读者一并参阅该文。

虽然笔者对自己仍有许多期待,但是最近总有些无力感。台湾的流行歌曲教父李宗盛有一首《最近比较烦》,其中的歌词颇能反映我这世代的心声,他是如是唱的:

最近比较烦,比较烦,比较烦,我看那前方怎么也看不到岸。那个后面还有一班天才追赶,哎唷!写一首皆大欢喜的歌，是越来越难。

对笔者而言，一本书完成后最重要的意义，是有人愿意读它。笔者期待这本书能吸引学界更关心沦陷区的日常生活，当然苏州不能代表沦陷区的所有城市，未来若有更多年轻学子投入此领域，将能更丰富我们对历史的理解。

巫仁恕
于南港
2020年6月16日

序

　　关于抗战时期的回忆，我从小到大，听过不少长辈的故事，但令我印象最深刻的是以下三则。我将这三则故事按照时间发生的先后略述之。

　　第一则故事是苏州沦陷前后的个人历史记忆。本院历史语言研究所退休研究员，也是明清法制史权威学者张伟仁先生，他的童年是在苏州度过的。他回忆起那段日子，内心还是非常难过。张老师在抗战全面爆发、苏州将要沦陷之际，随着父母亲避难到苏州城郊的乡村。他回忆当时印象最深刻的几件事，其一就是某日在城郊的河道上，目睹一幕凄惨的景象。原来是不知从何处漂来许多门板，门板上有一个半裸的孕妇尸体，肚子已遭剖开。然而，这还不是最凄惨的。接下来的几天，他又看到有位日本军人乘着小船，后面拖着许多门板，上面都是惨死的妇人。日本兵此举显然是来示威。他说抗战期间有时必须到城里采买民生必需品，在苏州城内商业中心的观前街上，随处可见许多尸体。他觉得那时活得毫无尊严，直到抗战胜利后，才终于能吐出一口怨气，可以抬头挺胸走路了。

　　第二则故事是发生在广东一个偏僻的县份兴宁县城。当时日军已经打通粤汉铁路与湘桂铁路的沿线，占领广州及附近重要的大城市，但兴宁县因为不是位居交通要点，没有太大的战略价值而逃过一劫。然而，这并不太代表县城里的人就可安稳无忧。家父当时只是个初中生，就读于城郊的中学，他回忆起当时上课的气氛非常紧张，因为不时有日本的飞机从汕头的机场起飞来空袭县城及县城附近神光山的中国军队营房，所以往往上课到一半，听到空袭警报，就得紧急疏散。至于日常生活还算是正常。

第三则故事是听闻自本所老前辈，著名的近代中国史学者张朋园先生，在一次聊天中，他提及令人鼻酸的往事。他说抗战时他在贵阳，1944年底日军发动的"一号作战"已经攻占离贵阳仅有六十里的独山。当时人心惶惶，以为国家将亡，就连要逃到哪里都不知道。他还记得他的老师上课说："即使国家亡了，你们还是要记得自己是中国人。"我问老师见过日本兵吗？张老师回答说，他在医院里曾经看过受伤被俘的日本兵，其实他们也不过是十来岁的小孩子。

这三则亲自经历的回忆，反映了战时平民的生活，是逃难、躲避与努力生存；也反映了当时的社会心态，是恐慌、紧张、无助与绝望。这些故事刺激了我撰写一本以社会生活史的角度，来呈现抗战历史专书的念头。

这本书写作的源起，其实也是很偶然的。笔者的专业领域是明清社会经济史，虽然在服役期间因为接触军事历史档案而引发笔者的兴趣，撰写过一两篇抗战史的论文，但那只能算是玩票性质的习作，难登大雅之堂。一直要到受法国学者安克强（Christian Henriot）教授的邀约，参加了他所主持的蒋经国基金会主题研究计划"动乱中的城市：历史地理信息系统与近代中国的城市生活"（City in

Turmoil），才开启了我研究沦陷区城市生活的一扇窗。同时，也要特别感谢本所的孙慧敏博士，因为她告知我本所收藏有抗战时期苏州的两份报纸。若是没有安克强教授的刺激与孙博士提供的史料，这本书根本无法问世。

过去笔者主要从事的是明清社会经济史的研究，江南地区是很重要的研究重心，尤其苏州更是江南研究的核心。我对明清的苏州算是比较熟悉，当参加安克强教授的研究计划时，自然就选择以民国时期的苏州作为研究对象。中国的俗语说："上有天堂，下有苏杭。"苏州这个过去被视为人间最富庶的天堂，在抗战时遭受摧残，已不再是过去的景象。当时的报刊文章已有人以"劫后天堂"为标题，描述沦陷后的苏州惨状。或许有读者看到本书的部分内容，尤其是提到苏州沦陷后的休闲服务业更盛于战前，会误以为笔者是企图为当时汪精卫伪政权翻案。笔者在此要特别声明，本书绝非为合理化汪伪政权或日本人统治沦陷区而作，其实最原始而单纯的动机只是想重新找寻历史的一个面向，也就是当时沦陷区的百姓如何度过那八年。

本书得以完成，还要感谢多位师长朋友的帮助。叶文心教授阅读本书初稿后，提供给笔者许多宝贵的建议，本书结论部分即是根据叶教授的建议而作修改。本所的林美莉教授提供给我许多关于抗战时期税收方面的知识。苏州的夏冰与陈其弟二位朋友赠送了相关的研究著作与参考资料。本所已退休的张瑞德教授与清华大学的李伯重教授在听过笔者的构想后，也提了不少意见。还要感谢老朋友Margherita Zanasi教授，当我阅读她送我的大作后再与她讨论汪精卫与蒋介石的关系时，她给了我许多灵感。难得的机会是和美国加州大学洛杉矶分校的王国斌教授讨论书稿，他给了我极大的鼓舞。我很庆幸自己能在台湾"中央研究院"近代史研究所，和一群志同道合的伙伴一起学习与成长。尤其是本所"城市史研究群"同仁，包括赖惠敏、康豹、张宁、林美莉、连玲玲、孙慧敏、赖毓芝等，张力与林志宏二位也曾对本书初稿的部分章节提出许多有用的建议。我还要感谢我的研究助理许秀孟同学，她是台湾大学历史系博士班的高材生。有如此优秀的学妹帮忙，让我在研究期间的效率特别高。台湾大学出版中心在拙作的出版过程中，提供了非常专业的帮助，在此要特别致谢。能在自己的母校出版作品，也是我个人的荣幸。送审的过程中，感谢两位匿名审查人提供许多建议。最后要说明的是本书撰写期间得到"科技部"学术性专书写作计划案的补助（编号104-2410-H-001-042-），谨此致谢。

这本书如果对学术界还有一点贡献的话，大概就是点出过去被忽略的抗战时期的沦陷区研究之面向。希望这本书只是一个开始，期待未来学界在这方面有更多的突破性研究，让我们重新认识战争下人们的生活实态，进而提供二战时期东方战场的历史经验。

巫仁恕

2017年6月30日

目 录

导 论 ... 1

第一节 沦陷区的城市史研究回顾 ... 4
第二节 章节概要 ... 11

第一章 从传统走向现代 ... 17

第一节 近代苏州的城市发展 ... 19
第二节 新旧并陈的茶馆 ... 23
第三节 从酒楼到菜馆 ... 32
第四节 从客栈到旅馆 ... 40
第五节 从烟馆的盛行到禁烟运动 ... 50
小结 ... 63

第二章　从天堂到地狱　　　　　　　　　65

第一节　苏州沦陷的过程　　　　　67
第二节　伪政权的建立与转移　　　80
第三节　汪伪政权在华中沦陷区的统治政策　　88
第四节　沦陷后苏州城市社会结构的变迁　　98
小结　　　　　　　　　　　　　104

第三章　严禁与取缔下的茶馆　　　　　106

第一节　茶馆的经营与发展　　　108
第二节　茶馆的多元功能　　　　114
第三节　同业组织的成立与转型　123
第四节　伪政府对茶馆的控制　　127
小结　　　　　　　　　　　　　136

第四章　"利市三倍"的菜馆　　　　　139

第一节　沦陷前期菜馆业的恢复　141
第二节　菜馆业面临的难题　　　146

第三节	沦陷后期的畸形发展	154
第四节	菜馆空间分布的变化	162
小结		173

第五章　高挂"客满牌"的旅馆　　175

第一节	从浩劫到复苏的旅游业	177
第二节	旅馆的繁荣与其原因	185
第三节	汪伪政权对旅馆业的管制	193
第四节	旅馆业的经营与内部矛盾	201
第五节	旅馆与战时的社会问题	206
小结		213

第六章　不戒吸的烟馆　　216

第一节	鸦片垄断贩卖体系的建立	218
第二节	烟馆与吸烟的盛行	230
第三节	沦陷后期汪伪政权的禁烟运动	241
小结		253

结　论　　　257

征引书目　　273

　　一、史料　　273
　　二、论文　　281
　　三、专书　　284
　　四、网络资料　288

附　录　　　289

索　引　　　300

图表目录

图 1-1： 1930 年代苏州城内新增两条循环路线示意图　　22

图 1-2： 苏州阊门外的久华楼菜馆（1927 年摄）　　37

图 1-3： 1925 年苏州城外大马路之苏台旅馆　　46

图 1-4： 全面抗战前讽刺洋烟进口与禁烟政策的漫画之一　　58

图 1-5： 全面抗战前讽刺洋烟进口与禁烟政策的漫画之二　　59

图 2-1： 苏州车站站台被毁　　68

图 2-2： 苏州城内被炸之惨状　　70

图 2-3： 苏州站内挤满逃难民众的列车　　71

图 2-4： 日军占领下的苏州街上挂满日本国旗　　75

图 3-1： 苏州乡间的茶馆书场　　119

图 4-1： 《江苏日报》所绘之音乐咖啡座插图　　161

图 4-2： 19 至 20 世纪初苏州菜馆业重心转移示意图　　165

图 4-3： 1920 年代至 1930 年代中期苏州的菜馆分布　　166

图 4-4： 1942 年苏州菜馆分布　　168

图 4-5： 1945 年玄妙观附近菜馆分布　　169

图 4-6： 1945 年苏州菜馆分布　　171

图 5-1： 电影明星李红的照片　　183

图 5-2： 沦陷时期苏州报纸的旅馆广告　　190

图 6-1：抗战时期讽刺戒烟漫画之一　　　　　　　　　　233
图 6-2：抗战时期讽刺戒烟漫画之二　　　　　　　　　　239

表 1-1：各种苏州指南上的旅馆、茶馆与菜馆数量　　　　34
表 1-2：1934 年吴县烟民登记职业类别　　　　　　　　　61
表 6-1：沦陷时期苏州烟民登记的数量　　　　　　　　　232

导　论

　　八年的全面对日抗战是中国人的"圣战"，其间中国最富庶的华中地区先后沦陷，1943年日本占领地区（包括华北、华中、华南地区）的耕地面积约占全中国的46%；农作物产量所占的比重，小麦是54%，棉花是60%；近代化的工厂工人数量占全国的90%，生产额占94%。而华中占领区的地位，就农业生产力而言，约与华北占领区相当，但工业生产力是日本所有占领区的四分之三。沦陷后的华中地区受到日本与伪政权的掠夺与统制，经济凋敝、工商业与金融业萎缩、农业衰退；再加上粮食紧缺、生活日用品匮乏、物价飞涨等因素，致使民不聊生。而城市方面则是人口减少、城市建设破坏严重、城市功能退化等现象，成了一般人的印象。[1]

　　然而，1943年10月，沦陷的苏州报纸上，有一则《闲话吴中四馆》的社论如是说：

---

[1] 黄美真主编，李占才等撰：《日伪对华中沦陷区经济的掠夺与统制》，北京：社会科学文献出版社，2005，第20、551—586页。

诚然的，我们苏州地方，毕竟是天堂，虽则生活底指数，一天加高一天，凡百物价，如同飞机般的上翔，但，四馆的生意，却还是"座上客常满"，就这一点上瞧来，也就可以透视出社会的畸形。……至于本文所说的四馆是什么呢？就是"茶馆、酒菜馆、旅馆、及烟馆"。[1]

该文指出苏州在沦陷后到抗战末期，该地的这四种业者不但未受物价飞涨的影响，反而是"座上客常满"的畸形繁荣。这样的景象和我们过去的印象有极大的落差，难道是报纸夸大粉饰？还是确实如此？如果属实，说明我们过去对抗战时期沦陷区的研究不够充分。更重要的是，这样的现象又是什么样的原因所造成的呢？背后反映了战时的城市发生了什么样结构性变化？

抗战时期是民国史研究中非常重要的领域，过去对于抗战时期的研究已经累积了相当丰硕的成果。然而，无论是中文学界或是欧美学界，大部分的焦点仍然是以"抗敌"的层面为主，长期以来学者的注意力较少拓展到抗敌活动以外的讨论；当时几乎占中国领土三分之一，拥有人口一半以上的广大沦陷区因此被学者忽略。[2]若再从城市史的角度来观察，虽然近20年来近现代中国城市史的研究蓬勃发展，不过，到了抗战时期的城市研究，尤其是沦陷区的城市

---

[1] 独手：《闲话吴中四馆——茶馆·菜馆·旅馆·烟馆》，《江苏日报》，1943年10月25日，第3版。

[2] 参见王克文《欧美学者对抗战时期中国沦陷区的研究》，《历史研究》，第5期（2000年），第170—179页。Jian-Yue Chen, "American Studies of Wang Jingwei: Defining Nationalism," *World History Review* 2 (Fall 2004): 2-34.

生活，除了少数的著作外，整体而言非常贫乏。苏州在抗战时期沦陷，伪政权成立后成为伪江苏省的省会，是探讨沦陷区城市生活的绝佳例子。

第一节　沦陷区的城市史研究回顾

　　抗战时期沦陷区的城市研究，以"孤岛"时期与沦陷后的上海，相关的论著较为丰富与深刻。如1998年与2003年，分别出版了两本重要的论文集：一是由叶文心主编的《战时上海》，一是由安克强（Christian Henriot）与叶文心共同主编的《在太阳旗的阴影中：日本占领下的上海》。两本论文集收集了研究这一领域诸多学者的著作，内容涉及战时上海政治、社会、经济、文化等各方面的研究，颇为全面。前书着力在抗战时期上海的通敌、反抗与政治层面的恐怖主义，故关注的焦点集中在社会上层。[1]后书分为经济、政治与文化三部分，经济方面强调战前上海的经济活动在战时仍然持续运作，如工业有短暂的复苏，直到日军占领上海后才衰退；而上海仍与其他地区持续着贸易联系的网络，如走私、地下金融与药业等方面。政治方面，后书的论文探讨上海与日本合作的傀儡政权、作为中间人角色的青帮杜月笙，以及西方的殖民政府如何将租界统治权交出的过程。再就战时上海的城市文化而言，后书指出当时形成两种对立的形象：一是保持高度商业化的"常态"，尤其是娱乐方面；另一方面在报刊杂志则是大谈妇女应回归传统的家政，却也因

---

[1] Wen-hsin Yeh ed., *Wartime Shangha* (London; New York: Routledge, 1998).

此将妇女作家与妇女议题带入公共的领域。[1]

此外，还有魏斐德（Fredric E. Wakeman, Jr.）的《上海歹土：战时恐怖活动与城市犯罪，1937—1941》一书，将战时上海的政治暴力活动放在城市犯罪的架构里来考察，描述了孤岛时期日本军警、国民党特务和汪伪政权特务等三方势力在上海租界角逐的情况。[2] 也有学者对当时上海的上层精英，包括作家、文人及资本家对抗日的反应进行了深入研究。如傅葆石将当时人们对日军占领的反应分为三类，即隐匿逃避、勇敢抵抗与妥协合作。他指出沦陷区的中国人为了谋生，或贪图虚荣，在政治态度上表现出一种既不爱国、也不卖国的暧昧性。[3] 沦陷区的资本家也是学者注意的面向，如柯博文（Parks M. Coble）的研究，主要是探讨沦陷区的资本家如何面对日本的统治。[4]

然而，上述的研究中论及一般市民生活的情况仍不多见，仅知叶文心关于上海企业伦理的近作《上海繁华：都会经济伦理与近代

---

[1] Christian Henriot and Wen-hsin Yeh eds., *In the Shadow of the Rising Sun: Shanghai under Japanese Occupation* (Cambridge, UK; New York: Cambridge University Press, 2004).

[2] Fredric Wakeman, *The Shanghai Badlands: Wartime Terrorism and Urban Crime, 1937-1941* (Cambridge; New York: Cambridge University Press, 1996). 中译本为魏斐德著，芮传明译：《上海歹土：战时恐怖活动与城市犯罪，1937—1941》，上海：上海古籍出版社，2003。

[3] 参见 Poshiek Fu, *Passivity, Resistance, and Collaboration: Intellectual Choices in Occupied Shanghai, 1937-1945* (Sandford: Sandford University Press, 1993). 中译本为傅葆石著，张霖译：《灰色上海，1937—1945：中国文人的隐退、反抗与合作》，北京：生活·读书·新知三联书店，2012。

[4] Parks M. Coble, *Chinese Capitalists in Japan's New Order: The Occupied Lower Yangzi, 1937-1945* (Berkeley; London: University of California Press, 2003).

中国》,有一章论及抗战时期公司职员的生活与命运。[1]日本学界有高纲博文主编之《战时上海:1937—1945年》论文集,[2]其中有两篇涉及沦陷时期上海市民的消费生活:一是菊池敏夫考察中日战争时期上海的百货公司行业,仍得以持续经营的原因;另一文是岩间一弘研究战时上海的工薪阶级所陆续成立的联谊会,指出联谊会在推进娱乐活动与敦睦互助的过程中,也用于政治动员。

除了上海的研究,以笔者所知,其他的沦陷区城市的研究,仅见北京、杭州与南京三地,而且讨论的对象都是局限在政治层面或精英阶层。如关于沦陷时期北京的教育与文化的研究,有李斐亚(Sophia Lee)的博士论文,之后她还撰写了不少相关的论文。李斐亚关于抗战沦陷的北京教育,其实较接近教育史的脉络,指出当地教育的思想控制并不如想象中的严密,不如国统区与中共根据地的教育模式。[3]关于沦陷时期的杭州,有肖邦齐(R. Keith Schoppa)的论文探讨1938—1940年间杭州的"协力政权",其结论显示地方的"协力政权"有一段演进的过程,又发现基层的协力者(如区长)没有太强烈的政治色彩,相当程度上延续了战前的角色与功能。[4]

1　参见Wen-hsin Yeh, *Shanghai Splendor: Economic Sentiments and the Making of Modern China, 1843-1949* (Berkeley: University of California Press, 2007)。中译本为叶文心著,王琴、刘润堂译:《上海繁华:都会经济伦理与近代中国》,台北:时报文化,2010,第七章。

2　高纲博文主编:《战时上海:1937—1945年》,东京:研文,2005。

3　Sophia Lee, "Education in Wartime Beijing, 1937-1945" (PhD diss., University of Michigan, 1996).

4　R. Keith Schoppa, "The Changing Face of Collaboration: Hangzhou, 1938-1940," (unpublished conference paper). 此外,他也有专书探讨战时浙江省难民在沦陷区的移动。参见R. Keith Schoppa, *In a Sea of Bitterness: Refugees during the Sino-Japanese War* (Cambridge Mass.: Harvard University Press, 2011).

就沦陷区的城市生活而言,虽然上述的研究无论是在城市的范围还是城市内的社会结构上都有相当的局限性,但是上述的著作中有些初步的研究涉及沦陷区城市的统治政策与经济情况,指出了沦陷区的一些不同面相。例如魏斐德认为上海虽然在1941—1945年被日军全面占领,但随着社会与经济秩序的逐渐恢复,城市居民的生活和外贸均有一定程度的成长。[1]

关于沦陷时期的南京研究,是少数直接涉及城市市民生活的研究。如Mark S. Eykholt尚未出版的博士论文,即尝试提出分析沦陷占领区的新视角,是一本非常优秀的博士论文。该论文第一部分主要是叙述从南京大屠杀、"维新政府"恢复秩序,到汪精卫伪政权成立的宣传活动。第二部分谈市民生活,论及伪政府如何控制工人,但工人仍有反抗,其动机并非反日或反当局,而是战前反压迫的延续。其中第五章论及休闲娱乐,南京沦陷后的娱乐题材并非皆是反抗元素,而是以通俗文化为主题;尤其是提到鸦片的消费在当局税收的需求下更加普及。第六章谈汪伪政权的节日宣传,特别是指出汪伪政府企图利用孙中山的形象,却难有成效的原因。第三部分论学生与伪政府的控制策略,着重学生如何和当局协商,甚至透过公开抗议以取得自治权,又论及随着通货膨胀与物质短缺,而在抗战末期常发生的性别暴力问题。[2]日本学者林道生亦有专文论及沦陷后汪伪政权统治下南京人的生活,涉及战时社会体制与市民的生活(包括电影、戏院、广播、运动、新闻杂志等等)面向,该文以叙

---

[1] Fredric Wakeman, *The Shanghai Badlands: Wartime Terrorism and Urban Crime, 1937-1941,* pp. 54, 135.

[2] Mark S. Eykholt, "Living the Limits of Occupation in Nanjing, China, 1937-1945" (PhD diss., University of California, San Diego, 1998).

述为主，未及深入分析。[1]

由上述的检讨，可以看到沦陷区的城市研究成果，至今仍有很大的局限。除了大型的城市，如上海、北京与南京之外，其他省级或县级的城市几乎少见相关的研究成果。就以苏州为例，有关民国时期苏州城市史的研究成果，迄今最好的两本专书，一是柯必德（Peter J. Carroll）的 *Between Heaven and Modernity: Reconstructing Suzhou, 1895-1937*，另一本为陈泳所著的《城市空间——形态、类型与意义——苏州古城结构形态演化研究》。[2]前者从政治与文化的角度探讨城市的马路建设与古迹维护，后者从建筑史的角度看城市空间的变化，两者都为民国时期的苏州城市史奠定了基础。二书的内容止于抗战之前，至于抗战时期的苏州城市史著作，大多是抗战史观的论述，内容主要是描述苏州地区的抗日活动。[3]然而当时沦陷区的苏州市民生活到底如何，至今都没有很好的学术研究。

重要参考文献

本书使用的主要文献资料有以下几种：一、大众传媒：民国时期的苏州已刊行多种地方报纸，到抗战时期苏州发行的两种小

1　林道生：《第五章　汪精卫政权下の南京——人の生活》，收入小林英夫、林道生《日中战争史论：汪精卫政权と中国占领地》，东京：御茶の水书房，2005，第237—284页。

2　Peter J. Carroll, *Between Heaven and Modernity: Reconstructing Suzhou, 1895-1937* (Stanford: Stanford University Press, 2006)；陈泳：《城市空间——形态、类型与意义——苏州古城结构形态演化研究》，南京：东南大学出版社，2006。

3　苏州市地方志办公室曾编辑了《苏州抗战史料目录》，内容都是记载抗战活动的史料与研究。网址参见http://122.11.55.148/gate/big5/www.dfzb.suzhou.gov.cn/zsbl/216927.htm，检索时间：2012年12月22日。

报——《苏州新报》(1938—1941)与《江苏日报》(1941—1945)是本书最主要的史料,因其内容提供了不少市民生活与各行各业的细节信息。苏州在战前曾发行多种报纸,其中的《吴县日报》报馆在1937年苏州沦陷时被日军烧毁,当时留城未出走的报人汪知心占据早报社,向吴县日报纸栈中劫取存纸,于1937年12月21日,出版了苏州第一份"汉奸"报纸——《苏报》。1938年"维新政府"成立,《苏报》改组为《苏州新报》,由顾天锡任主编。该报当汪伪政权登场后,又于1941年改组为《江苏日报》。[1]

二、档案公文:苏州市档案馆庋藏了这个时期大量的同业公会档案,包括了苏州的菜馆业、茶馆业、旅馆业等公会的档案。内容上除了有组织章程的记录,还有和汪伪政府交涉的文件;而同业公会名册里详尽记载了苏州各业开馆的名称、数量与地址,尤其以菜馆业的名单最为齐全。虽然华中师范大学中国近代史研究所与苏州市档案馆曾合编出版了《苏州商会档案丛编》,但是对本书而言,该档案丛编的内容在利用上仍嫌不足。[2]

三、商业出版:当时出版了许多版本的城市手册与旅游导览书籍,如战前有《苏州指南》《旅苏必读》《(居游必携)苏州快览》《(最新)苏州游览指南》《京镇苏锡游览指南》等,沦陷后有《新

---

[1] 苏州沦陷后的当地报纸,另有《苏州晚报》与《江南日报》,前者为《苏州新报》之姐妹报,后者为半官半私性质,可惜笔者未见。参见《铁蹄下的傀儡报纸》,《浙江战时教育文化》,金华:浙江战时教育文化月刊社编辑发行,1939,第48页;胡觉民:《苏州报刊六十年简史》,收入中国人民政治协商会议江苏省苏州市委员会文史资料研究委员会编《苏州文史资料》,苏州:政协苏州市委员会文史资料委员会,1990,辑1—5,第45—46页。

[2] 华中师范大学中国近代史研究所、苏州市档案馆合编:《苏州商会档案丛编》,武汉:华中师范大学出版社,1991—2010,至今已出版6辑。

苏州导游》，战后又出版了《苏锡宜游览手册——〈太湖风景线〉》与《最新苏州指南》等书籍，以笔者所搜集至少就有11种。（参见附录）

四、私人记录：当时到过苏州的知识分子（包括记者与外国文人）数量不少，有些名人撰有游记或日记，留下许多关于苏州的见闻刊登在杂志（如《旅行杂志》等）或收录进其个人著作里。如日本人高仓正三的《苏州日记》，就对苏州的饮食服务业有颇多细节上的描述。

五、口述史料：苏州市的地方志编纂委员会与政协文史委员会搜集了许多地方文献，编辑有《苏州文史资料》与《苏州史志资料选辑》，内容有不少关于沦陷时期的口述记录，颇具有参考价值。

这里特别要提出的是史料利用上的问题。因为当时苏州的报纸带有为汪伪政权发声的政治色彩，在论及许多事情时难免有其立场。[1]所以需要同时参考其他的大报，特别是像上海《申报》的报道。例如本书第四章论及菜馆业在1940年以后的复苏，苏州的报纸是从伪政府的角度出发，归因于汪伪政权成立后带来的安定与复兴，然而，上海报业所作的报道却指出原因并非如此。其次，本书所利用的苏州报纸虽然是受当局管制的新闻媒体，所报道的内容有相当大的程度是宣传政策或为统治者文过饰非，但是在描述社会现象上并不一定会凭空杜撰，只要仔细判读，再配合其他史料，当可确定所述之社会现象并非虚构。有时报纸的社论会一针见血地指出当时社会的乱象。如本书第六章讨论鸦片烟馆的盛行，到了1942年6月以

---

[1] 苏州沦陷后设立有新闻检查所，禁止上海与外文报纸输入，曾有旅人携带外地报纸入苏，经查获后遭没收，甚至遭逮捕。参见《翻译讲座：苏州禁止报纸输入》，《实用英文半月刊》，第5卷第1期（1938年4月），第14页。

后，社会上的批评愈加激烈，即使是报纸都有社论批评汪伪政府未有效执行禁烟。

第二节 章节概要

前面提到1943年报纸上的那篇《闲话吴中四馆》社论，指引了我们一条路径。笔者拟透过对茶馆、菜馆、旅馆与烟馆这四种行业的分析，来探讨沦陷时期苏州的城市生活。本书除了导论与结论之外，将分为六章，以下介绍各章内容与探讨的主题。

第一章"从传统走向现代"，将探讨战前苏州重要的休闲业"四馆"，从传统到现代所发生的转变。首先略述苏州从晚明到民国初期的城市发展，包括人口消长、工商业发展、政局变迁与城市建设等，尤其以交通建设影响近代苏州城市发展最为明显。接着分别略述苏州这四馆从传统到现代的变化。此四者早在传统时期，也就是明清时代就已经有相当程度的发展。到了民国时期，这四种行业也逐渐走向现代化，无论是从茶馆、菜馆还是旅馆都可以看到现代化的转型，如新式茶馆、西式大菜馆与洋式现代化旅馆开始出现，且与上海的影响密切相关。此外，这三类行业都成立了自己的同业公会，而且在面对劳资纠纷与政府税捐问题时，都发挥不小的功能。烟馆的起源较前三者皆晚，要从晚清开始，苏州城内出现许多鸦片烟馆。至民国时期，特别是军阀混战的时代，苏州的烟馆特别盛行。到了北伐之后，国民政府开始禁鸦片，遂成立了不少禁烟所，鸦片吸食的风气才稍稍衰微。

第二章标题是"从天堂到地狱"，此章探讨的时间是从抗战初期到沦陷以后，苏州从破坏到恢复，再到伪政权成立的经过。探讨的问题是：抗战沦陷初期的苏州百姓如何逃难？社会秩序又如何恢复？和日本人合作的伪政权如何统制沦陷区？尤其是汪伪政权的许多统制政策，对苏州的城市生活都有很大的影响。1937年11月苏州沦陷，19日下午4时日军从娄门进城后，即到处杀人放火，城内居民纷纷向外逃难。苏州面临浩劫之后，经过一年多才逐渐复苏。苏州沦陷后，对外交通时常受阻，焦土战争仍然持续两年左右。1937年底，部分苏州的地方精英在日军导演下筹组了"自治会"。来年6月初以"自治会"班底做基础，成立了"江苏省维新政府"，但其统制力局限在城区。沦陷初期的"维新政府"官员常遭暗杀，又因乡村征不到税，于是一方面广设烟馆，将鸦片合法化，另一方面向茶馆、旅馆、菜馆等业者重征税捐。1940年3月汪伪政权在南京成立，逐步稳定了沦陷区的秩序。汪伪政府的财政结构中，消费特税是来自城市的茶馆、菜馆、旅馆等业者；物资统制政策中，粮食统制与配给对茶馆、菜馆的影响颇大；货币与价格的控制对城市休闲业者的经营，也有极大的影响。最后是汪伪政权的动员体制，也就是战争后期所发动的"新国民运动"，在推行节约消费方面对城市休闲业者也有很大的影响，特别是"除三害"中的禁烟运动，关闭了许多烟馆。与其同时，苏州的行政地位也开始出现变化，自从成为伪江苏省省会之后，大量的外来移民促使城市社会结构出现转变，也成了造就苏州畸形繁荣的重要背景。

第三章涉及茶馆。茶馆是中国城市内街头文化的代表之一，本章想要探讨的问题是：茶馆这种所谓街头文化之代表到了抗战时期发生了怎样的变化？过去茶馆所具有的多元功能是否依旧？在物价高涨与政府管制严格的时代，茶馆的经营者如何生存？消费者又如何透过茶馆这个公共空间来表达抵抗？更重要的是沦陷后苏州的茶馆反映了政府对公共空间的进一步控制。沦陷之后的苏州茶馆并没有因此而萧条，反而生意兴隆更胜于战前。沦陷后苏州人热衷于茶馆的现象背后，其实反映了一种集体的社会心理，也就是在未来不确定感的情况之下，找寻一种排解苦闷的出路。苏州茶馆又具有许多社会功能，尤其是作为商业交易买卖的"茶会"，与调解民事纠纷的"吃讲茶"，是当地的两大特色。沦陷后可以看到苏州茶馆的同业公会从"自治"到"国家控制"的过程，其功能主要是配合当局平抑物价与管控卫生，但两者其实有相当程度的矛盾。沦陷时期当局对苏州茶馆业的管控，不仅止于同业公会，我们还可以看到当局逐步地扩大控制各个方面，包括治安、管理与卫生等。此外，当局因为要抑制物价，遂将茶会视为操纵物价的黑手而点名打压，甚至有茶馆因此而关闭。至于当局对茶馆在卫生方面的监控，也是史无前例。而当局对于茶馆内的公共论坛，也明示"禁谈国事"。这些都说明了在沦陷区城市里的日常生活，即使是休闲生活，也往往无法逃离政治，政治的力量甚至更深入到人们的日常生活中。

第四章是关于苏州的菜馆。本章将要探讨的问题是：沦陷后的苏州菜馆业如何从破坏到复兴？又如何持续发展？菜馆业本身又面临经营上的什么问题？伪政府与日本军的统治，对菜馆业又发生什么影响？而菜馆业在这段期间本身发生什么变化？苏州菜馆反映了沦陷下的休闲产业如何在战时的各种管制体系下，仍然足以经营获利的最佳例子。沦陷后的苏州菜馆业，除了被日军占领的初期，之后的繁荣盛况甚至超越战前。无论是菜馆数量的增长，还是消费者光顾的盛况，都超越战前。菜馆业其实也面临许多难题，在经济方面因为通膨与物价的高涨，使其成本陡增。汪伪政权对菜馆业与其同业公会的控制也不断强化，不但规定限价，还有筵席捐的勒派，甚至到战争后期不断提高税率。不过，懂得经营的菜馆业仍可以获利一半以上。苏州的菜馆业本身在这段时间发生许多变化。如战前盛极一时的徽州菜馆，此时走向式微。相反的则是上海方面的影响逐渐加大。已有不少上海菜馆在苏州成立分店，甚至是上海的川菜馆也传入苏州。还有许多菜馆与饭店纷纷成立咖啡座或咖啡厅，可见在饮食文化里出现中西合璧的现象。因为菜馆业同业公会的档案中详列业者名册，正适以分析苏州菜馆在城市空间的分布与变化。本章据此分析后发现，影响其分布与变化的因素，至少涉及三方面，即战争、交通与消费族群等。

第五章拟探讨的是苏州的旅馆。旅馆的消费者多是外来人口，所以苏州旅馆业的兴盛，可以反映苏州在沦陷区内的特殊经济地位，以及其城市社会结构的变化。本章首先将叙述苏州旅游业在沦陷后复苏的过程，因为旅馆业的发展与旅游业的恢复息息相关。接着将讨论沦陷后，苏州旅馆业的繁荣及其原因，汪伪政府对旅馆业的管制是否影响旅馆业的发展，该行业在经营上有什么问题。最后是关于旅馆在社会方面所衍生的许多社会问题。沦陷后苏州的报纸报道当地的旅馆业繁荣倍极，甚至比起战前有过之而无不及。苏州旅馆业虽繁荣至极，但该行业者也面临许多经营上的问题。旅馆业者也是伪政府重要的征税对象，从旅馆捐、旅客捐到旅馆消费特税，业者都要付出代价。时而又有劳资纠纷，同业公会与职业工会在处理这类纠纷时都扮演了重要角色。除了战前的劳资纠纷与苛捐杂税的问题之外，还要面对汪伪政权对社会的管制。当时的伪政府不管对旅行，还是入住旅馆，以及旅馆的卫生安全设备等，都有严格的规范。而经营上，面对物价飞涨、通货膨胀，业者在调涨房费与当局限价政策之间进行抗争。此外，旅馆业在畸形繁荣下衍生出许多社会问题。抗战后期，苏州旅馆的形象不好，常被视为社会问题丛生之源，是"烟""赌""娼"的渊薮。从旅馆的消费者与旅馆案件中的旅客身份，都反映出苏州的社会结构在当时所发生的变化，亦即大量的外来者聚居于此。

关于烟馆，是第六章所要探讨的主题。本章探讨沦陷之后鸦片烟馆如何在苏州蓬勃地发展，并以1942年下半年作为分界点，呈现沦陷前期与后期的变化。苏州烟馆的盛行，在四馆中与政治关系最为密切，苏州烟馆的盛行直接导源于日本人及伪政权的政策。苏州在抗战时期沦陷之后，就由日本人主导鸦片合法化，并且垄断鸦片的销售。日本人和"维新政府"充分合作，成立了三个主要垄断鸦片贸易的机构，也就是戒烟总局、宏济善堂与特业公会，同时鸦片贸易也是其重要的收入来源。当时有政府执照成立的烟馆，被称作戒烟所和戒吸所，其实就是鸦片烟馆。戒吸所受到当局的控制更严，而且必须购买一定比例的官土。戒烟所在苏州当时非常兴盛，再加上是独占垄断的生意，所以开设者收入颇丰。鸦片烟馆与吸食鸦片对苏州城市市民的日常生活，造成相当大的影响，许许多多的社会病态现象涌现。当时吸食鸦片的顾客层，除了社会高层阶级外，还有许多平民。因为鸦片价格的高涨，让许多平民的吸烟者走投无路，这时候我们看到报纸上出现了大量的戒烟广告，戒烟医院与各种戒烟药成为当时的新兴产业。鸦片一直脱离不了政治的面向，本章第三节关注抗战后期汪伪政权开始推行的禁绝鸦片政策。过去对于汪伪政权之所以禁鸦片有四种不同的说法，笔者尝试提出另一种说法，也就是汪伪政权为了得到沦陷区居民的支持，取得其政权的合法性，势必得针对鸦片这个具有道德性的议题做出决断。

本书上述章节的讨论，呈现了抗战时期沦陷区城市生活的一个特殊案例。苏州四馆"畸形繁荣"的例子，与过去想象中抗战时期沦陷后城市生活的窘境有很大的落差。在结论部分，本书将进一步深入探讨四个主要问题。第一个，为何在沦陷时期苏州的休闲业呈现畸形繁荣的现象？笔者将尝试从战时城市的社会结构与社会心理的变化，来回答这个问题。第二个重要的问题涉及对伪政权统治沦陷区的评价。过去无论是大陆还是台湾的观点，仍视之为傀儡、汉奸、通敌者，但欧美学界有称汪伪政权与日本的关系是一种"协力"（collaboration）。笔者将伪政权放在"傀儡／协力"两端的光谱上来比较，并尝试从市民大众的生活，来评估伪政权在沦陷区的角色与其所发挥的作用，但绝非为其翻案。第三，沦陷后苏州的休闲业者面对伪政府的统治与税收政策，如何生存下去？如何持续经营且获利？这些业者又透过什么方式来达到"日常反抗"（daily resistance）。第四，将此时期的苏州经验置于近代中国城市发展的脉络中，探讨与申论其所具有的意义，并提出其代表一种城市发展的模式。最后将略述苏州在抗战结束后的命运。

第一章　从传统走向现代

（苏州饭店）开设苏州阊门马路广济桥堍，本店现在起造洋式水门汀，高大楼房二十余间，配置大小官房三十余间，全用洋式器具。官房则铜床绸帐，华丽非常；客房亦罗帐铁床，精雅绝伦。冬令装设火炉，四面均用窗帏。夏令添备风扇，门窗全用铁纱。冬夏咸宜，寒暑不知。请客则有电话，消息灵通。唤人则有电铃，便利非凡。菜肴则中西兼备，车马则听凭呼唤。至茶房之伺候周到，交通之来往便利，犹其余事也。

——陆璇卿编：《旅苏必读》（1922），第15—16页

苏州的四馆都有很长的历史渊源，从明清到民国时期，苏州四馆都经历了从传统到现代的演变。我们看到新旧并陈的茶馆、由客栈到现代旅馆、从酒楼到现代的地方菜馆，以及传统的燕子窝到戒烟所的出现。此外，我们也看到这四种行业里内部组织与其功能的变革。四馆除了鸦片烟馆，其余三者都有自组的同业公会，在协调

劳资纠纷与应付政府税捐方面都扮演重要的角色。不仅如此,这四种行业和政府也有千丝万缕的关系,尤其是执行鸦片公卖的烟馆,与政府的关系最为密切。民国前期的地方政府对这些行业都有税捐的征收,省政府有营业税,而苏州的市政府或吴县县政府也都陆续有不同的捐,如对茶馆业者征书场捐与台子捐,对菜馆业者征筵席捐,对旅馆业者征旅馆捐,而鸦片税与烟捐,从晚清到民国,都是中央与地方政府的重要税源。以下分别讨论这四馆在战前的演变过程。

第一节　近代苏州的城市发展

苏州历史悠久，抗战沦陷前的苏州一度曾是中国史上经济与文化最发达的城市之一。清代的苏州在康乾盛世时是天下的"四聚"之一，姑苏的财赋与文风也是东南之最。苏州之所以如此重要，当与其地理位置居河运的中心有关。就同康熙末年任职翰林院检讨的孙嘉淦（1683—1753）所云："姑苏控三江、跨五湖而通海，阊门内外，居货山积，行人水流，列肆招牌，灿若云锦，语其繁华，都门不逮。"[1] 据学者估计，明代后期苏州城居民可能超过50万人；明清之际人口锐减，可能仅存26万人左右。至清中叶人口恢复旧观，估计城市人口可能已达50万以上。[2]

到了咸丰年间太平天国运动期间，苏州为太平军所占领，因为战争无情的破坏，苏州城市规模遭受严重的摧残，城市人口也伤亡大半，是苏州在近代所遭遇的浩劫之一。据记载，当时城中的人口不过10余万人，其中军队人数大约3万人，其余百姓8万余人。[3] 清季光绪至宣统年间，苏州的城市人口大约只有25万，远远不及明

1　（清）孙嘉淦：《南游记》，收入山右历史文化研究院编《山右丛书初编》，太原：山西人民出版社，1986，第9册，第6a页。

2　曹树基：《中国人口史　第四卷　明时期》，上海：复旦大学出版社，2001，第311页；曹树基：《中国人口史　第五卷　清时期》，第750页。

3　王国平主编：《苏州史纲》，苏州：古吴轩出版社，2009，第348页。

清极盛时期的50万人口。[1]更重要的是过去苏州的繁荣景象已不再,苏州的经济地位已由上海取代。

光绪二十一年(1895)中日签署《马关条约》,其中规定苏州开放为商埠。为适应苏州开埠与通商,来年成立苏州关税务司署于胥门外觅渡桥东,此即苏州海关之始。关税是政府财政的重要收入,苏州的开埠使其直接接触与面对外国列强,对当地的政治、经济与社会生活都产生了重要的影响。苏州开埠后,许多外国企业开始进驻苏州,本地的民族工业也在官商的鼓励下兴起,如苏经丝厂与苏纶纱厂的建立,带动了苏州丝织业与纺织的现代化。[2]

苏州的城市建设也在此时期有很大的进展,最突出的是铁、公路的修建。光绪二十九年(1903),沪宁铁路破土动工,光绪三十二年(1906)10月上海至苏州段先行通车,继者三十四年(1908)上海至南京也全线通车。沪宁铁路大大缩短了苏州与周边城市,特别是与上海之间的距离。原来从苏州到上海乘木船需要3天2夜,乘小火轮船需要12小时,而乘火车只需2个多小时。[3]苏州火车站设在阊门外一带,自从铁路开通后,此地的商业贸易更形繁荣。许多观前街的店铺纷纷在此设立分店,生意蒸蒸日上。

光绪二十二年(1896)开始,苏州兴筑城西外的大马路,马路区原计划作为当时中国实业发展的媒介,以及抵抗外洋势力侵入市内之缓冲区。至光绪三十二年(1906),已成功地将马路从西南盘门外,扩展至阊门北边城墙外新建火车站的东侧。此时期许多茶

---

1 曹树基:《中国人口史　第五卷　清时期》,第800—801页。

2 关于苏州近代工业的诞生与苏州丝、纱二厂的历史,参见张海林《苏州早期城市现代化研究》,南京:南京大学出版社,1999,第47—62页。

3 张海林:《苏州早期城市现代化研究》,第63—70、73—74页。

馆、菜馆、旅馆、鸦片烟馆，以及其他的城市娱乐业，如雨后春笋般地陆续集结于此。

革命党在武昌起事之后，驻守在苏州的江苏巡抚程德全（1860—1930）宣告独立，苏州城因此未遭兵燹，随即和平光复。但民国初期政局不稳，苏州在1920年代中期，历经军阀混战与国民军的北伐。军阀混战时期的苏州，1923年时虽曾有溃兵经过苏州，抢劫阊门外石路、大马路一带商家，[1]但大致上苏州仍较他地安定，并未遭太多残兵败将之凶焰，由是苏州成为上海租界以外江南另一个安乐之乡。北伐统一后的十年，苏州经济较有稳定恢复的契机，也由此政府开始较严格取缔鸦片烟馆。此外，苏州城区在行政区划上曾一度设市。1927年下半年，苏州市筹备处成立，制定了现代城市规划。来年（1928）划吴县城区设立苏州市，但1930年撤苏州市，辖区复归吴县。所以苏州市政府的历史只有短短的两年余。

1920到1930年间，苏州城内、外的马路翻修，是苏州市容变化的关键。先是在1920年苏州阊门外的大马路两旁市容翻新，盖起三层楼之大厦，醒目的地标有三新旅社、新苏台旅社，以及大庆楼、文华楼等菜馆，当时人就指出此时"无不风起云涌，扩建新屋以号召顾客，较诸过去破垣颓瓦，已焕然一新矣"[2]。之后，1920年来陆续新辟的城门（金门、新闾门、平门、相门，以及新胥门），以及1928—1930年间在苏州城内改建和拓宽了两条循环街道：一条是西北方向，从火车站经梅村桥，向南，达察院场，再折向西，拓宽景德路，与新闾门相通；一条是东南方向，自城外马路向东，经万年

---

[1] 王国平主编：《苏州史纲》，第500页。

[2] 红蕉：《归苏感言（二）》，《申报》，1921年2月15日，第14版。

图 1-1：1930 年代苏州城内新增两条循环路线示意图

资料来源：作者绘制。

桥，过胥门，拓宽道前街，与南北向的护龙街相连，再向东，过十梓街，直达甫桥西街，折向北，经临顿路，直达齐门。[1]此举对商业发展有很大的帮助，菜馆、旅馆亦得利于此。（参见图1-1）

历经晚清至民国初期的苏州，休闲服务业也经历由传统到现代的历程。沦陷后盛极一时的四馆：茶馆、菜馆、旅馆与烟馆，都在这段期间经历了一番变化。

第二节 新旧并陈的茶馆

苏州饮食业的发展由来已久，向来是江南饮食文化的重心之一。早在明清时期即可见茶坊、酒楼、小吃摊、点心铺等林立，尤其以茶坊、酒楼最多、最著名。明末清初时茶馆已遍及苏州里巷，当时通称之为"茶室""茶坊""茶肆"等。康熙时人瓶园子有《苏州竹枝词》就形容城内"十家点缀三茶室，一里参差数酒楼"[2]，可见茶室数量之多。据乾隆时的方志记载，茶坊原是一些无业资生之人所开设。起初是设立在寺观庙宇附近，后来逐渐普及于里巷之间。

---

[1] 以上参见Peter J. Carroll, *Between Heaven and Modernity: Reconstructing Suzhou, 1895-1937*, pp.90-94；陈泳：《城市空间——形态、类型与意义——苏州古城结构形态演化研究》，第98—100页。

[2] 瓶园子：《苏州竹枝词》，转引自王稼句《姑苏食话》，苏州：苏州大学出版社，2004，第340页。

因为四方游手常聚于此，闲谈游嬉之间往往生事。[1]

从空间的分布上来看，苏州茶坊与酒肆的集中地皆一致，其一是阊门虎丘山塘一带，盖因该地区为游览胜地，也是外地人进入苏州的交通孔道；另一饮食业集中的区域是城中的玄妙观附近。[2]随着商业化的发展，苏州城厢有些茶坊已经发展到相当精致的程度，尤其以虎丘山塘一带的茶坊为代表。据当时人形容：高级茶坊的大门常面临山塘河，有10余处之多。建筑上皆是高楼，内部装饰书画，以吸引顾客，最有名的是斟酌桥东的"情园茶坊"。[3]在装饰陈设方面也相当用心，每当花季时会购入大量菊花，置于庭院或大厅中，堆叠千百盆，并且绉纸为山，号称"菊花山"。[4]虎丘山塘的精致茶坊到了太平天国之后，大概因为战争的关系而没落了。

清季到民国之间，苏州吃茶之风仍盛，城厢内外的茶馆开设极多，也因此颇为外地人所诟病。茶馆集中的重心仍是观前街，因为玄妙观位在苏城的中心点，同时也是苏州的商业中心。由于开市比较晚，茶馆也较晚休息，大概在晚间八点左右。[5]玄妙观内也有茶馆，如包天笑（1876—1973）的回忆录里就提到幼年时每当新年期间，外祖父就会带他们孙子辈到苏州玄妙观的茶肆。当时有两家茶

---

[1] （清）李光祚修、（清）顾诒禄等纂：（乾隆）《长洲县志》，收入凤凰出版社编《中国地方志集成·江苏府县志辑》，南京：凤凰出版社，2008，第3册，卷11，《风俗》，第4a页。

[2] （清）顾禄：《清嘉录》，南京：江苏古籍出版社，1986，卷1，《正月·新年》，第9—12页。

[3] （清）顾禄：《桐桥倚棹录》，上海：上海古籍出版社，1980，卷10，《市廛》，第146页。

[4] （清）顾禄：《清嘉录》，卷9，《九月·菊花山》，第144—145页。

[5] 沈右铭：《苏州的茶馆》，《西北风》（汉口），第4期（1936年6月），第31—32页。

肆，一名"三万昌"（这有一百多年的历史）；一名"雅集"。[1] 包天笑回忆起苏州观前街茶馆的陈设与建筑，呈现新旧对立的景象：

> 以前有一家唤做玉楼春，后来又改名为云露阁，算是最出名的。里面有一个楼，名曰逍遥楼，四壁都是书画，还陈列着许多古玩，一切椅桌器具，都极考究，那是士大夫们在此吃茶的地方。近来最著名的便是吴苑了，吴苑那时是新建设的，地址颇大，茶客亦杂，好在各种茶客，自能分类集会。里面有一处，唤做四面厅。（按：那是四面都是回廊的，苏州建筑家以及园林，每多喜此。）[2]

上引文提到的吴苑是清季苏州最著名的两处茶馆之一，另一则是小仓别墅。两处内部陈设都是非常雅致，还提供扬式点心。只是甲午战争之后，苏州满城风雨，小仓别墅随即歇业。[3]

此外，清季大马路筑成之后，不少新式的茶馆成立。1896年的《北华捷报》就形容这是上海精致的街头文化向内地搬迁到苏州。就规模、建筑形式与类别而言，这些茶馆都与城中茶馆不同。[4] 民国以后除了阊门外，城内的临顿路也有不少新开的茶馆。从他们在报纸刊登的广告看来，他们常强调改造高大楼房，并以讲究卫生、聘用熟手堂倌，或是以特备书场、邀请著名弹词的光裕社社员驻馆说

1　包天笑：《钏影楼回忆录》，香港：大华出版社，1971，第17页。

2　包天笑：《钏影楼回忆录》，第255页。

3　周振鹤：《苏州风俗》，收入娄子匡编校《中山大学民俗丛书》，台北：东方文化，1969，第87页。

4　关于苏州新式茶馆的出现，参见Peter J. Carroll, *Between Heaven and Modernity: Reconstructing Suzhou, 1895-1937*, pp. 57-58.

第一章　从传统走向现代

书,作为号召。[1]

由此可见,清季到民国初期,苏州的茶馆在形式上可以看到新旧并陈的情况,对照上海的茶馆,有所不同。苏州的作家郑逸梅(1895—1992)就指出苏州著名的茶馆,总是有过人之处,如在名称上有"吴苑深处""锦帆榭"等某某楼、居、山房之类的风雅招牌。再者,内部的陈设也很高雅。相较之下,上海的茶馆大都是若干开间的统楼面,茶客的喧哗声听来特别吵闹;而苏州的茶馆因为分屋错列,略栽花木,空间既宽,茶客谈话的声浪也好多了。所以,苏州的茶馆相较上海的茶馆要风雅得多。[2]

茶馆的多元功能

苏州的茶馆建筑一般有两层楼,没有楼的就分内外。茶价也依此有高低,普通的茶价是楼上或内座比楼下或外座要高。有些则是以时间来分,下午比上午价高。[3] 战前苏州的茶馆之所以吸引大量消费者,原因之一就是价格便宜。普通一壶茶卖十一二文,讲究一些的也不过四十文。一壶茶不限时间,又不限人数,即使五六个人从早上六点开门,一直坐到下午八点关门为止,也不过十几文。[4] 附有书场的茶馆茶价也不高,一壶茶约七八分钱,最多约一角。喝茶奉

---

1 《集贤楼书场茶社》,《吴语》,1921年8月13日,第1版;《临顿路南萧家巷口锦阁茶社》,《吴语》,1923年6月29日,第1版;《辛苑茶社开幕》,《中报》,1924年6月14日,第1版;《阊门外横马路芳园茶社开幕》,《中报》,1925年5月13日,第1版。

2 郑逸梅:《上海茶寮不及苏州》,《新上海》(上海),第6期(1925年10月),第34页。

3 沈右铭:《苏州的茶馆》,《西北风》(汉口),第4期(1936年6月),第31页。

4 翁传庆:《苏州的茶馆》,《实报半月刊》(北平),第2卷第7期(1937年1月),第36页。

送听说书，但茶的质量并不高级。[1]当然，茶馆的茶价也非一成不变，1920年代苏州较著名的茶馆，也曾涨茶价。如吴苑就曾于1921年以洋价大涨、铜元充斥为由而涨价，1925年时又因铜元价格日跌、导致损失为由而涨价；观前街太监弄的蓬瀛茶社也曾于1925与1926年时，以铜元暴涨，而茶叶、煤均以洋码计算，以至兑换时损失甚巨为由，公告要涨价。[2]不过即使涨价，也不过是每壶加一文或铜元一枚，仍然不算昂贵。到了1927年时，茶馆业者以政府征收茶馆"台子捐"为由，全城同业联合涨茶资，每碗加价二三十文，这次是比较高的涨幅。[3]

苏州人的吃茶风气，有吃"早茶"与"晚茶"之分，由此可以看到阶级的差异。所谓早茶者，早晨一起身便向茶馆里走，有的甚至洗脸、吃点心，都在茶馆里，等到吃完茶后才去上工，这些茶客大多是下层阶级。高一级的人则吃晚茶，当夕阳在山，晚风微拂，约一二友人作茶叙，谈今道古，亦足以畅叙幽情。[4]这些老茶客大多是些"少年公子，老封君"，也就是有钱、有闲阶级，来茶馆是为了打发时间。他们总爱自己买一个古色古香的茶盅，多半是宜兴的陶器，寄放在茶馆里。[5]

茶馆提供了许多社会与经济的功能，据沦陷前与沦陷后的苏州

---

1 状元台上人：《弹词漫谈》，《现世报》（上海），第34期（1938年12月），第6页。

2 《吴苑茶社增价通告》，《吴语》，1921年6月6日，第1版；《观前街太监弄吴苑深处茶资增价声明》，《中报》，1925年5月27日，第1版；《观前街太监弄蓬瀛茶社加价启事》，《中报》，1925年4月18日，第1版；《观前街太监弄蓬瀛茶社加价通告》，《中报》，1926年6月4日，第1版。

3 《吃茶又要加价了》，《吴语》，1927年8月15日，第2版。

4 包天笑：《钏影楼回忆录》，第255页。

5 沈右铭：《苏州的茶馆》，《西北风》（汉口），第4期（1936年6月），第31页。

地方报纸,皆指出当地茶馆的两大活动,一是各行业都聚集在茶馆里讨论商情的"茶会",一是各方势力聚集在茶馆里调解纠纷,俗称"吃讲茶"。[1]

有些商人或工人天天来茶馆报到,目的是为了参加"茶会",打听同行的市场行情。著名的茶馆往往是好几种业者的茶会开设处,如观前街的品芳居茶馆,向来对茶叶与水极其讲究,故有许多业者拟将茶会转至该馆举行。[2]不过,茶会也不只是工商业者的专利,包天笑就声称他不菲薄苏州从前吃茶的风气,因为他也颇得力于此种茶会。当时他与友人有一个茶会,在胥门养育巷的一家茶馆里,每月约定日子,至少聚会两次。[3]清末时节,苏州的文人茶会所讨论的事情,往往涉及了时事新闻;到了民国,关心时事的报人甚至把茶馆当成他们的编辑部,如《吴县日报》的记者华有文总是下午到吴苑吃茶,借此和各界朋友讨论时事新闻。[4]

至于一般人上茶馆通常有两个原因,一是下阶层为了调解纠纷的"吃讲茶",包天笑就总结了苏州人的吃茶风气:"但当时的茶馆,是一种自然的趋势,约朋友往往在茶馆中,谈交易也往往在茶馆中,谈判曲直亦在茶馆中,名之曰:吃讲茶。"[5]另一原因则是茶馆为

---

1 《北区严禁在茶馆中聚众》,《吴语》,1926年9月28日,第2版;《吃讲茶者均非善类》,《吴语》,1927年7月27日,第2版;周云三:《吃茶在苏州》,《苏州新报》,1942年5月20日,第2版。

2 绿绿:《品芳居并股》,《吴县晶报》,1935年9月29日,第2版。

3 聚会时天南地北地讨论,互相研究辩难,如同一个学术座谈会。后来又在同一家茶馆里组织一个文会,会员轮流当值出题,大家回去依命题作文,再送给当地名人指点批评。参见包天笑《钏影楼回忆录》,第149页。

4 王国平主编:《苏州史纲》,第573页。

5 包天笑:《钏影楼回忆录》,第129页。

提供大众娱乐的重要场所，尤其常附设书场，来此听说书、弹词，成了一般人的"驱愁境"。[1]

至于茶馆的从业员，俗称"茶博士"的堂倌，其待遇则不如想象的好。据他们自己说："他们没有固定的工钱，不过在每壶茶里抽出一厘钱给他们。"[2]当时的报纸上有《茶博士传》一文，生动描绘出茶馆堂倌的服务态度：

> 博士者，茶肆中之役人也。为人敏便擅辞令，惟势利甚。见衣服丽都者，则曲尽敬礼，面巾不数分钟而数上焉。见乡曲，则傲然作色若不屑，面巾虽呼之不至也。顾其技良精，隔座注茶，不虑其溢，且无涓滴之水溅于外。又能旋巾于指上如风车，可历二分钟之久。记忆力更佳，设有五六人沦茗，各去其衣冠以付博士；茶罢，博士能以原物归其主，无张冠李戴之误焉。又善应付，尝于寒夜有不速客至，索酒不得，乃以茶代，蓺烛西窗，杯茗相对，其乐乃过于有酒。惟性卑下，好宿贱娼，后竟以是而罹灭鼻之祸云。[3]

由此文可知堂倌靠其服务著名，也是因为他们的收入很大比例来自客人的小费。[4]

1　沈右铭：《苏州的茶馆》，《西北风》（汉口），第4期（1936年6月），第31—32页。

2　翁传庆：《苏州的茶馆》，《实报半月刊》（北平），第2卷第7期（1937年1月），第36页。

3　寄鸥：《茶博士传》，《吴语》，1925年10月31日，第2版。

4　吴苑四面厅里的茶博士，对于一班茶客，个个都叫得出姓名，直呼某少爷、某先生，连他们的家世也都明白。如包天笑忆及幼年时外祖父带他们孙子辈到茶馆的往事，就提到玄妙观里茶馆的堂倌（茶博士）都认得他外祖父吴老太爷，当他是财神光临，因为外祖父临行时犒赏特丰，因此堂倌们就更为欢迎。参见包天笑《钏影楼回忆录》，第17、255页。

第一章　从传统走向现代

同业组织、劳资纠纷与税捐问题

苏州同业团体已有很长的历史，茶馆业也不例外。在沦陷前苏州的茶馆已有自己同业的余德公所，位在神道街。[1] 接着在1931年6月，由公所改成立茶馆业同业公会。[2] 至于茶馆业的职工，也就是像茶博士、堂倌、侍者等，在战前的苏州也已经成立职工工会。茶馆职工的伙友工会成立于1927年4月，由城厢内外各茶馆的伙友发起组成，系由余德公所分出转变而成。[3] 除此之外，茶叶相关的职工还有茶食糖果业职工、茶板箱职工等。

1927年苏州还成立许多行业的职工工会，这其实与北伐时期国共联合阵线推行的社会运动有关。共产党在1926年于苏州成立支部后，即积极地秘密筹组苏州总工会，加强运动工人。1927年3月北伐军进入苏州之后，更是公开地成立总工会筹备处，并组织行业工会与职工联合会，4月成立的茶馆业与旅馆业职工工会是其中较具规模的两例，但未见菜馆业职工工会。国民党右派的清党委员会接收苏州总工会后，当时成立的这些工会纷纷改组或停止活动。茶馆业职工工会亦是其一，仅有少数工会仍持续存在到1930年代，旅馆业职工会是少数之一。[4]

1　《茶社同业公鉴》，《吴语》，1926年3月17日，第2版。

2　华中师范大学中国近代史研究所、苏州市档案馆合编：《苏州商会档案丛编》，武汉：华中师范大学出版社，2009年，第4辑下册，第178页；苏州市地方志编纂委员会编：《苏州市志》，南京：江苏人民出版社，1995，第3册，第413、452页。

3　《茶馆伙友工会成立》，《申报》，1927年4月12日，第2版。另《苏州市志》上记为"茶馆书场工会"。参见苏州市地方志编纂委员会编《苏州市志》，第3册，第373页。

4　参见苏州市地方志编纂委员会编《苏州市志》，第3册，第371—373页。

在战前的苏州就曾发生茶馆业的劳资纠纷。1927年4月间，茶馆业的伙友集体提出八项条件，要求茶馆主人答复不遂，原拟要罢工，后来两方代表在玄妙观内三万昌茶馆调停成功而暂停罢工。[1]同年7月，茶馆业伙友又再度要求加薪，经店东馆主答应而达成协议，工会遂登报道谢。[2]从这两次事件看来，战前茶馆业的劳资纠纷并不算严重。[3]其间是否有共产党员的运作呢？从现有的资料来看并不明显。

茶馆业者在面临地方政府征收税捐的问题时，同业公会的角色也很重要。战前的苏州茶馆就曾被县政府财政局要求征收特别的茶馆书场捐，依茶馆台子的数量与书场空间规模分等级按月缴交制钱。到1927年时，政府税捐又改以洋码计，估计茶馆需缴原额的两倍，同业因此在茶业公所召开聚会讨论此事。[4]可是同业公所无法有所作为，可能是当时茶业公所尚未改组为公会，羽翼未丰。待改组为同业公会之后，于1932年时即请县商会转呈县府，以税率繁重为苛政，要求免除台子捐、书场捐，然未果。[5]

到了1935年时，又发生"两税案"，即地方县政府已征收茶捐，但省财政厅又发布征收茶馆营业税的命令，茶馆业者认为是重复课

1　《干货茶食工伙集会》，《中报》，1927年4月14日，第2版。

2　《苏州茶业职工会全体会员敬谢店东启事》，《中报》，1927年7月4日，第1版。

3　相对而言，茶食糖果业的劳资纠纷就严重得多了。1927年7月间，苏州的茶食糖果业就曾发生劳资纠纷，几乎演变成武力冲突。参见《茶食业劳资纠纷未已》，《吴语》，1927年7月18日，第2版。

4　《茶馆业讨论茶捐改洋码》，《吴语》，1927年7月22日，第2版；《茶馆业讨论台子捐》，《吴语》，1927年7月29日，第2版。

5　华中师范大学中国近代史研究所、苏州市档案馆合编：《苏州商会档案丛编》，第4辑下册，第1943—1945页；苏州市档案馆藏苏州商会档案，档号I14-002-0680-036，《为据情呈请令行财政局核免茶馆业抬子捐事致吴县呈》(1932年12月12日)。

税，请求省政府废除茶馆捐。但省政府认为是两种不同制度，营业税收来自业者，而茶馆捐来自客人，故不允停征营业税。其后同业公会仍然锲而不舍地透过商会呈请，并说明茶馆捐其实仍是由业者代付，并非直接征自客人，实与营业税性质相同等理由，但吴县县政府仍不准撤销茶馆捐。茶馆业者又向省政府陈情茶馆捐苛杂，省税捐管理委员会审查认为应废止，下令停征茶馆捐，又根据财政收支系统法改为征收牌照费，至此终于告一段落。[1]这可以算是同业公会的胜利。

第三节　从酒楼到菜馆

苏州经营饮食的菜馆业早在明清时期就很发达，当时对专营饮酒店铺的一般通称为"酒肆"；而规模更大、价格更高，专门提供高级的饮酒与食物服务的场所，则称之为"酒楼"，相当于现代的菜饭馆。上一节已提及清代苏州酒楼林立，集中地之一是虎丘山塘一带，《清稗类钞》提到："承平时，苏州虎丘之繁华甲全国，酒楼歌榭，画舫灯船，留连其中以破家者不可胜计。"[2]有的高级酒楼就

---

[1] 相关的档案文献，参见华中师范大学中国近代史研究所、苏州市档案馆合编《苏州商会档案丛编》，第4辑下册，第1947—1951页；苏州市档案馆藏苏州商会档案，档号114-002-0676-102，《函转财政厅查照将已征收之旅馆茶馆捐改订办法按期征收牌照费以及资整理由不得》(1935年11月11日)。

[2] (清)徐珂：《沙三预雇大小船》，载《清稗类钞》，台北：商务印书馆，1983，第3277页。

是从一般的酒肆发达起来者，如苏州山塘历史最久的三山馆，创于清初，旧名白堤老店，据称早期不过是一"饭歇铺"而已。有往来过客道经虎丘，若遇风雨而不及入城，即投宿于此。后来因为经营数代的赵姓业主以烹饪之技著称于世，于是改置凉亭、暖阁，吸引众多的游观者聚饮于其家，附近居民有婚丧宴会之事也多在该馆举行，因而发展成规模宏大的酒楼。三山馆所卖的菜色包括满汉大菜及汤炒小吃，多达149种，又点心多达26种。[1]

苏州虎丘山塘一带的酒楼和茶馆一样，有些已发展出非常精致化的程度，内部陈设如园林一般。首开风气之先的是山景园，据《桐桥倚棹录》描述其内部"疏泉迭石，略具林亭之胜"，情景如下：

亭曰"坐花醉月"，堂曰"勺水卷石之堂"。上有飞阁，接翠流丹，额曰"留仙"，联曰："莺花几榻展，蝦菜一扁舟。"又柱联曰："竹外山影，花间水香。"皆吴云书。左楼三楹，扁曰"一楼山向酒人青"，程振甲书，摘吴蔺次《饮虎丘酒楼》诗句也。右楼曰"涵翠""笔峰""白雪阳春阁"。冰盘牙箸，美酒精肴。客至则先飨以佳肴，此风实开吴市酒楼之先。[2]

上述两座著名的酒楼——三山馆与山景园，都是建筑在虎丘山下，紧邻塔影园，点缀溪山景致，又地当孔道，都兼具食宿及承办宴会的功能。另外一个酒肆酒楼集中地是玄妙观附近，较著名者有万全

---

[1] （清）顾禄：《桐桥倚棹录》，卷10，《市廛》，第143页。

[2] 同前注。

酒肆，在清代该酒肆除卖酒之外，所贩卖的熏烧猪、鱼等物，精美异常，人皆争相购买。[1]

民国以后苏州的饮食业再现兴盛之荣景而见于史料记载，是北伐之后的事了。民国十四年（1925）12月7日的《苏州明报》声称当时城内外各类饭店计700余家，此说法可能太过夸大。[2] 当时出版了不少苏州城市指南（参见附录），表1-1中有各种苏州指南手册所记载的菜馆数量，大致上可以看到菜馆成长的趋势。在1920年代出版的指南书中，除了《旅苏必读》记载菜馆特别细致、数量特别多之外，大致上数量都不到20家。但是到1930年代的指南书中，多已记载菜馆数量达到三四十家。大抵上菜馆的空间分布是延续19世纪末的发展趋势，阊门外大马路沿线、观前街及其附近的宫巷、临顿路，以及养育巷一带是大多数菜馆集中的地区。

表1-1：各种苏州指南上的旅馆、茶馆与菜馆数量[3]

年分	指南名称	茶馆数	菜馆数	旅馆数
1922	陆鸿宾编著，颜大圭审定：《旅苏必读》（苏州：吴县市乡公报社，1922）	13	50	7

1　（清）徐珂：《沙三预雇大小船》，载《清稗类钞》，台北：商务印书馆，1983，第2314页。

2　《琐闻》，《苏州明报》，1925年12月7日，第3版。

3　本表中各三馆所列的数量显然有低估。如菜馆方面，据《申报》中的苏州游记所载，1920年苏州观前街就有饭店40多家，可见表中所列乃苏州较著名者，实际的菜馆数量远大于此。参见符赤：《归苏杂记（下）》，《申报》，1920年4月9日，第14版。又根据沦陷后的苏州报纸报道，在1939年底时，苏州有旅馆122家、茶馆246家、酒馆229家。参见《十月份统计城厢居民总数共廿八万有奇》，《苏州新报》，1939年11月6日，第2版。茶馆无疑应该是三馆之中数量最多者，但表列指南书籍中的数量却是三馆中最少的，而且变化不大，较无法反映茶馆数量实际的消长趋势。

续表

年分	指南名称	茶馆数	菜馆数	旅馆数
1923	朱揖文:《苏州指南》(再版)(苏州：文新印刷公司，1923)	11	17	14
1926	陶凤子编:《(居游必携)苏州快览》(上海：世界书局，1926)	18	25	11
1930	郑逸梅:《(最新)苏州游览指南》(上海：大东书局，1930)	24	42	37
1931	朱揖文原著，范烟桥重修:《苏州指南》(七版)(苏州：文新印刷公司，1931)	22	39	32
1932	陈日章编:《京镇苏锡游览指南》(上海：上海禹域社出版，1932)	18	43	35
1935	朱揖文原著，范烟桥重修:《苏州指南》(九版)(苏州：文新印刷公司，1935)	24	43	31
1935	《苏州》(导游丛书)(出版地不详：出版者不详，1935)	10	27	17
1936	朱揖文原著，范烟桥重修:《苏州指南》(十版)(苏州：文新印刷公司，1936)	24	41	29

地方菜系争鸣

根据指南手册的分类，所谓的"菜馆"是供应正餐与宴客的餐厅，与酒馆（主要是贩卖酒）、茶馆（或称茶社，供茶为主，并有小贩兜售点心糖果）、点心店（有4种：面店、炒面店、馄饨店、糕团店）、粥店等有别，而且列在饮食业的首位。根据大部分苏州指南之分类，苏州的菜馆大致上可分为6种，即大菜馆（西式菜馆）、京馆（京津馆）、苏馆、徽馆、教门馆与宵夜馆。虽然苏州城市指南记载的菜馆只是小部分，并非全部，但已具有一定的代表性。[1]

大菜馆数量不算多，只有个位数，其中场地规模较大，提供餐点式样较多元者，甚至还提供果盘、土司、咖啡、牛乳等。因为这类菜馆较醒目，往往成为地标。如1922年刊的《旅苏必读》记载有：在观前察院场的青年会、在阊门横马路同安坊口的万年青、在新民桥马路的铁路饭店、在钱万里桥的惟盈旅馆、在阊门大马路的一品香。有的指南手册没有列大菜馆，而是列西式菜馆。西式的菜馆通常是指大型的旅社饭店，在1931年第七版的《苏州指南》里，记载有铁路饭店、苏州饭店、月宫饭店与大东旅社4家。其实西式菜馆和大菜馆的定义有重迭之处，如铁路饭店在上述两种指南手册里分别列入大菜馆与西式菜馆。[2]

所谓苏馆、京馆、徽馆，当指地域菜系的菜馆。苏馆是指苏州的本帮菜馆，数量最多，还可以再细分本地菜与镇江菜。较著名而且在苏州沦陷后仍存在的菜馆，有位在宫巷的义昌福东号，以及大成坊巷口的松鹤楼。

京馆则是指北京与天津风味的菜馆，见于记载的只有两家：大马路鸭蛋桥的久华楼与大马路的宴月楼，其中久华楼在《旅苏必读》中还刊有广告，自称开设已历10余年，由此推估，该菜馆应在1910年代，即民国初年成立。再从广告中的描述看，该楼当时已整修改建成"高大洋房，装潢华丽"，可能是为了适应大马路的市容

---

1 当地还有许多小菜馆，未见于各类指南手册之中。如《吴县晶报》中刊登的6家菜馆的广告，分别为福兴园菜馆（十梓街181号）、鸿兴园菜馆（观前太监弄吴苑深处对门）、太白园菜馆（阊门外大马路）、中央饭店（金门城内景德路口）、新苏饭店（观前北局）、安平云记粥店（观前北仓桥）。

2 苏州也有专卖西餐的西菜馆，如沙利文餐厅，但为数不多。

图1-2：苏州阊门外的久华楼菜馆（1927年摄）

资料来源：王稼句《苏州旧梦：1949年前的印象和记忆》，苏州：苏州大学出版社，2001，第33页。

而有新的需求。[1]可惜两者到苏州沦陷后皆不复存。

徽馆是指徽州风味的菜馆，价格上较前述的苏馆、京馆都便宜，在数量上是仅次于苏馆的菜馆。徽馆在江南一带颇有势力，据报载苏州有数十家。徽菜中多以戏目名之，如所谓"三娘教子"者，即雪里红炒虾肉。[2]较著名者有老丹凤楼与添新楼。[3]该菜系的

---

[1] 1920年代初苏州大马路两旁市容曾经翻新，建筑皆三层楼，其中不乏著名之菜馆，如大庆楼与文华楼等。参见红蕉《归苏感言（二）》，《申报》，1921年2月15日，第14版。

[2] 参见春风《三娘教子》，《吴县晶报》，1935年7月17日，第2版。

[3] 添新楼在民国二十四年（1935）的《吴县晶报》中有刊登广告，声称秋季来该菜馆消费，即赠送九折优待券。参见《添新楼广告》，《吴县晶报》，1935年9月26日，第1版。

菜馆到苏州沦陷后已很少见，仅见玄妙观西的丹凤楼一家持续经营到苏州沦陷后。

宵夜馆系广东人所开设，所以也可以视为粤菜馆，不过当地人似乎不以此名之。虽然闽粤商人在明清时期已有不少定居于苏州，但是粤菜馆的数量在此时期并不多，较著名的是广东食品公司，在报纸上也常见此家之广告。至于教门馆，其实就是清真馆，其菜式样与苏馆雷同，只是不用猪与无鳞鱼（如甲鱼、鳝、鳗等），价格较苏馆昂贵，但口味不一定佳，且只有少数几家。业者是来自南京的回教徒，最著名的是阊门外的申源楼。[1]

税捐与不景气

苏州菜馆业的发展最大的特色之一，即是同业公会成立得很早，且很有力量。清代的苏州，随着饮食业不断扩大，传统的同业团体——公所很早就成立了。乾隆年间已经陆续成立面业公所、菜业公所，及集庆公所（炉饼业）；嘉庆年间又成立庖人公所，道光初年立有膳业公所。[2] 到了1920年代前期，可以看到吴县已有菜馆业

---

[1] 陆鸿宾编著、颜大圭审定：《旅苏必读》，苏州：吴县市乡公报社，1922，第3集，第26—27页。

[2] 面业公所于乾隆二十二年（1757）由来苏之常州、无锡籍人所设立。参见苏州历史博物馆等编《明清苏州工商业碑刻集》，南京：江苏人民出版社，1981，第261—262页。菜业公所又名友乐公所，成立于乾隆四十五年（1780），为酒馆业所建，原在宫巷，光绪二十八年（1902）迁移到东美巷，参见苏州历史博物馆等编《明清苏州工商业碑刻集》，第263页；江苏省博物馆编：《江苏省明清以来碑刻资料选集》，东京：大安株式会社，1967，第211页。集庆公所成立于乾隆年间，由炉饼业商人所建，参见洪焕椿《明清史偶存》，南京：南京大学出版社，1992，第578页。嘉庆年间庖人成立同业公所，参见（清）顾震涛《吴门表隐》，南京：江苏古籍出版社，1986，卷9，第123页。道光初年饭业同行建有膳业公所，在金牡桥东高冈上。参见（清）顾震涛《吴门表隐》，卷3，第40页。

同业的集体活动，确切成立时间仍待详考，但决不会晚于1931年。[1]

此时期菜馆业同业曾和地方政府因为税捐的问题发生抗争与纠纷。1927年11月，当时的苏州市政府财政科以财政拮据与市教育经费之需要为由开征筵席捐，虽曾延宕一时，仍在1929年正式开征。京、苏与徽三帮菜馆两度罢市抗议，反对外商认包制，希望改由同业统捐的办法来征收，即每年由菜馆业者认捐补助市教育经费若干。至1931年末菜馆业同业公会又以赔累过甚而要求撤销筵席捐，改为市府直接征收营业税，而与公安局发生纠纷。经多次协调，最后市政府同意设立专职的稽征所，再由菜业同业自己承包，不通过其他的认商。自从鹤园经理张之铭接手承包后，成效颇好，同业也愿意配合。[2]此外，苏州的菜馆业同业公会也曾公议反对日货或拒绝接待日本客人，著名的老通源菜馆就曾因为违背公议，私用日货鱼翅，被同业查获而遭罚款，胡姓经理甚至还被罚立木龙，以示儆戒。[3]

1930年代初，苏州地方政府投资不少在公共建设上，菜馆业也得利于此。如1930年2月，苏州市政府拟在玄妙观周边扩建4层楼

---

[1] 据《苏州晨报》的记录，1923年时苏城的菜馆业同业会议曾以原料涨价为由，登报声明将停市一天重整行规并提高菜价。参见《菜馆同业会议加价》，《苏州晨报》，1923年3月19日，第3版。另外尚有《吴县菜馆同业公会筹备会通告》，《大光明报》，1931年2月2日，第1版。

[2] 《地方通信·苏州》，《申报》，1929年12月7日，第11版；《地方通信·苏州》，《申报》，1929年12月8日，第10版；《地方通信·苏州》，《申报》，1931年12月3日，第10版；《地方通信·苏州》，《申报》，1931年12月24日，第10版；襟花：《筵席捐相持之一办法》，《大光明报》，1929年11月21日，第2版；骨人：《筵席捐过去之清算》，《大光明报》，1930年4月12日，第2版；青青：《筵席捐之波折》，《大光明报》，1933年10月27日，第2版。

[3] 《苏州》，《申报》，1929年5月21日，第10版；龙钟：《苏州饭店拒绝日本人》，《大光明报》，1933年3月23日，第2版；詹詹：《菜馆不用仇货》，《大光明报》，1935年2月27日，第2版。

的中央市场,其中第2层楼规划酒菜馆进驻。[1]但是在1931年底,苏州菜馆业开始不景气,如在玄妙观附近新拓的北局菜馆,包括快活林、合作农场、月宫等亏损连连而相继歇业。[2]到了1935年,经济走势转弱,苏州城内不少商家倒闭,休闲服务业者亦受影响,其中也包括了菜饭馆。例如在1935年6月就有5家商店倒闭,分别是观前大街的国华电器行、东来义纸号、老其昌酒店,以及山塘街裕源仁纸号、养育巷的鸿庆楼菜馆等。上述各店在苏州均有相当长的历史,平日信用卓著,却受到不景气之影响而难以维持营业。[3]

第四节 从客栈到旅馆

明代的苏州至迟到了明正德年间(1506—1521),已经盛行游览的风气;到晚明,苏州好游的风气更盛。清代苏州的游览风气更成了当地自豪的特色,苏州的方志与士人皆指出此即苏州所以被称为人间天堂的原因。[4]传统文献常将休闲娱乐的游览活动,称为"游观"。明代中期以后的苏州呈现出各式各样的游观活动,而且游观

---

[1] 《地方通信·苏州》,《申报》,1930年2月26日,第10版。

[2] 莉莉:《苏州菜馆业之不景气》,《大光明报》,1931年11月2日,第2版。

[3] 《苏州·五家商店相继倒闭》,《申报》,1935年6月7日,第7版。

[4] (康熙)《苏州府志》,康熙三十三年序刊本,卷21,《风俗》,第14a页;(清)袁景澜:《吴郡岁华纪丽》,南京:江苏古籍出版社,1998,卷3,《三月·游山玩景》,第121页。

的地点甚广，参与者不分上下阶层，笔者称之为"大众游观"活动，包括岁时节日的游观活动、庙会与进香的宗教性活动、市肆与园林的游观活动。[1]

随着旅游风气的兴盛，提供人住宿的旅店也应运而生。明清时期苏州已有许多提供旅人住宿的地方，一般称之为"客栈"。苏州城内官衙林立，因而附近开设了许多客栈。尤其是阊胥门内一带的客栈蓬勃兴起，为谋差、赴任、赶考、诉讼、探监等往来官员与商旅平民提供方便。阊胥门城外近郊的七里山塘不但是重要的旅游景点，也是走水路入城必经之处，苏州最早的高级客栈，即上一节提到的高级酒楼——三山馆就位于此。该旅馆由赵姓创于清初，旧名白堤老店，既是酒楼，也供人食宿，有往来过客经过虎丘者，或适遇风雨不及入城者，即宿于此。[2]

19世纪中叶太平天国运动，对清代江南盛行的好游风气是一大打击。苏州城郊诸山与城外的名胜古迹难逃被毁的厄运，只有少数景点得以留存。苏州阊门内外与城西半部所遭受的打击尤大，直到光绪中叶（大约1890年代）以后才稍复旧观。[3]光绪年间，金阊市面恢复繁荣，旅店随商业发展而逐渐增设。从万人码头通向大马

---

[1] 关于明清时期苏州的旅游风气与旅游活动，参见巫仁恕《优游坊厢：明清江南城市的休闲消费与空间变迁》，台北："中央研究院"近代史研究所，2013，第194—210页。

[2] （清）顾禄：《桐桥倚棹录》，卷10，《市廛·酒楼》，第143页。

[3] （清）叶楚伧：《金昌三月记》，收入《苏州文献丛钞初编》，苏州：古吴轩出版社据新民图书馆民国八年初版《小凤杂著》排印，2004，下册，第803—804页、第807—808页。该书所记系1912年之前苏州金门与阊门一带青楼之盛景，叶氏自云其年轻时的往事。由此可见光绪末年苏州此地的青楼业已恢复旧观。

第一章 从传统走向现代

路、石路的一条姚家弄,客栈栉比鳞次,继而向阊门城内发展。[1]较著名之例,如光绪年间商人陆文卿在阊门外大马路、横马路转角兴建的新华客栈,设有车马停歇的设备。当时沪宁铁路尚未通车,北方商旅自带车马载货来苏,就连车带货住进新华客栈。光绪末因苏沪段铁路通车,随之北方交通相应发展,车马货运大减。车马旅店之特殊作用消失,此店旋即歇业。[2]

传统的客栈在设备上远远不如现代的旅馆。传统时期在客栈投宿的麻烦程度,是现代旅客所难以想象的。包天笑回忆道,当时出远门投宿客栈,有四件行李是必需的:一是铺盖要自备,因为客栈只有床架,不提供卧具;一是沉重的衣箱;一是竹制的网篮,又称"百宝箱",所有面盆、手巾、雨鞋、纸伞等一切杂用物品皆置其中;一是便桶,由顾客自理。以上四物是出外旅宿所不可或缺的器物,但客栈皆不备,惟由旅客自理。[3]

旅馆现代化的开端

铁路的出现,是使传统游观活动走向现代化的重要里程碑。清季铁路的开通带动了苏州另一波的游览风潮,苏州火车站附近纷纷成立许多豪华的西式旅馆。最早又最著名的是宣统元年(1909)所设立的惟盈旅店(ViLage inn),为二层洋式旅馆,并自建码头,配

---

1 如姚家弄有公泰义、鸿升栈、斌升栈、天宝栈、太行台、人和栈、晋升栈等旅店开业。大马路有新华栈等,石路有瀛台等几家,鸭黛桥有苏台旅馆等。

2 饶金宝、施士英:《清末民初的苏州几家名旅店》,收入中国人民政治协商会议江苏省苏州市委员会文史资料研究委员会编《苏州文史资料》,苏州:政协苏州市委员会文史资料研究委员会,1988,辑18,第271—272页。

3 包天笑:《食衣住行的百年变迁》,香港:大华出版社,1974,第54页。

备装饰讲究之大型快船三艘，辅以通晓英语之导游招待，将宁沪在线各地之中外政要权贵、富商巨贾吸引到苏州旅游。[1]之后到民初又陆陆续续有多家新式旅馆成立。

苏州旅游进入黄金时期，应该是在1920年代中叶以后。1920年代中国出现了第一家现代旅行社，系由原隶属于上海银行的旅行部于民国十七年（1928）改组成立的中国旅行社。[2]京沪、沪杭甬铁路管理局，也在沿线各站办理旅游的相关业务。[3]二者都推出许多套装行程的旅行团，目的地多以江南地区及其附近的风景区为主，而这些新式旅游行程的消费群，主要是大上海的中产阶级，代表着以上海游客为主的现代旅游业时代的来临。另一方面，苏州拜现代旅游业的兴起，一跃成为全国首屈一指的旅游城市。[4]

旅游业的兴盛带动了苏州旅馆数量的增长。从表1–1中也可以看到，1920年代苏州指南手册上的记载，大约只有十几家旅馆。但是到1930年代的指南书中，旅馆数量已多达30家以上。如1930年《（最新）苏州游览指南》记有35家（另有2家在城外木渎、光福两镇），1931《苏州指南》（七版）与1932年《京镇苏锡游览指南》所载当时的旅馆分别有32、35家之多。民国以后苏州成立的旅馆中较著名者，如1918年开张的铁路饭店、同年开幕的大东旅社、1924年

---

1 饶金宝、施士英:《清末民初的苏州几家名旅店》,《苏州文史资料》,辑18,第272—276页。

2 中国旅行社的成立,参见《中国旅行社之新气象》,《旅行杂志》(上海),第1卷第2期(1927年),第2页。

3 《旅行杂志》(上海),第10卷第6号(1936年6月),首页广告。

4 巫仁恕:《从游观到旅游:16至20世纪初苏州旅游活动与空间的变迁》,收入巫仁恕、康豹、林美莉主编《从城市看中国的现代性》,台北:"中央研究院"近代史研究所,2010,第142页。

第一章　从传统走向现代

落成的东吴旅社。自大东旅社开张后,其他三新、东吴各旅社,以及铁路饭店,咸加意讲求,以期竞争。[1]这些旅馆的成立当然是有消费者需求,尤其是当重要的节日时,苏州的旅馆经常客满。[2]不过,当时有人认为这些大饭店与旅馆是供大军阀、政客或有钱人挥霍之地,因为"一宿之费,可抵平民一月之粮",此说或许太过偏颇夸大了。[3]1930年代初,苏州旅馆又多了一批"党籍诸君",他们以某党部为名,租了许多房间,成了旅客骤增中的一大特色。[4]

最初新式旅馆集中在阊门外的大马路。1922年的《旅苏必读》即云:"苏城旅馆,大小不等,多汇集于阊门马路,距车站为最近,轮船亦不远,其余胥门及观前亦复不少。"[5]1920年的《申报》记者形容车一抵苏州阊门,即可见门楣满缀电灯者,无一而不标明为"大旅馆"。[6]自1929年到1930年代,苏州新设旅馆的空间分布开始有新的变化,也就是城内新的旅馆纷纷成立。《新苏州导游》即称:

苏州逆旅,初仅荟萃于阊门城外马路一带,则以其地密迩车站轮埠,旅客上下甚便焉。近自添辟金门后,城中干路,若景德路、东西中市、护龙街、观前街已相继拓宽,车马可以直进,而热闹市

---

1 《苏州近状谈》,《申报》,1925年8月11日,第14版。

2 如《申报》载文描述作者在1928年10月的国庆节到苏州,住在阊门外的铁路饭店,当时晚间的阊门附近,来自城内及附近乡村的游客极伙,阊门外之旅馆无论大小皆客满,即如酒楼面街道的小室已被人订满,景象热闹无比。参见慧剑《金阊三日记(下)》,《申报》,1928年10月19日,第17版。

3 祖同:《何民魂口中之苏州》,《申报》,1928年10月13日,第17版。

4 珍珍:《各旅馆骤增之旅客》,《大光明报》,1931年11月11日,第2版。

5 陆鸿宾编著,颜大圭审定:《旅苏必读》,第14—17页。

6 符赤:《归苏杂记(下)》,《申报》,1920年4月9日,第14版。

廛遂集中于观前。故观前逆旅亦遂如雨后春笋，纷纷设立矣。[1]

上引文乃指苏州增辟金门，以及1928—1930年间在苏州城内改建和拓宽了两条循环街道（参见本章第一节），有利车马交通。约当同时，观前街南部的北局地区建成苏州国货大楼、戏院、电影院等设施，与拓宽的观前街连成一气。[2]此后城内才开始大量兴建旅馆。从当时报纸的广告可以看到，新成立的旅馆有集中在观前街与其附近北局一带的趋势。

当时人仍然认为城内的旅馆是比较安全的，如包天笑在《钏影楼回忆录续编》里提到北伐胜利后他在回苏州的路上，遇到上海教育家王引才要到苏州访友。王引才听说苏州城外旅馆极多，于是想随便选一家住。但包天笑则警告他说："万不可住城外旅馆，那是下等娼妓出入之所，不管你是何等客人，她们便闯进你房间里来。而且还有流氓土匪，知道你是县长，那更糟了。"包天笑劝王引才还是住在城内的旅馆比较干净些，于是他介绍一家在景德路近观前街的旅馆。[3]

新式的旅馆在外观上不但是苏州现代化的象征，旅馆内部的设备也是如此。本章开头所引述就显示了新式旅馆的特征。其他相似的例子如阊门外大马路鸭蛋桥东首的中国饭店，广告词是"坐北朝南，新式洋房"，"房间清洁，器皿欧式，设备优美"；又如阊门外

---

1 尤玄父编：《新苏州导游》，南京：凤凰出版社，2013，第108页。

2 1920年代末到1930年代初，苏州玄妙观附近空间的拓宽工程，因为商业利益与古迹保护出现冲突而引发争论，最后由商业考虑获胜。参见Peter J. Carroll, *Between Heaven and Modernity: Reconstructing Suzhou, 1895-1937*, pp. 225-238.

3 包天笑：《钏影楼回忆录续编》，香港：大华出版社，1973，第120页。

第一章　从传统走向现代

图1-3：1925年苏州城外大马路之苏台旅馆

资料来源：王稼句《苏州旧梦：1949年前的印象和记忆》，第32页。

大马路的大新中西旅社，广告声称是"摩登旅社，光彩夺目"，"新建洋房，地点适中"。[1]1929年成立于观前北局太监弄的新苏饭店（旅社），广告上声称有"打样建筑之最新式洋房"，"房屋三层洋房，轩敞洁净"。[2]另一个也是位在观前大街洙泗巷的东亚饭店，其广告也声称："房屋高大，空气透明。厅堂宽畅，喜庆咸宜。夏有风扇，冬有火炉。房中器具，靡不富丽。男女浴室，清洁卫生。茶役侍候，非常地道。四角起码，两元为止。"[3]上述的广告内容重点在内部的硬件设施与服务，特别强调拥有最新的"洋式"设备。

---

1 《大新中西旅社》，《大光明报》，1933年8月1日，第1版。

2 《新苏饭店》，《大光明报》，1929年10月4日，第1版。

3 《东亚饭店》，《大光明报》，1929年8月29日，第1版。

同业公会、劳资纠纷与税捐问题

因为民国以后苏州旅馆日新月异，同业开始有筹组同业组织的意图，于是在1926年9月，成立了旅业同业公所，命名为"惠商公所"。根据该公所《章程》，成员主要为旅馆的股东，不过伙友、茶房也可以入会，若有家贫身故者也有津贴。[1]当时未见旅业同业公会与职工的工会成立。同本章第二节所提及，直到1927年北伐军进入苏州后，在共产党员的积极组织下才有旅馆业职工会于4月间成立。1929年8月，国民政府公布《商会法》与《工商同业公会法》后，国民党各地党部指导组织各业同业公会。旅业同业公会应该也在此时成立。同年10月又颁布《工会法》，规定店员非产业工人，不能组织工会，需加入同业公会。吴县旅业职业工会于1930年11月在地方法院注册，到1932年已成为吴县第三大工会，会员有900人。1932年8月吴县政府以法律规定茶房不得组织工会为由，宣布原职工工会应并入同业公会。[2]不过，职工工会一直在反抗，组织仍然在运作。[3]

从档案与报纸资料可以发现当时的旅馆业在经营上出现较大的问题有三：一是劳资纠纷，一是苛捐杂税，一是房租过高。关于劳资纠纷方面，旅馆茶房曾投书报纸，指出旅馆业主往往在年终时以生意清淡为由，解雇茶房工友，再趁机改聘非工会会员，他们对此

---

[1] 华中师范大学中国近代史研究所、苏州市档案馆合编：《苏州商会档案丛编》，第3辑下册，第197—199页。

[2] 田彤：《党权、法律与店东纠纷——以1933年苏州铁路饭店为分析案例》，《广东社会科学》，第5期（2010年），第111页。

[3] 茶房投稿：《旅馆茶房不满店主》，《吴县晶报》，1932年8月31日，第2版。

第一章　从传统走向现代

深表不满。[1]实际的案件，如1929年2月老苏台旅社与其辞退的茶房伙友胥德兴的案件，事因胥德兴被辞退后不久却又要求复职，市政府派来调解者支持胥德兴，旅社则通过苏州总商会的管道上呈市政府要求重新调解。经过重新调解后，于5月25日达成和解，重订合同。[2]

1933年又发生铁路饭店辞退两名员工而引起的纠纷案件，此案发生后，旅业同业公会与旅业职业工会两会在报纸上都曾刊登启事。[3]这两种职业团体的对立，使得此事件由单纯的劳资纠纷，演变成两大团体的对立，甚至是省与县的党部对立。此事件起因于铁路饭店过去的惯例，是将旅客所付的酒资（又名"小小账"）由职员与茶房等员工均摊，而经理与店主不参加拆分。但该年其经理却规定自身也要分一杯羹，导致员工不满，派代表朱、夏二人抗议，却遭店主开除，遂引起纠纷。其后虽经旅业职业工会与保安局调解后结束争执，但旅业同业公会不满，盖因1932年时已明订茶房员工不得组织工会，然而至1933年底，国民党省党部秉承中央民众运动委员会之命，又重新启封。由是引起旅业同业公会不满，指斥旅业职业工会为非法组织。[4]劳资两方又再度对立，资方联合其他同业公会发动罢市，旅业劳方的职业工会则反制罢市，而且各自上陈请愿。

---

1 同前注。

2 相关档案文献，参见华中师范大学中国近代史研究所、苏州市档案馆合编《苏州商会档案丛编》，第4辑上册，第797—809页。

3 《吴县旅社业同业公会对于已撤销吴县旅业职业工会感谢盛意之驳正并紧要声明》，《大光明报》，1933年4月2日，第1版；《吴县旅社业同业公会再驳复职业工会声明》，《大光明报》，1933年4月4日，第1版。

4 参见苏州市档案馆藏苏州商会档案，档号I14-002-0596-028,《为吴县旅馆茶房组织工会横行本会各商店受催残请依法纠正援助事致商会》(1932年12月10日)。

最终省政府与省党部站在资方立场，下令惩处支持劳方的县政府与县党部人员，此一风波才告平息。[1]

至于苛捐杂税方面最重要的是旅馆捐。1929年苏州市政府曾邀集旅馆业者，说明将于5月11日开征旅客捐，同业闻之集体上呈苏州总商会与市政府，以苏州"究系内地，行旅有限，此捐实涉苛细，既与事无补，又有碍民生"为由，请求停征，以惠民生。1932年吴县县政府又开征旅馆捐（又称床铺捐），此际苏州已成立旅业同业公会，和上述茶馆业者同样面临"两税"的问题，而营业税成为业者抗争的焦点。该年旅馆业同业公会函请商会转呈吴县财政局等单位，认为所征旅馆床铺捐与营业税性质相同，应废止，否则将不缴营业税。但江苏省吴县营业税征收局不同意，告知废捐应找吴县财政局。1933年经过吴县财政局与营业税征收局两局的协商会议后，决议在原征地方捐税中提出一份划拨营业税。然而，1935年时，省财政厅又反对此举，认为地方捐与营业税不同，不可以废营业税，不同意县府的提拨方式。虽然同业公会仍不断要求免征营业税，但仍无法改变政策。[2]之后，旅业同业公会上呈请求改变征收办法，也就是改为向旅客征收旅客捐，暂时获得政府的同意。[3]

---

1 以上事件可以参考田彤《党权、法律与店东纠纷——以1933年苏州铁路饭店为分析案例》，第105—113页。

2 苏州市档案馆藏苏州商会档案，档号I14-002-0680-008，《函覆旅馆同业公会请求免税一案事致吴县县商会》（1932年8月23日）；档号I14-002-0650-053，《函为旅馆捐等业经县政会议解决希转催照缴欠捐由》（1933年4月1日）；档号I14-002-0690-056，《为奉令茶旅馆业书场业应遵章征收营业税函请查照》（1935年3月1日）；《旅业已纳床铺捐一致环请免征营业税》，《苏州明报》，1935年3月15日，第6版。

3 华中师范大学中国近代史研究所、苏州市档案馆合编：《苏州商会档案丛编》，第4辑下册，第1967—1970页。

第一章 从传统走向现代　　49

战前，旅馆业者在经营上的获利并不如想象的高，除了上述二项变量之外，房租也是一大问题。到了1934年时，大部分的业者因为盈余有限，仅足基本开销而已，遂有"关门不得，开门尤难者"之叹。于是该年旅业同业公会开会决议，向房东要求减租。因为房租向来是旅馆业者最大宗的开销之一，所以希望由"减租运动"来降低成本、维持生意。[1]

第五节　从烟馆的盛行到禁烟运动

明代，南洋与西域诸国把鸦片作为春药列入珍宝进贡，最初只在宫廷与达官贵人中流行。据《大明会典》载，在成化癸卯（1483），已有鸦片从外国输入，专供药用。直到明末，澳门的葡人把该品视为商品大宗输入，才导致民间吸烟者愈来愈多。清代嘉庆年间，吸食鸦片的风尚已由社会上层蔓延到大众，尤其是城市里，鸦片烟馆林立。[2]鸦片战争之后，输入更是惊人。同治年间，中国各地始大量种植罂粟。1870年代以后，价格低廉的土产鸦片，在产量

1　天鸟：《旅社业之减租运动》，《吴县晶报》，1934年7月6日，第2版。

2　《鸦片之祸与禁毒戒毒（上）》，《江苏日报》，1945年1月12日，第2版。从"物"的生命史角度来分析鸦片在中国流行与普及的历史，可以参考 Yangwen Zheng（郑扬文），*The Social Life of Opium in China* (Cambridge; New York: Cambridge University Press, 2005) 一书。关于早期鸦片在明代宫廷流行的情况，参见该书第二章，第10—24页；清代普及的情况，参见该书第四、五章，第56—86页。

上已经超越进口鸦片，到1906年时自给率高达91%。[1]当时云、贵、川三省的鸦片产量占全国总产量的六成以上，尤以川土为最，但云南所产之云土，因为气候与种植技术之故，质量最高。[2]

苏州吸食鸦片的风气正是上述历史现象的缩影。早在鸦片战争之前，苏州吸烟的人数，据包世臣（1775—1855）的记录，嘉庆二十五年（1820）时，"即以苏州一城计之，吃鸦片者不下十数万人"[3]。自1842年末，上海开埠以来，成为鸦片的进口地，而苏州成为鸦片的主要集散地。鸦片吸食之风也以苏州为中心，波及邻近的地区。[4]苏州烟土的来源，以国外输入的洋药为主，土药次之。土药的来源，除自产之徐土外，尚有川土、云土。[5]

---

[1] 林满红：《财经安稳与国民健康之间：晚清的土产鸦片论议（1833—1905）》，收入"中央研究院"近代史研究所社会经济史组编《财政与近代历史论文集》，台北："中央研究院"近代史研究所，1999，第506页；林满红：《清末本国鸦片之替代进口鸦片（1858—1906）——近代中国"进口替代"个案研究之一》，《"中央研究院"近代史研究所集刊》，第9期（1980年7月），第385—432页。

[2] 西南山区在19世纪上半叶接触到鸦片之后，很多来自人口密集省分的移民在该地人烟稀少的丘陵地区，引进鸦片作为经济作物，鸦片遂成为当地重要的生计。到了晚清，虽然官府执行禁烟政策，但此地区因天高皇帝远，帝国难以实质控制，鸦片种植反而大盛。有关此可参考刘绍华《从珍品到毒品——鸦片类物质的道德经济学》，《中国饮食文化》，第6卷第1期（2010年1月），第41—44页；秦和平：《四川鸦片问题与禁烟运动》，成都：四川民族出版社，2001，第48页；秦和平：《云南鸦片问题与禁烟运动（1840—1940）》，成都：四川民族出版社，1998，第12页。

[3] （清）包世臣：《齐民四术》，北京：中华书局，2001，卷2，《农二·庚辰杂著二》，第58页。

[4] 储伊宁：《近代江苏鸦片贸易的形成过程及其特征》，《江海学刊》，第2期（2001年），第135页。

[5] 王树槐：《中国现代化的区域研究——江苏省》，台北："中央研究院"近代史研究所，1984，第598—601页。

苏州烟馆林立

苏州在晚清已是城内烟馆林立,尤以阊门外为盛,有取名如逍遥轩、天香阁、芙蓉馆、啸云处等风雅名称,并有"冷籁苏膏""川广疏土"诸招牌;其中又以"郭"字号最为著名,几乎与茶坊、酒肆三足鼎立,而且价格低廉。[1]至于19世纪末苏州城内烟馆的数量,现在的文献有许多不同的记载与估计。有的估计光绪三十三年(1907)新政开始禁烟运动之前,苏州全城大小鸦片烟馆已达300多家。[2]又据1907年苏州海关的报告记载,当时城内的挑膏铺有700至800家之多,而阊门外石路一带有300至400家。[3]一说当年城内及城郊开设的鸦片店多达1906家。[4]成书于光绪三十四年(1908)的小说《醒世新编》一书形容到:"苏州城中烟馆有五千余家,其实害人不少。"[5]虽然小说家之言或有夸大,却也反映苏州烟馆数量之多的事实。

---

1 仲臬:《戒烟所:一榻横陈任凭吞云吐雾》,《苏州新报》,1940年12月6日,第6版。

2 程叔履、陶乃仁:《商团》,收入《苏州文史资料》,辑1—5,第224页。

3 周德华辑译:《苏州海关报告辑存——吸毒、禁毒、焚毒》,收入苏州市地方志编纂委员会编《苏州史志资料选辑》,苏州:苏州市地方志编纂委员会,1989,辑1、2合刊,第160—161页。

4 陆允昌主编:《苏州对外经济志(1896—1900)》,南京:南京大学出版社,1991,第89页。又据王树槐的估计,长、元、吴三县至少就有烟馆1960户,烟膏店910余户,这里应当是包含城乡的数据。参见王树槐《中国现代化的区域研究——江苏省》,第617—618页。

5 (清)绿意轩主人:《花柳深情传》,永和:汉源文化事业公司据北京师范大学图书馆馆藏上海广雅书局石印本校点,1993,第24回,《访门生纵谈时事 得家书息影蓬庐》,第161页。该书原名《醒世新编》,作者萧鲁甫,字詹熙,号绿意轩主人,清光绪年间浙江衢州人,善画,生平不详。该书作于光绪乙未(1895)年。

19世纪中后期苏州人王炳燮（1822—1879）也指出当地吸食鸦片之人众多的原因，在于"烟馆之禁不严"，以致咸丰八九年间（1858—1859）"衙署左右，烟馆纵横，牌号公然，漫不禁止"。[1]包天笑就忆及童年时父亲带他去鸦片烟馆的情景：

> 有一天，带了我到一家鸦片烟馆里去。那时候，鸦片烟馆是公开的，并不禁止。他自己并不吸烟，而有许多朋友都是吸烟的。甚而至于有许多生意经，都在烟馆里并枕而卧，方才订定了的。[2]

看来鸦片烟馆在苏州公开不禁，早已路人皆知；对商人而言，又具备谈生意的功能。包天笑还说他们所去的地方，就是观前街太监弄吴苑茶肆的前身，房子旧且大，生意很兴隆。

苏州并非不禁烟馆，最早在清光绪二年（1876）3月20日苏省长洲、元和、吴县的告示中，已召告境内各烟馆，限时即闭，违者究办云云，可谓最早之官方禁烟告示。[3]清末以来历任江苏巡抚戮力禁烟，包括林则徐（1832）、谭继洵（1880）、谭序初（1882）、陈夔龙（1907）等，皆曾查禁鸦片烟馆。苏州民间一些有识之士也陆续发起禁烟活动，成立不少禁烟或戒烟机构，如国外基督教会成立的禁烟会，以及苏州民间团体成立的积善局、自强戒烟会、苏州拒

---

[1] （清）王炳燮：《毋自欺室文集》，收入沈云龙主编《近代中国史料丛刊》，台北：文海，1968，辑24、第237册，卷6，《书状·上李抚军请停止收租局状》，第237页。

[2] 包天笑：《钏影楼回忆录》，第50页。

[3] 离尘：《憨园丛谭：苏州禁烟馆最早》，《励志》（南京），第4卷第11期（1936年3月），第3页。

烟会、除烟社会等,还有苏州商会成立的商会戒烟社等。[1]

然而,因为晚清财政问题严重,由是财经安稳一向是鸦片争论中的主流论述,至于鸦片对健康的负面影响,并非优先考虑的因素。一些地方官员为了增加地方财政的收入,也鼓励农民生产鸦片。[2]到了光绪年间,又因为中法战争、中日战争相继爆发,军费剧增之下,清政府财政困难,不得不广开财路,增加税源。除了举借外债,就是增加鸦片税。苏州海关成立后,鸦片进口税也成为清政府财政收入的一部分。[3]

清季受到西方视鸦片为毒品的观念影响,知识界认为鸦片有害国民健康的道德论述,以及民间要求禁烟的呼声日益高涨,这使得清政府意识到问题的严重性。[4]光绪二十七年(1901)清政府开始实施新政,光绪三十二年(1906)发布禁烟上谕,要求十年内禁绝鸦片,并制定禁烟章程,设立机构专司禁烟。次年(1907)又通过外交谈判与英国签订《中英禁烟协议》,英国政府同意从1908年开始逐年递减对华输出鸦片数量,十年减尽,停止对华输出鸦片。[5]

---

1 薛丽蓉、池子华:《中国禁毒史的一个断面——清末民初苏州禁烟研究》,《江海学刊》,第5期(2007年),第144—145页;蒋民国:《近代苏州烟毒问题及治理》,苏州科技学院人文学院硕士论文,2010,第29—39页。

2 参见林满红《财经安稳与国民健康之间:晚清的土产鸦片论议(1833—1905)》,第501—550页。

3 蒋民国:《近代苏州烟毒问题及治理》,第20页。

4 Man-Houng Lin, "Late Qing Perceptions of Native Opium," *Harvard Journal of Asiatic Studies* 64.1 (Jun. 2004): 129-143.

5 苏智良:《中国毒品史》,上海:上海人民出版社,1997,第204—213页;王金香:《中国禁毒史》,上海:上海人民出版社,2005,第87—93页;蒋秋明、朱庆葆:《中国禁毒历程》,天津:天津教育出版社,1996,第186—206页。

苏州也采取禁烟措施,主要有三方面:一、限于6月底全面关闭烟馆;[1]二、发放吸烟执照、提高烟膏捐费用,借此控制民间吸食,即所谓"寓禁于征"之法;三、查缉烟毒走私。[2]巡抚陈夔龙还在光绪三十三年(1907)2月设立收容百名烟民的戒烟官医局。至于成效方面,据海关在光绪三十二年(1906)的报告显示,该年原有之1906家膏店与烟馆,已歇业1351家,所余555家均作膏店,而烟馆则闭歇无存。至光绪三十四年(1908),苏州城内外所存膏店,只剩437家。[3]

民国初年基本上延续清政府"寓禁于征"的政策,然而因为政局不稳,所以禁烟执行不力。吴县响应政府禁烟令,要求各药土铺一律闭歇、禁止人民吸食。[4]但是苏州警察机关明禁暗纵,并以烟捐作为其主要的经济来源。警察厅即规定凭照贩卖鸦片,以收取烟捐。[5]民国五年(1916)以后,军阀割据,视烟土为税收之唯一收入,于是尽力增产鸦片,甚至强迫农地改种罂粟或奖励种烟,而美其名曰"寓禁于征"。苏州烟馆的数量因而有死灰复燃的现象,民国元年(1912)的苏州,有土膏店五百数十家;[6]玄妙观一带及被称

---

[1] 苏州三县政府令商会绅董,6月以后全面关闭烟馆,改为膏店,只准卖,不准吃,并禁新开迁移,并饬绅董办戒烟医局制药劝戒。甚至县官将亲自查,若仍有开设将枷责重惩。参见苏州市档案馆藏苏州商会档案,档号I14-001-0119-042,《为各烟馆定限于6月底一律停歇事的照会》(1907年6月24日);苏州市档案馆藏苏州商会档案,档号I14-034-0152-037,《为严禁烟馆由》(1907年)。

[2] 蒋民国:《近代苏州烟毒问题及治理》,第27—29页;薛丽蓉、池子华:《中国禁毒史的一个断面——清末民初苏州禁烟研究》,第145—146页。

[3] 陆允昌编:《苏州洋关史料》,南京:南京大学出版社,1991,第208、213页。

[4] 陆允昌编:《苏州洋关史料》,第229页。

[5] 苏州市地方志编纂委员会编:《苏州市志》,第1册,第181页。

[6] 同前注。

为"烟码头"的阊胥门一带,成为烟毒肆意横行之地,[1]而虎丘一带的"燕子窝"(鸦片吸食所)亦曾多达30余家。[2]在1920年代前期苏州的地方报纸上,常见关于烟馆与吸食鸦片的描述,如1923年的《吴语》报纸就载有改编小调的歌词:"因为近年来,……私种与私贩,还有贩土各机关多完备,照前无异";"阊门上塘街,……有家某私买,卖买鸦片过日脚,蛮乐脉"。[3]

当时苏州仍有不少民间禁烟组织推动戒烟运动,如民国二年(1913)吴县警察厅在白粮仓特设强迫戒瘾的戒烟所,以真实戒烟为目的,向城内医院聘请医师,监视调护无力戒烟者;[4]民国四年(1915),吴宗廉发起成立"上海中西联合禁烟会苏州分会"。[5]1920年代初期苏州地方报纸的新闻显示,警察机构其实也有查缉的行动,报纸形容"捉烟捉得真认真",但主要是查私卖烟土或私设烟馆者。[6]1926年苏州换了新的警察厅长后,"办得真凶险,派子密探,四面大捉烟"[7]。

---

1 《苏垣烟话》,《时报》,1914年8月27日,第4版。

2 《苏州巡警禀揭得贿包卖灯吸之奇闻》,《时报》,1914年10月21日,第4版。

3 老苏州:《演说开禁鸦片五更》,《吴语》,1923年1月31日,第2版;老苏州:《鸦片烟犯》,《吴语》,1923年3月18日,第2版。

4 该戒烟所专为一般吸烟贫民无力医戒者而设,凡来所投戒者,即为施送药,不取分文,实施后来者颇多成功者。后来因为开支大,所以酌收饭食费用,但赤贫者无力缴费之人,仍予免费。参见《本省纪事:体恤贫民戒烟(苏州)》,《警务丛报》(上海),第2卷第13期(1913年4月),第28页。

5 蒋民国:《近代苏州烟毒问题及治理》,第36页。

6 老苏州:《劝戒鸦片》,《吴语》,1924年7月17日,第2版;《查鸦片被阻质问》,《苏州晨报》,1923年4月13日,第2版。

7 老苏州:《时事新苏滩捉鸦片》,《吴语》,1926年5月2日,第2版。

全民禁烟的政策

国民革命军北伐底定东南之后，南京政府决心禁烟，规划分为三个阶段全民禁烟：第一阶段仍沿用"寓禁于征"的时期，自1927年国民政府成立至1928年《禁烟法》《禁烟施行条例》颁布为止。由财政部设立禁烟处，各县分设禁烟局及戒烟药品专卖处，建立初步的禁烟机构体系。第二阶段为断禁时期，自1928年颁布《禁烟法》到1935年4月为止，所有烟民要求限期戒绝。此二阶段政府参合"寓禁于征"及"分期递减"的政策。以江苏省为例，省政府在1930年订有《各市县个人及社团创设戒烟所简则》，明订私人所创设之戒烟所，应受县市政府指挥监督等规定，可见当时戒烟政策的执行情况。[1]

然而此际政府所订之办法未臻完善，甚至弊害丛生，引起民怨沸腾。因为北伐后，国民政府虽宣称四年内禁绝鸦片，但实际上仍是公禁私吸，鸦片烟毒仍泛滥于苏州，唯一的区别是凭照吸烟，政府凭照收税，故不许无照私吸。[2]1927年的《吴语》也有指出："虽然国民政府为切实禁止鸦片起见，故特布条例，限三年内禁绝。不意各县禁烟局，间有不照禁烟条例，反而行公卖，致禁者自禁，吸者自吸。"[3]胡适（1891—1962）在其1928年的日记中亦曾批评上海与苏州的烟馆与禁烟局公然允许吸烟，却挂着总理遗像当幌子的荒

---

1 《特别要件：各市县个人及社团创设戒烟所简则》，《江苏省政府公报》（镇江），第594期（1930年11月），第5页。

2 蒋民国：《近代苏州烟毒问题及治理》，第21页。

3 《吸鸦片人听者》，《吴语》，1927年11月27日，第2版。

谬现象。[1]在报纸杂志上也可以看到讽刺禁烟政策的漫画。(参见图1-4、1-5)

这样鸦片公卖的现象由来已久。在北伐成功之前,苏州一地的鸦片销售已类似公卖的制度,由领有政府执照的鸦片商得以贩卖,地方政府亦由此抽得烟捐。在1920年代的报纸社论,对此有不少的讨论。有的认为严禁公卖的后果,反而可能使私烟市场价格高涨,而政府却收不到税捐。[2]总之,鸦片税捐是地方财政的重要来源,中央政府很难要求地方政府贯彻禁烟政策,实导源于此。例如1932年

图1-4:全面抗战前讽刺洋烟进口与禁烟政策的漫画之一
资料来源:严折西《帝国主义者的赐予:寓禁于征》,《时代漫画》1934年10月第10期。

---

1 胡适:《胡适日记全集》,台北:联经出版社,2005,第5册,第132页。
2 刘郎:《反对鸦片公卖》,《吴语》,1925年2月22日,第2版。

图1-5：全面抗战前讽刺洋烟进口与禁烟政策的漫画之二
资料来源：叶浅予《王先生》，《时代漫画》1934年10月第10期。

时江苏省与财政部就因为特种营业税、牌照税等归属问题而发生纠纷，导致部长宋子文（1894—1971）与省长舒石父（1885—1949）之间积深嫌隙，后经各方调解，将变相的鸦片公卖之特税仍归江苏省政府。[1]

虽然政府已有禁令，在官方的报告里也说烟馆"一律肃清"，但事实上在民众看来，烟馆仍然存在。警员也都知情，不过多数暗收陋规，从中庇护。[2]1927年吴县有烟窟460余家；[3]1932年《大光明报》记载"苏城烟窟三百家"；[4]1934年的《吴县晶报》统计当时苏州城内外的鸦片烟馆，共有153家；[5]另一记录指出当时境内有土膏行3家，土膏馆18家，城乡售吸所206家。[6]苏州市外郊区的小城镇，如木渎、东桥、东渚、蠡墅等地也都有烟馆，可见烟馆普及的程度。[7]再从1934年的一份报告中，可以看到当时瘾民的职业组成如下表。表1-2中显示烟民职业十分复杂，其中除了工商业者外，失业者所占比例也很高。报纸上也常见规劝穷民戒烟的宣传，如形容穷人可

---

1 芬芳：《苏省鸦片公卖有期》，《福尔摩斯》，1932年7月15日，第1版。

2 《吸：（一）吸食鸦片之种种：（乙）各地烟馆之调查》，《拒毒月刊》（上海），第47期（1931年3月），第36页；《吸：（二）各地吸食鸦片之一斑：（戊）江苏重要城镇之烟馆》，《拒毒月刊》（上海），第47期（1931年3月），第42页；梦醒：《土案》，《大光明报》，1932年6月6日，第2版。

3 苏州市地方志编纂委员会编：《苏州市志》，第1册，第181页。

4 望斋：《苏城烟窟三百家》，《大光明报》，1932年9月7日，第2版。

5 莉莉：《苏州统计》，《吴县晶报》，1934年4月14日，第1版。

6 苏州市地方志编纂委员会编：《苏州市志》，第1册，第29页。

7 《吸：（一）吸食鸦片之种种：（乙）各地烟馆之调查》，《拒毒月刊》（上海），第47期（1931年3月），第34—36页；《吸：（二）各地吸食鸦片之一斑：（戊）江苏重要城镇之烟馆》，《拒毒月刊》（上海），第47期（1931年3月），第42页。

怜，一日所得几百钱，却马上进烟馆，终究被巡警捉拿。[1]

表1-2：1934年吴县烟民登记职业类别

职业	工人	商人	失业者	农民	自由职业者	僧道	合计
所占比例数(%)	31	30	23	9	4	2.3	99.3

资料来源：苏州市地方志编纂委员会编《苏州市志》，第3册，第181页。

禁烟运动的彻底实践

值得一提的是第三阶段，也就是两年禁毒、六年禁烟时期，从1935年4月到1937年11月苏州沦陷为止。全面抗战前两年，即1935年4月1日，蒋介石发布"禁烟通令"，宣布实施"二年禁毒、六年禁烟"计划，号召官民协作，分年推进，逐步加紧，烈性毒品至1937年底禁绝，鸦片烟毒至1940年底禁绝。之后国民政府军事委员会颁布《禁烟实施办法》《禁毒实施办法》等条例，开始在全国19省5市全面开展禁烟禁毒运动。成立各级禁烟委员会与戒烟院所，限期登记给照，分期传戒，希望六年禁绝。要求黑籍登记，纷纷勒戒。设计如此体系的目的，是希望通过登记吸食者和控制鸦片使用权，不仅使上瘾者戒掉鸦片，同时还能为政府创造税收。这段期间华中各地禁烟的绩效斐然，成果颇丰。[2]

这段期间也是苏州禁烟的黄金时期，具有以下几个特点：一、

---

[1] 魁元：《五更调常识吃鸦片烟捉得去苦杀》，《申报》，1924年11月28日，第2版。

[2] 廷：《关于历届烟禁之感言》，《苏州新报》，1941年6月3日，第3版；《鸦片之祸与禁毒戒毒（上）》，《江苏日报》，1945年1月12日，第2版；关捷主编：《日本对华侵略与殖民统治》，北京：社会科学文献出版社，2006，下册，第188页；曹大臣：《日本侵华毒化机构——华中宏济善堂》，《抗日战争研究》，2004年第1期，第113页。

设立完备的禁烟机构。苏州遵从中央禁烟政策，建立了一系列禁烟机构。二、健全禁烟法规。国民政府总共颁布了36项禁毒禁烟法规，包括行政法规和治罪法规两大类，涉及禁种、禁运、禁吸各方面，这些法规成为苏州地方禁烟的法律依据。三、注重科学戒烟及善后措施的完整，如苏州地方医院、诊所纷纷开设戒烟业务，又广泛引进国内外戒烟药。四、注重民间禁烟力量，发挥医疗体系的作用，如戒烟医院、戒烟药。五、注重禁烟的舆论宣传，如利用禁烟纪念日、标语来宣传。[1]到了沦陷后期，汪伪政府开始实施禁烟运动，也是沿用上述的这些做法。

当时苏州查缉大批烟毒案，严惩一批毒犯，而且传戒、受戒人员众多，土膏行、售吸所数量不断减少。以江苏省为例，1935年已设有61所戒烟所，比当时邻省的浙江（34所）、江西（23所）要高，仅次于山东（89所）与河北（110所）。[2]在苏州严行禁烟政策时，1936年爆发一起官商勾结，任意哄抬价格，致使一般烟民怨声载道的事件。经士绅要求，新任邓县长揭发黑幕，乃知是前任县长与宝泰荣大土膏行串通，而吴县的禁烟委员会居然一无所知。经人检举之后，最终迫使委员会集体总辞职。[3]

只可惜全面抗战爆发，日人在沦陷区推行毒化政策，数年之功毁于一旦，吸食鸦片的风气不但死灰复燃，甚至更盛于战前。当时报纸就有社论指出"中日大事变"之后，一切畸形发展，染有"特殊嗜好"者人数众多，这些特殊嗜好系指嫖、赌、饮酒、抽鸦片与

---

1 蒋民国：《近代苏州烟毒问题及治理》，第45—64页。

2 《全国戒烟所之调查》，《拒毒月刊》（上海），第91期（1935年8月），第44页。

3 影帆：《苏州之鸦片风潮》，《福尔摩斯》，1936年4月6日，第1版；吴农：《苏州禁烟委员总辞职（上）》，《福尔摩斯》，1936年7月26日，第1版。

吸白面等等。[1]就连汪伪政府的警政部都发出公文指出此点，并延用《禁烟禁毒条例》，要求各地警务部门按月查报烟毒案。[2]有关沦陷后苏州禁烟的效果，详见本书第六章。

小结

近代苏州城市从传统走向现代的过程中，交通建设最为关键。清季，沪宁铁路的开通、大马路的修筑，以及1920至1930年之间的城内外马路翻修，都影响到四馆。如新式茶馆、西式大菜馆与现代化旅馆所设立的地点，都与火车站与城内新拓宽的马路有关。此外，上海在苏州现代化的过程中，也扮演重要的推手。如新式茶馆由上海引进，莅苏的旅客多来自上海的中产阶层，可见上海的影响力。至于鸦片烟因为皆由上海进口，就近的苏州遂成为鸦片的主要集散地。在战前这四馆已经是苏州重要的休闲场所，不但数量相当多，而且与苏州市民的日常生活息息相关。

四馆除了烟馆业者以外，在战前皆由传统的会馆公所转变成立现代的同业公会组织。此外，在北伐前有共产党员、北伐成功后又在国民党党部的支持下，还成立了职工工会，茶馆业与旅馆业可为代表。同业公会在与政府抗争税捐时发挥极大的作用。如茶馆业者

---

[1] 火：《信笔漫谈"特殊嗜好"》，《苏州新报》，1940年1月18日，第2版。
[2] 《警政部令饬各省所属：按月查报烟毒案》，《苏州新报》，1940年8月8日，第2版。

反对茶馆书场、台子捐,菜馆业者反对筵席捐,旅馆业者反对旅馆捐等事件,都可见同业公会团结一致的作用。在劳资纠纷方面,烟馆、菜馆业未见劳资纠纷,茶馆业与旅馆业曾有过,但只有旅馆业的劳资纠纷较为严重,这显示战前的劳资关系尚称融洽。

烟馆业与其他三馆的性质差异较大,成立的时间也稍晚,苏州在晚清才形成烟馆林立的现象。但其与政府的关系特别密切,因为鸦片烟捐是地方政府很重要的财政收入。所以晚清民国以来,虽有"寓禁于征"的政策,实际上一直无法彻底禁绝。

第二章　从天堂到地狱

　　民国二十六年，日本兵进苏州。日本兵进苏州时，我在家里，没有逃难。日本兵过去后，我开门出去看。我从巷里跑到香花桥，看见护龙街横满死人，在香花桥路口桥面上，就有十多个死人。这些人刚被日本兵杀死，满地是血。被杀害的人，有老百姓，也有穿灰制服的人。我不敢多看，赶紧回家。当天夜里我就逃难，从阊门出去，逃到香山。
　　——1989年1月21日，苏州官库巷陈福海老人口述回忆[1]

1937年淞沪会战爆发后，仅三个月苏州即沦陷了。沦陷的前后，苏州经历了太平天国运动结束以来最大规模的破坏，城市人口大量逃难到外地与乡间。过去我们对于抗战时期难民的研究极为有限，并且大多着重于整体的难民组成与人口迁移，以及长距离的大后方迁徙，却忘了大部分难民都是逃离到附近，或可称之为"地方

---

[1] 樊浃:《日本侵略军在苏州的罪行》，收入《苏州史志资料选辑》，苏州：苏州史志资料编辑部内部发行，1990，辑1，第78页。

性"的难民。[1]而从记录看来,沦陷初期,苏州城市虽然被日军控制,但是附近的焦土战争仍然持续了两年左右。

被战争破坏后的苏州城市要如何恢复旧有的秩序呢?日本举凡占领中国的领土后,皆采取"以华制华"的政策,扶植了许多伪政权。苏州从"自治会"成立开始,历经"维新政权",再到汪精卫伪政权。然而从"自治会"到"维新政权",只是过渡时期。这段时期暗杀活动频繁,伪政权的财政基础也相当薄弱,这两大难题使"维新政权"无法持续太久。直到汪精卫伪政权成立之后,苏州的社会迈向另外一个阶段。而汪伪政权所采取的许多政策,都影响到之后苏州的发展。过去对于汪伪政权的研究较强调政策面向,而忽略了执行面,苏州可以作为汪伪政权政策执行面的一个例子。此外,苏州的行政地位也开始出现变化,尤其是成为伪江苏省省会之后,城市的社会结构出现转变,对苏州城市影响颇大,也是苏州畸形繁荣的重要背景。

---

[1] 这方面最重要的代表作是R. Keith Schoppa, *In a Sea of Bitterness: Refugees during the Sino-Japanese War* 一书。

第一节　苏州沦陷的过程

轰炸、滥杀与逃难

1937年"七七事变"爆发之后，从8月到11月，苏州经历了自太平天国之役以来最严重的浩劫。日军从1937年8月16日开始轰炸苏州，阊门外受灾最惨烈，当时住在广济桥的一位住民回忆如下：

> 苏州沦陷前夕，日本飞机在阊门大马路丢下燃烧弹，破坏苏州最繁华的石路商业区，大火烧了三天三夜，把石路一带烧成一片焦土。这个被烧的地区范围很大，东自石佛寺、小菜场路一线以北，西至小鸭黛桥河以东，南自老石路北侧的耶稣教堂以西，至惠中旅社以东一线，北至饭店弄南侧，面积有几万个平方米。在这个地区内被烧的商店、旅社、茶馆、戏院、饭店、浴室等，约有二三百家，被烧的民宅约有六七百户。[1]

当时阊门外马路自宴月楼（京菜馆）及长安、福安、啸云三大茶馆，延伸至新舞台京剧场、真光电影院整个一大圈，两侧商店不下七八千家皆付诸一炬，成了苏州受害最严重的区域。[2]以前这一带是

1　樊泱：《日本侵略军在苏州的罪行》，收入《苏州史志资料选辑》，辑1，第95页。
2　小田：《苏州史记（近现代）》，苏州：苏州大学出版社，1999，第168页，引毛羽满的回忆。

图 2-1：苏州车站站台被毁

资料来源：岳钦韬编著《日军入侵苏州图证》，扬州：广陵书社，2015，第39页。

苏州许多高楼大厦与高级商店的集中区，如今繁华市面皆被付诸一炬，就连火车站亦毁成一片平地。[1]（参见图2-1）城内东白塔子巷、曹胡徐巷一带，因军队戒严司令部与国民党中央党部办事处一度移驻于此，遂成为日军投弹的目标；城内南京路的观前街也有两枚炸弹落下。[2]

1937年11月苏州沦陷，19日下午4时日军从娄门进城。日军进城后即到处杀人放火，最初三天烧杀得最厉害，一星期后日军才逐

---

1 《最近的苏州》，《申报》（香港），1938年3月5日，第2版。

2 大晨：《沦陷后的苏州》，《孤岛生活》（上海），第1卷第2期（1938年5月），第25页；《天堂变地狱沦陷四月来的苏州》，《申报》（香港），1938年4月7日，第2版。

渐停止滥杀。本章开头的引文即是当时人的回忆,另一位口述回忆如下:

> 日本兵进城时,我八岁,跟家里人逃难出去了。苏州成立伪维持会后,我们才回来。日本兵进城时,杀了许多人。我回来时,看见天妃宫桥旁的河滩上,堆了许多死人。在西北街100号店门旁的石灰潭里,也有好多尸首,这些都是被日本兵杀害的老百姓尸首。这些日本兵,还强奸妇女。谈家弄有一个妇女,没有逃难,被日本兵强奸了。[1]

过了两个星期后,才有老画师顾仲华与功德林素菜馆的何柜芳等同"维持会"打交道,自行雇人收尸。据一位收尸工作者的回忆,当时收尸的掩埋队天天去掩埋,埋了一个多月才结束。[2]

1938年初,《申报》关于苏州沦陷后市景残破的情况有许多报道,如2月时有的报道指出:"苏州护龙街房屋,毁十之四;平门内之报恩寺与葑门内之天赐庄,均驻有敌军;北寺塔巍然独存,依旧可以登临。吃食店已有数家开门。"[3] 1938年3月,《申报》描述苏州残破的市容如下:

---

[1] 樊泱:《日本侵略军在苏州的罪行》,收入《苏州史志资料选辑》,辑1,第83页,作者于1989年1月13日,访北塔寺居委会主任朱素英的口述回忆。

[2] 胡觉民:《抗战时期苏州见闻》,收入中国人民政治协商会议等编《苏州文史资料选辑》,苏州:苏州文史资料编辑部内部发行,1985,辑14,第113页;樊泱:《日本侵略军在苏州的罪行》,收入《苏州史志资料选辑》,辑1,第80页。

[3] 《劫后江南(一)嘉定廖氏祠被毁棺尸暴露昆山河内尽浮尸秽气四溢》,《申报》(汉口),1938年2月9日,第2版。

图 2-2：苏州城内被炸之惨状

资料来源：岳钦韬编著《日军入侵苏州图证》，第42页。

其中损失最大者，首推阊门一带，以前许多高楼大厦，装潢富丽之商店，皆被付诸一炬，火车站亦毁成一片平地，昔日繁华之市面，今皆不复再见矣！城内损失，除中市街较重外，余如观前街等处，仅有寥寥数家，惨遭焚□。月前因敌军迫令开店，已有多数商家，开门应市；后以日军饮食购物，多不给钱，不旋踵又相继关门者，亦复不少。驻苏日兵，确数不到百人，分守城门者，出入均须向彼脱帽行礼。东吴大学已被敌占作伤兵医院，萃英（作者按：指萃英中学）及其他学校、皆作兵营。敌兵初入城时，凡穿制服者，如童子军学生及短衣壮丁等，全数惨遭格杀。[1]

---

[1] 《最近的苏州》,《申报》(香港)，1938年3月5日，第2版。

图 2-3：苏州站内挤满逃难民众的列车

资料来源：岳钦韬编著《日军入侵苏州图证》，第36页。

    至于城内市民逃难的情形，从"七七事变"到八一三淞沪战役，为期有一月余，局势一天比一天紧张。在战事爆发前，苏州的富户和小康之家已纷纷逃难，很多逃到上海的租界区。他们都带着大批行李，所以苏州车站的行李房中，箱笼堆积如山。（参见图2-3）每班开往上海的客车，也是挤得水泄不通。大部分人则逃往四乡。[1]

---

[1] 胡觉民：《抗战时期苏州见闻》，收入《苏州文史资料选辑》，辑14，第109页。

在日军进城的前两三天，几十万居民日夜不绝地逃出苏州，以往西乡太湖口木渎镇、光福镇的苏福公路最为拥挤。当时人大多借此逃到香山、光福与洞庭山一带，据估近3万人。部分较有资财的人家则通过苏嘉公路逃到嘉兴，再辗转到上海。[1]过去苏州的有钱人每遇此类事件都会直接逃往上海租界，这次因为上海成为战区，谣言纷陈，所以大多数人逃往乡村，而非上海。[2]

到了1938年年初，因为乡间的盗匪甚炽，避难乡间的人民又被迫返回城内，讵料城内已由敌人控制，并强征青年男子充当兵役，青年女子被迫慰劳兽军，因之群起自杀者，日有所闻。居民夜间闭户，不许上锁，须任敌军随时侵入搜查。于是不堪其扰的苏州人又相继逃沪避难，登轮船时须受日军严格检查，物品禁止出境，且多被没收。苏沪轮船一艘拖带客船10余艘，乘客极为拥挤，须三昼夜始可到沪，难民苦不堪言。[3]苏州原本人口有36万余人，至沦陷时大多数已逃往他处，城内居民仅剩2万余人。[4]

逃难的过程中，妇女最为艰辛。1938年的《申报》有一则报道是描述一位老先生带着三位苏州女性逃难到上海的故事：

看到一位由苏州逃难来沪的朋友，他的全部黑头发已经九成九

---

1 《沿途艰苦惨状》，《申报》，1937年11月20日，第2版；达文：《苏州沦陷记》，《战地通信》(香港)，第8期(1937年12月)，第9—11页。

2 胡觉民：《抗战时期苏州见闻》，收入《苏州文史资料选辑》，辑14，第111—112页；鱼阵：《恐怖的天堂——苏州》，《社会日报》，1937年11月5日，第2版。

3 《天堂成地狱　苏州女子多羞愤自杀》，《申报》(汉口)，1938年3月25日，第2版。

4 《调查报告：实业部特派员京沪线视察报告》，《实业月刊》(南京)，198年6月创刊号，第145页。一说苏州原本人口约有50万人，至沦陷时留城存活的居民据估计不满千余人。参见《苏州伪组织之丑态》，《申报》，1938年10月20日，第7版。

斑白。谈起来，才知道他有一段头发的故事，那是为了他的两个女儿并一个媳妇。苏州沦陷后，他带了她们避难到邻近一个乡间去。这三位妇女自然是敌兵的目的物，她们白天躲在家里不敢轻出房门一步，晚上由这位老先生守家，她们三位便由后门走到山上去过夜。这样受了一个多月的磨折，有机会才逃到上海来。虽然，她们还算是幸运者。在战区中整千整万的女同胞，目前已身陷这种人间的地狱。[1]

男性则被拉夫充当军役，《申报》刊登一则报道，系一位男性在苏州失陷时，被敌军掳去做苦工90余日，后逃至上海，描述所过的非人生活：

和我同此命运的，当然很多很多，不过时常在一起的仅只二十余个同胞，干着"他们"的"后方"工作，搬运食粮、搜寻宝藏、炊食、打扫等是我们每天的课程。每听到暴敌长官用华语向我们发表"任务"的时候，大家就感到头痛，因为工作既多且烦，一天到晚很少有休息的时候；可是敢怒不敢言，不然生命就会发生问题。说到我们的住所，那是没有一定的，广福、南翔、黄渡、昆山、嘉定等地都去过，所看见的尽是残坦（垣）断壁，荒田乱草而已。我们有时候倒也能得到个温暖，不过草席地板也是我们睡惯了的。天气很冷的时候，我们屡次被迫出去搜集大量的门窗木板等，然后堆在一地燃起火来给他们烤，夜间敌军轮流出去放哨，以防游击队夜袭。讲到我们日常吃的东西，说起来真够伤心，田野中失了主人的

---

[1] 叔苓：《一种悲剧孤岛通讯之三》，《申报》（香港），1938年3月6日，第2版。

第二章　从天堂到地狱

青菜、莱菔等蔬菜,我们这群流亡者略有一尝的机会,其余劫夺得的鸡鸭猪羊全是人家的佐膳品,我们不过仅有烹饪的义务罢了。[1]

当时男性因为担心被日军拉夫充军役,于是纷纷开始流行蓄胡,让外表看来苍老,以免被拉夫。[2]

虽然在1937年底已有人陆续回城,[3]但整体而言苏州的市容要经过一年多才逐渐复苏。到1938年3月时,日军烧杀掳抢之事,无论城市乡村仍时有所闻。如《申报》载某镇因二日兵强奸一妇人,引起公愤,杀其一兵,余一兵逃告兵营,该镇当日即被日兵烧毁。[4]但苏州城内秩序渐次恢复中,4月时已可以看到逃至四乡的苏州难民大都返回城里。[5]沦陷初期,景德路成了城里最热闹的一条通衢,因为是"自治会"各机关及日本的宣抚班、警备队、宪兵队等机构的所在地,还设有许多日本化的商店、酒家与料理店。[6]满街商店的招

---

1 《被掳服役三月 叶君自述苦况》,《申报》(香港),1938年3月19日,第2版。

2 金孟远:《沦陷哀乐府》,收入苏州市地方志编纂委员会办公室、苏州市档案局编《苏州史志资料选辑》,苏州:苏州史志资料编辑部内部发行,2001,辑26,第60页。该稿最先在苏州图书馆发现,作者金孟远(1893—1950)曾在吴江县伪政府短期任职,内容多涉沦陷期间苏州人民的生活,及当时的社会现象。

3 罗文:《报告一些苏州的真确消息》,《社会日报》,1937年12月13日,第1版。

4 《最近的苏州城中秩序渐佳四乡仍混乱苏沪水路已通惟检查麻烦》,《申报》(香港),1938年3月5日,第2版。

5 《倡议组织老子军者 张一麐化装抵沪》,《申报》(香港),1938年4月17日,第2版。

6 苏州的日本料理店在战前并不多,仅见《(最新)苏州游览指南》记有"繁乃家"一家,在盘门二马路。参见郑逸梅《(最新)苏州游览指南》,第75页。沦陷后苏州的日本料理店在各沦陷区内都有开设,且生意颇盛。日人趋之若鹜,即国人好奇之士,也有登楼小酌者。参见金孟远《沦陷哀乐府》,收入《苏州史志资料选辑》,辑26,第73页。

图 2-4：日军占领下的苏州街上挂满日本国旗

资料来源：岳钦韬编著《日军入侵苏州图证》，第130页。

牌触目皆是日文广告，如酒店门前大书"军酒保"，菜饭馆门前挂有写着"欢迎皇军皆样人"的巨幅广告，咖啡馆张着写有"支那美人招待"的暗红色窗帘等，甚至屋子里的陈设也模仿日本习俗。其他像是照相馆、钟表修理店、印章店也不少。来到苏州的记者还以为是到了长春或沈阳了。[1]（参见图2-4）

大概到1939年下半年，苏州的情况才渐趋稳定，市面逐渐复兴。据该年10月警局的统计，全城人口已近28万；至该年年底苏州

---

[1] 孟才：《苏州纪行》，《旅行杂志》（上海），第12卷第6期（1938年6月），第41页；越邻：《沦陷后的苏州百态》，《宇宙风》（广州），第67期（1938年5月），第38页。

人口每月以1万人的速度增长。[1]不过，也有报纸的专栏指出，虽然人口增多，但是大多乃回城之难民；其中许多是无家可归和食无常所的流浪者。[2]到了1940年年中，苏州人口已达到30万余人，恢复到接近战前之人口数。人口之所以增多的官方说法，认为是他地物价高，故而离城者纷纷回到苏州。[3]

游击与焦土战

沦陷后苏州的交通，历经漫长的时间才得以全面恢复。在1938年二三月间，苏、沪之间的水路交通已勉强恢复，不过沿途有检查站，需十数次的检查，非常麻烦。当时有数家轮船经营者，全系外商，除了美商与德商之外，日商更是企图垄断航线，而且价格上涨成过去的数倍之谱。[4]到了4月，苏州城内的黄包车，亦有一部分通行。水路方面，苏州至各乡（如东山、光福、木渎等地）已有轮船可通；苏州往无锡、常州、上海等城市的轮船也都恢复。陆路方面，苏州至各乡由苏福公司经营的长途客运已恢复通车；苏沪之间有利吴公司的汽车行驶，后来日商洋行也乘便包揽此类生意。又有外商

---

1 《十月份统计城厢居民总数共廿八万有奇》，《苏州新报》，1939年11月6日，第2版；《苏城最近人口已超越廿八万》，《苏州新报》，1939年12月2日，第2版；《城厢人口统计增加一万余人》，《苏州新报》，1939年12月26日，第2版。

2 《大可叹息的市面繁荣》，《苏州新报》，1939年11月7日，第2版；《人口增多未必就是繁荣》，《苏州新报》，1939年12月27日，第2版。

3 《最近苏垣人口达卅万三千余》，《苏州新报》，1940年6月18日，第2版。

4 《东南内河航业　敌图垄断　外轮亦已先后复航浦南形成敌运输港》，《申报》（汉口），1938年2月14日，第2版；《最近的苏州》，《申报》（香港），1938年3月5日，第2版；《一个外国人口中苏州》，《生力旬刊》，第1卷第22、23期（1938年12月），第14页。

开办长途汽车公司，但都须预先向日军的"宣抚班"缴通行证费用始可营业。[1]到了10月，江南地区的水陆运、客货运交通，无论是轮船还是汽车几乎都是在日商统制下，不过生意清淡。[2]虽然上海到苏州的这段路程相对稳定，但是江南仍有许多地方不平静，尤其是公路的车队常遭到游击队袭击，安全堪虞，所以日商公司又再次停止上海开往苏州、无锡的汽车运输路线。[3]到了1938年的年底，因游击队的袭击，凡是铁路、公路汽车与水路的轮船几乎都停顿了。[4]尤其是在12月26日，在常熟、昆山与太仓三县间，中国军队与日军发生激战，双方动员的部队数量达一万人，是1937年战后所仅见的一次大战。[5]

这样的情况一直延续到1939年，而且交通线上发生的事件较之1938年时犹有过之。主要原因还是各地游击队与中国军队常常出动

---

1 《沦陷四月来的苏州》，《申报》（香港），1938年4月7日，第2版。

2 《上海至常州等处陆路交通恢 复客货运输均甚清淡》，《申报》，1938年10月14日，第10版；《内河航班客货运输清淡》，《申报》，1938年10月24日，第12版；《上海与内地 水陆交通困难》，1938年10月29日，第10版。

3 《孤岛与内地往来大都停顿》，《申报》，1938年10月18日，第9版；《常熟东乡密布游击队陆路交通之荆棘 日货车军车常遭袭击》，《申报》，1938年10月31日，第7版；《上海通讯：我游击队活跃京沪道上 锡沪公路完全由我控制 镇江附近一度发生激战》，《申报》（香港），1938年11月6日，第2版。

4 《京沪线游击队活跃 路轨时遭撬毁 京沪客车时有误点 锡沪公路货运锐减》，《申报》，1938年11月9日，第9版；《上海内地间 水陆航班稀少客货运输颇清淡》，《申报》，1938年11月14日，第10版；叶榭：《江南游击队活跃 公路桥梁屡被破坏 水陆交通时遭阻断 日方扬言进攻》，《申报》，1938年12月4日，第9版。

5 《京沪铁路沿线 琴昆太三县有激战 因黄颂声被正法日军图报复 自廿三日起至廿四午犹未止 熊司令亲自作战歼日军二百》，《申报》，1938年12月26日，第10版。

袭击日军或伪军，或是破坏铁公路设施。[1]就以火车而言，苏州位于京沪线上，是江南城市的重要枢纽位置。虽然在年初京沪线的火车由上海开往苏州与嘉兴的班次颇守时，[2]但京沪线上时常发生中国军队攻击事件，例如炸毁铁轨或桥梁，2月间苏州齐门外火车站之一座铁桥，于夜间突然爆炸，客车均误点。[3]7月7日，又有日方统制经营下的"华中铁道公司"经营之京沪快车驶抵无锡时，碰触了预先安置的炸弹而爆裂，虽未闻伤人，但机头与铁轨毁坏甚重，而使铁路交通受阻。所以上海日商的运输公司，从上海出发的火车只开到苏州为止。[4]8月间又有上海驶往苏州的火车遭游击队轰炸之事。[5]除此之外，苏州到嘉兴的一段火车，也曾被截成数段。[6]

除了铁路之外，苏州到周边城市的公路交通，也和上一年一样，时常发生汽车被劫或是公路被炸毁的事件。如沪锡公路的例子，在5月间有行驶上海至苏州间的货车被中国军队喝令停驶，当

---

1 《日军四面楚歌　京沪线情势紧张　锡沪公路葛隆镇日军被击　伪警长被杀　苏州铁桥炸毁　日宪兵在各地拘捕华人一百四十五名》，《申报》，1939年2月5日，第13版。

2 但不能预定或预购火车票，故车站上常云集群众等待售票房开窗售票。此外，日人检查火车乘客之通行证时，对所携每件物品均收小费。参见《苏嘉游击队益活跃日军常被游击队困扰华人不信用日军用票》，《申报》，1939年1月4日，第8版。

3 《日军四面楚歌　京沪线情势紧张　锡沪公路葛隆镇日军被击　伪警长被杀　苏州铁桥炸毁　日宪兵在各地拘捕华人一百四十五名》，《申报》，1939年2月5日，第13版。

4 《无锡炸弹爆裂　京沪车险遭惨祸　车到时距爆炸仅数秒钟　游击队在铁路沿线活跃　日总攻浦东失利》，《申报》，1939年7月9日，第9版。

5 《游击队沿交通线活跃　毁公路桥梁七座　横林火车残骸倒卧路旁　失踪之日哨兵二毙一伤　返沪旅客所目击》，《申报》，1939年8月4日，第9版。

6 《东战场华军活跃　截断苏嘉路　克复斜塘镇》，《申报》，1939年5月14日，第3版。

场连车带货悉行焚毁，司机及押货员、旅客等20余人均遭挟之而去；[1] 11月时，还有旅客亲眼目睹被炸毁之车辆数节，倒列在路旁，车身全毁，仅剩车盘歪卧于秋草丛中；也因为京沪路常发生炸车事件，旅客搭车咸具戒心，均不敢乘京沪两地开出之早班车，以防不测。[2] 又如苏州到常熟间的苏常公路，计长43公里，虽为沪锡公路的支线，但其地位极为重要。自该线被日军占领后，日方即利用来运输军火及商品。7月1日夜间，中国军队四五千人乘船10余艘，纵火将该线最大工程之7座桥梁分批焚毁。[3]

中国军队与游击队常在铁路与公路线上突击车辆，日军遭受损失后，不但加强车站沿线的兵力，也会在附近村落搜捕，骚扰农村百姓；同时，对搭火车或客车旅客的检查也愈加严格，甚至只许有日军特务部所发的通行证才准通过，其他日本海陆军所发之通行证一概不予承认。[4] 到了1939年底至1940年初，这种情况的频率开始降低，可能与中国军队主力西撤，以及部分游击队被诱变节有关。[5] 再者，日方为了保护京沪、沪杭甬两铁路，也用种种方法诱迫两路沿线农民保护铁路。他们在铁道两边2公里以内办理保甲，完成后

---

1 《六二号桥破坏后　锡沪公路交通阻断　运货汽车两辆被华军焚毁　押货员旅客等廿余人失踪》，《申报》，1939年5月23日，第9版。

2 《京沪沪杭两路　沿线战云密布　常州苏州杭州形势均紧张　南黄浦日军依日舰为护符　奔牛日军车中地雷》，《申报》，1939年11月10日，第9版。

3 《苏常公路　重要桥梁被毁　桥基亦已毁坏》，《申报》，1939年6月10日，第4版。

4 《无锡炸弹爆裂　京沪车险遭惨祸　车到时距爆炸仅数秒钟　游击队在铁路沿线活跃　日总攻浦东失利》，《申报》，1939年7月9日，第9版。

5 苏锡等地沦陷以后，民众因不堪压迫，遂纷起自卫，最初均归熊剑东节制指挥，但之后熊变节，且附从者颇有人。参见《京沪线上活跃之　苏锡虞抗日自卫团时予日伪以严重之打击》，《申报》，1940年3月8日，第7版。

第二章　从天堂到地狱

再推广5公里内，责成农民报告中国军队行踪；又规定连坐责任，如破坏铁路要事前报告、事后协助修复、不准逃走了事等。给予的好处是准许铁路村民免费乘火车、优先运输货物，各车站有免费治病医疗车、廉价售物车，又免费发给农产种子及蔬果等苗种。[1]

第二节　伪政权的建立与转移

过渡性的"自治会"与"维新政府"

苏州于1937年11月16日起遭受轰炸扫射，城门街道一片碎落断残；19日日军从娄门进城，宣告占领苏州。这段期间，城内人烟渺渺，秩序顿失，不仅日军杀人放火，中国军队撤退不及的散兵游勇、留守城内的人民，同样四处搜劫逃难人家遗落的财物。观前街上中国农民银行的库房即被劫掠一空；[2] 邻近苏城的四乡贫困者，也进城捡拾空屋里的钱财。[3]

面对混乱一片的社会失序，苏州当地有力者很快出面组织救难、收拾残局的工作。地方上极富声望的乡绅张一麐（1867—1943）

---

[1]《京沪沪杭两路迭次破坏　日方利诱农民保护》，《申报》，1940年5月27日，第6版。

[2]《最近的苏州》，《申报》（香港），1938年3月5日，第2版；胡觉民：《抗战时期苏州见闻》，收入《苏州文史资料选辑》，辑14，第193—203页。

[3] 俞啸泉：《日机轰炸苏州记略》，收入苏州市地方志编纂委员会办公室、苏州市档案局编《苏州史志资料选辑》，辑2，苏州：苏州市地方志编纂委员会，1984，第61—68页。

组织吴县救济会，设立难民所收容难民；另有基督教的美籍教士梅乃魁、项烈、闵汉生等组织国际救济会，协同救助。然当日军进入苏州，寻觅地方合作者为其维持秩序时，有名望者多早已走避苏州乡间。日军先是组织所谓"维持会"，由前清秀才并任过教育局长的潘振霄（1875—1953）等人担任委员，该会设在鹤园内，该园风景依旧，当时为已故实业家叶鸿英（1860—1937）之私产。而张一麟以出家为由不问俗事，严以拒绝日军的降纳；在光福镇收留各地逃难者的顾衡如，也恐惧落得汉奸恶名，不愿参加"自治会"的筹组。最后由曾留学日本，娶日本人为妻的律师陈则民（1881—1951）出面，将"维持会"扩大为"自治会"，担任"自治会"领袖。

陈则民原非众望所归的苏州地方领袖，传闻他得以出面主持"自治会"的原因，是由于他和日军大将松井石根是同学，并且陈的日本太太也协助联系日方。[1]因此日军宣抚班进入苏州后，在大量人口往四乡逃难、地方权力出现真空下，才找上与日本有关系的陈则民。而陈则民本身也显露权力欲望，积极与日军协调合作。苏州"自治会"在日军的扶持下，于1937年12月5日成立，以中华民国和日本昭和的年号并列，张贴安民布告，首以恢复苏州社会秩序为第一目标，极力鼓劝逃难的人民回城安居；又组成掩埋队，挨家挨户清理尸骸，肃清轰炸过后的街道。[2]有一记者描写"自治会"的心态：

---

1 吴侬：《苏州的维持地方者》，《社会日报》，1937年12月10日，第2版；潘家驹：《抗战时期的苏州"自治会"》，收入《苏州文史资料》，辑1—5，第204—209页。

2 俞啸泉：《日机轰炸苏州记略》，收入《苏州史志资料选辑》，辑2，第61—68页。

第二章　从天堂到地狱

如果你问自治会委员老爷："你们怕中央飞机来丢炸弹吗？"他嘴角边将浮起一丝笑意而回答你："呆子，中央军还会反攻到苏州来吗？"[1]

苏州"自治会"表面上是地方人士出面主持，自理地方事务，但日方的目标并非让地方的中国人自治，而是设置一个具"中央政府"性质的"协力政权"，正式统治日本在中国的占领区。[2]1938年3月，日本在南京随即扶植建立了"维新政府"；6月，以苏州"自治会"班底为基础，成立了伪江苏省政府，"省会"设于苏州，"省长"即为陈则民，并兼任部会中最重要的"财政厅长"。[3]陈则民在其伪政府里，大量起用亲旧，以女婿王百年为营业税处长，胞弟陈福民为"高等法院院长"；战前曾担任吴县教育局局长的潘振霄，复被任为"教育厅长"兼"民政厅长"；潘子义为"建设厅长"，程平若为"警察局长"，唐慎坊为"禁烟总局局长"等，多为苏州地方人士。[4]

此时的"江苏省政府"权力所及除了苏州城，还有附近及沿铁路线日军可以控制的16个县城。苏州城内外，由新置伪吴县县公署管辖。当时苏州城外各乡都有游击队，而且声势日大，据说人数有万余人。日军无法完全应付，所以不久后纷纷撤退到城中。又因为长江战事紧张，城中日军大多数被调走，故伪政府的控制力仅局限

---

1 越邻：《沦陷后的苏州百态》，《宇宙风》，第67期（1938年5月），第40页。

2 Timothy Brook, *Collaboration : Japanese Agents and Local Elites in Wartime China* (Cambridge, Mass.; London, England: Harvard University Press, 2005), pp. 229-231.

3 王国平主编《苏州史纲》，第523—528页。

4 胡觉民：《抗战时期苏州见闻》，收入《苏州文史资料选辑》，辑14，第193—203页。

在城区。[1]他们宣称已恢复苏州城市的秩序,市面逐渐繁荣,以吸引逃难乡下的人口回城。[2]治理苏州城市的机关,除了"吴县县公署""江苏省政府",背后更有日军宣抚班的操控。当时日军在沦陷区皆设有特务工作机关,大都会设特务部,小城市设宣抚班,其职权之大,无与伦比。

为加强人口管理,防范中国游击武装势力的蒙混,"县公署"配合日军苏州宣抚班(简称苏州班)的要求,一面编查保甲户口,一面施行通行管理。在日军的监管与强制下,"县公署"彻底清查苏州城区的保甲户口。1939年末时,苏州城区内的三个公所,总计有71坊、650保、6802甲、73 799户,人口达286 737人,[3]日趋接近战前35万的总人口数。[4]

在通行管理方面,举凡日占沦陷区的居民,必须持有"县公署"发给的通行证,方可自由通行于城乡间;待人口清查完毕,编订保甲后,再以县民证取代通行证制度,作为日占沦陷区居民的身分证明。[5]县民证也成为苏州居民生活上重要的通行证件之一,凡欲穿越日军布置的警戒区者,都需出示县民证。为在各城乡间行旅方便,申领县民证的人口激增,因而1940年后,开始有愈来愈多的居

---

1 《苏州伪组织之丑态》,《申报》,1938年10月20日,第7版。

2 《正告旅外同乡》,《苏州新报》,1939年9月24日,第3版;《苏省府印"苏州现状"盼流浪者归来》,《苏州新报》,1939年9月25日,第2版。

3 《苏城最近人口 已超越廿八万》,《苏州新报》,1939年12月2日,第2版。

4 1936、1937年间,苏州城区的人口总数维持在35万人上下。参见苏州市地方志编纂委员会编《苏州市志》,第1册,第292页。

5 《苏州班体谅民众困难 订乡区发通行证法》,《苏州新报》,1939年10月7日,第2版;《持县民证乘车前日起已生效》,《苏州新报》,1939年12月12日,第2版;《复归人民催领县民证》,《苏州新报》,1940年7月1日,第5版。

第二章 从天堂到地狱

民为丢失县民证而在报纸上刊登遗失声明。县民证也成为警察追查命案凶手的重要物证之一。[1]有鉴于县民证发挥了人口管理与辨识居民身分的作用，汪精卫在南京成立伪国民政府后，仍继续执行此一管理措施。

薄弱的财政基础

为维持伪政府的运作，"江苏省政府"与"吴县公署"除了继续收取关税、统税等行之有年的大宗间接税之外，又向人民征收各种名目的税捐，同时采取鸦片公卖，以支撑其行政支出。各种名目的税捐包括"省政府"课征的货运厘卡与营业税，"吴县公署"则课征铺户房捐、筵席捐、旅馆捐等商业消费方面的税捐。居民办理县民证的费用，也是"县公署"的收入来源之一。[2]然而实际的税收相当困窘，主因过去苏州一地单是田赋一项收入，已足够全县经费；但是今非昔比，四乡都受中国军队控制，所以税入总数远逊往年，只及过往的十五分之一，导致伪政府债台高筑；于是开始将脑筋动到城内商店，着手将旅馆、菜馆、汽水、卷烟及日用品等，重征捐税。[3]然而这些名目的税收，皆非长久性的稳定税入，加上日方并没有在财政上给予支持，"省政府"与"县公署"库款经常拮据、入不

---

1 《百花洲命案　发现凶手县民证　生母供称乃子年龄仅十八岁》，《苏州新报》，1940年10月1日，第5版。

2 《大批日伤兵运苏州》，《申报》，1938年12月9日，第7版。

3 《吴县伪署举征各种苛税》，《申报》，1939年9月11日，第6版；《吴县伪署赋税短收》，《申报》，1939年11月26日，第8版。

敷出，只能一再试办新税。[1]

不足的财政缺口，最终只能采取扩大鸦片公卖的规模，并且同时开办戒烟事业来支撑。多数"县署"都将鸦片买卖与吸食合法化，并以垄断鸦片贸易来补充财政。根据日本方面的调查，1938年上半年，"维新政府"的总岁入，主要来自关税、统税与戒烟（即鸦片收入）三项，戒烟收入排居第三名，但其所占比重仅有6.5%，恐怕是低估了。[2] 又学者李恩涵根据一项统计数据指出，1938年秋到1939年间，南京"维新政府"的收入最少有三分之一来自鸦片的收入。[3] 据闻苏州"自治会"时期，苏州"自治会禁烟局"即曾随同公盛土膏行赴上海采办烟土三千两，在苏地公开贩卖。[4] 南京"维新政府"成立后，"江苏省政府"设"禁烟总局"，苏州当地则设地方"戒烟局"，办理烟民登记，烟民须纳费换领执照，否则皆以私吸论罪；[5] 同时也筹设戒烟医院，协助烟民断瘾。鸦片从贩卖到戒吸皆被纳入当局的行政事务中，成为财政重要的收入来源（详见第六章）。

---

1 《城厢铺户房捐　县署呈请财厅　明年十足征收》，《苏州新报》，1939年12月19日，第2版；(伪)江苏省政府秘书处第二科编辑《江苏省政府成立初周纪念概况》，收入张研、孙燕京主编《民国史料丛刊——政治、政权机构》，郑州：大象出版社，2009，第113—144页。

2 《"维新临时政府"财政概要：满铁调查部资料课（1939年12月16日）》，收入辽宁省档案馆编《满铁调查报告》，辑7，桂林：广西师范大学出版社，2014，第14、24页。

3 李恩涵：《日本在华中的贩毒活动（1937—1945）》，《"中央研究院"近代史研究所集刊》，第29期（1998年6月），第200页。

4 《苏州鸦片行将公卖》，《晶报》，1938年3月10日，第1版。

5 《苏州地方戒烟局办理烟民登记》，《苏州新报》，1939年10月12日，第2版。

第二章　从天堂到地狱

暗杀活动的频繁

沦陷初期最常见的现象之一,就是伪政权的官员遭暗杀,在苏州城内也时有所闻。例如1939年4月就发生一起狙击案,被狙击之人物为"江苏省公署民政厅"之秘书姚质庵,当他由家乘坐包车拟往办公之际,于临顿路观前街之转角处突遭一壮汉枪击。[1] 此外,根据《申报》的报道,居住在苏州的伪官员与日本军官在1939年间,也遭遇过多次"锄奸"。如3月在苏州宫巷击伤伪大民会长冯心支、4月在苏州养育巷击毙日军官二人、11月在苏州丁香巷击毙伪省府会计科长冯润生、又于书院弄击毙日井上部队情报主任汪鸿铸等。[2] 甚至传言在1939年4月,苏州大小汉奸200余人都接到邮寄的警告信,让伪省政府厅处人员十之六七都想辞职,或是躲在"省府"不出门,伪组织因此陷于瘫痪。[3]

每当这类事件发生,都让日军与伪政府的官员非常紧张,苏州城市也因此戒严宵禁。如1940年1月因为无锡伪知事杨寿桐被击毙,苏州城内的伪员均感不安,于是"省会警察局"与驻苏日军特于十日起宣布戒严,并规定每日自下午十一时至翌晨五时为宵禁时间。日伪连日在交通要冲检查行人,即使是妇孺亦不能避免,故素

---

[1] 姚又名绩安,本为苏城某小学教员,沦陷后苏州成立"自治会",姚一跃而为该会之委员;迨"自治会"裁撤后,姚又任"维新政府"之职务。参见《苏州又一除奸案伪民厅秘书被诛,乘坐包车招摇过市为一壮汉开枪击毙》,《申报》,1939年4月15日,第11版。

[2] 《京沪线上活跃之 苏锡虞抗日自卫团时予日伪以严重之打击》,《申报》,1940年3月8日,第7版;胡觉民:《抗战时期苏州见闻》,收入《苏州文史资料选辑》,辑14,第117—118页。

[3] 胡觉民:《抗战时期苏州见闻》,收入《苏州文史资料选辑》,辑14,第202—203页。

称热闹之阊门大马路及观前街一带因而又静寂一阵。[1]1940年7月，再发生伪吴县县知事郭曾基被刺死事件，城内又开始戒严，城门关闭，交通阻断，火车停止靠站，各项商店一概停业，纷扰近一周。[2]关于此事件日本人高仓正三的日记也有记载：

  正当我在想不知何时会发生什么事的时候，在这个月最后一天早上听说郭知事在县公署附近遭到三名歹徒的枪击，身负重伤，几乎当场毙命。郭知事是个厚道人，又有威信，最近还被任命为省政府委员，真是令人惋惜。听说事件发生三十分钟后赶紧关闭了四周的城门，现还不知其结果如何。据说当时，除官方人员以外，不要说中国人，就连日本人也禁止进出。而且观前街和景德路等主要街道也禁止通行。[3]

上述引文除了述及暗杀事件之后城内戒严的情况，高仓正三还论及他接触郭曾基的印象颇好，这与政治立场不同的华人视其为"汉奸"的形象，显然有很大的落差。

---

1 《苏州城区戒严 规定宵禁时间 交通要冲检查》，《申报》，1940年1月18日，第8版。

2 《苏州城门现已开放》，《申报》，1940年8月8日，第7版。

3 高仓正三著，孙来庆译：《苏州日记：1939——1941揭开日本人的中国记忆》，苏州：古吴轩出版社，2014，第219、221页。

第三节　汪伪政权在华中沦陷区的统治政策

"维新政府"运作了两年后，在1940年3月，因汪精卫成立南京伪国民政府而落幕。这段期间的苏州城市治理，逐步稳定了社会秩序，城市人口回升，工商业渐趋复苏。待汪精卫成立伪政府后，转由南京要员掌握核心权力，原"江苏省政府主席"陈则民及其亲旧皆被撤换。"省政府主席"改由"南京市政公署"高冠吾暂代，并兼"民政厅长"；"财政厅长"为董修甲，"教育厅长"为张仲寰，"建设厅长"为季圣一，"省政府委员"为茅子明、虞钊文、郭曾基、潘子义等，"秘书长"为汪曾武，特派交涉员为孙叔荣等，与"维新政府"时期的人事结构有所区隔。汪伪政权成立后所施行的一系列财经与社会政策，对苏州都有一定程度的影响。

财政税收

汪伪政权成立之后，财政税收之所得是其伪政权得以维持的重要基础。汪伪政权的财政收入，从1940年3月成立后到1944年底，账面上的收入呈现的是上升的趋势。1941年是1940年的1.15倍。1942年的收入只比1941年增加了9%，因为受到太平洋战争爆发的影响，收入减少许多。到了1943年，该年度财政收入虽然上升到1942年的2.74倍，但若再考虑当年物价上涨的指数，其实1943年实际上与1942年的收入相当。1944年汪伪政权的收入是前一年的4.63

倍，但物价上涨指数也是去年的6倍。所以考虑到通货膨胀的因素，表面上汪伪政权的财政收入虽然是增加的，但其实际购买力不但没有明显增加，到后期反而是下降的。[1]

再从财政结构来看，汪伪政权的常规收入中，以关税、盐税和统税为三大支柱。此三税在财政收入的比重，从1941年到1944年间都超过一半，甚至达到七成以上。太平洋战争爆发之后，因为日军进占上海租界区，对外贸易受到影响而中断，关税收入也随之锐减，使得汪伪政权失去了大量的关税收入。同时，日军又没收了所有外国的工厂与华资工厂，致使生产萎缩，这也严重影响到统税、印花税、特税等税收收入。当然，此际日本方面因为也需要中国沦陷区统治秩序的稳定，故对汪伪政权的财政方面也有扶持，把其直接统辖的部分海关交给汪伪政府。[2]

除此之外，还有其他的税收，其中一项是所谓"特税"。从1940到1942年，特税的收入占总收入的比重逐渐提高。1942年之前特税的收入主要来自鸦片的税收，到1942年之后，特税的种类就增加了许多。[3]1944年之后鸦片税收的比重降低，涉及其禁烟政策，详见本书第六章。太平洋战争爆发之后，汪伪政权因为关税收入的锐减，故而财政压力增大，只得另辟财源，于是又陆续开征化妆品与糖类等特税。

---

[1] 潘健：《汪伪政权财政研究》，北京：中国社会科学出版社，2009，第45页。

[2] 汪伪政府原只有上海的江海关与广州粤海关的收入，后来联系"收回"金陵关、广东潮海关、拱北分关、江门关、安徽的芜湖关、浙江宁波的浙海关等。参见潘健《汪伪政权财政研究》，第215、221—222页。

[3] 小林元裕：《近代中国の日本居留民と阿片》，东京：吉川弘文馆，2012，第252—253页；潘健：《汪伪政权财政研究》，第94—98页。

到了1944年，更扩大开征消费特税，而且该税收在其财政收入中占了很大的比例。1944年，汪伪政府的财政部下令征收战时消费特税，包含了物品零售税（普通物品按值征4%，奢侈品按值征10%）、筵席旅馆税（举凡开设旅馆、公寓、茶室、咖啡室、酒菜馆，以及其他类似场所供人食宿者，按营业总额征15%），以及娱乐消费税（包含向电影、戏剧、说书、跳舞等休闲娱乐业征的税款）三种。先开征前两项，又下令所有地方政府（如苏州的"吴县县政府"）一律停止原有征收的物品零售捐与筵席、旅馆捐，此类税捐完全由地方收归"中央"。从1944年4月到1945年3月底，该税征收额已占汪伪政权年度财政收入的14%。[1]

这样的税制结构和汪伪政权的基础密切相关。从"维新政府"到汪伪政府，一直无法有效地统治广大的农村，而农村长期由地方的游击队所控制，使得过去税收来源中重要的田赋无法征收，于是只得从城市的税收动脑筋。上述的消费特税对苏州的四馆业者而言，已不是首见。上一章曾提及在战前，地方政府已有台子捐、书场捐、茶捐、筵席捐与旅馆捐等名目，但大多因为业者的杯葛而无法持续落实。沦陷后的苏州，地方省县当局依然是沿袭此思维而开征，但至抗战后期，汪伪政府财政部将之定义成了正式的税，而纳入"中央"的收入。

1943年底，苏州的商会与同业公会已收到"财政部"的通告，下令将于来年1月16日起，启征物品零售与筵席旅馆等项"消费特

---

[1] 潘健：《汪伪政权财政研究》，第46—47、98—100页。

税",苏州"四馆"中的茶馆、菜馆与旅馆,都在征收的范围内。[1] 吴县县商会得知此消息后,即呈请汪伪政府缓征该税,理由是不及周知,且应征物品种类与税率皆不清楚,致使纳税人无所适从。[2]最后不得已,汪伪政府先在上海等15个大城市试征消费特税,继于5月16日,在苏、浙、皖三省,京、沪两市各地普遍开征。[3]苏州延后到5月开征,对茶馆、菜馆与旅馆业者有何影响呢?后续各章中,都将有所讨论。

物资统制与通膨问题

日军在华中沦陷区实行的物资政策,整体而言是由最初的抢掠,到前期的直接统制,再到后期的间接统制。从沦陷开始到"维新政府"成立之后,物资的统制实际上是由日军直接控制,"维新政府"基本上没有太大的权力。从1938年开始,日本的华中派遣军陆续招集一些日本商人和团体组成一些经济机构,取代华中各地原有的经济和物资机关,主要任务是严格管制物资的运输与交易。最重要的控制物资是粮食,日军指定三井物产、三菱商事、大丸兴业等三家日商为军用米采办商,同时禁止粮食自由运销。此外,又成立华中振兴公司及其以中日合办名义经营的子公司,对各种重要产业进行统制。同时在日军控制下的乡村也成立各式各样的合作社,实

---

[1] 苏州市档案馆藏苏州商会档案,档号I02-002-0173-102,《为案查举办物品另售及筵席暨旅馆娱乐三项消费特税的函请并来局申请登记由》(1943年12月25日)。

[2] 苏州市档案馆藏苏州商会档案,档号I14-003-0233-012,《为电请缓起征物品零售及筵席捐消费特税由》(1944年1月17日)。

[3] 《战时消费特税开征》,《中央经济月刊》(南京),第4卷第2号(1944年2月),第124页。

现对物资的控制与征集。[1]

　　汪伪政权成立，才算是真正参与了物资统制。首先是在"实业部"下成立"粮食管理委员会（粮管会）"，经过日军的同意，将沦陷区划分成日方军米收购区与汪伪政府的食米收购区。苏州附近系归属日方军米收购区。实际上，日军仍然可以强行在任何地区收购或征集粮食与物资。此外，又成立了"中央物资统制委员会（物统会）"，主要的工作是审议物资流通的申请、施行物资统制、取缔物资移动流向"非和平区"等。[2]

　　直到太平洋战争爆发之后，日本才调整政策，将物资统制权交给汪伪政府，日军开始间接统制物资。先是废除之前的物资统制机构，改由汪伪政府指派中国工商界有力人士组织"全国商业统制总会（商统会）"，作为物资统制的执行机关。又与日本共同成立"物资统制审议委员会（物审会）"，专门负责督导商统会，以强化物资统制。"商统会"规定了限制移动的物资种类，又严密调查华中沦陷区内的现存物资，甚至直接插手物资征集、强制收买特定物资，如棉纱棉布。1942年7月，开始在上海实行"户口米"的配给制度，并一直维持到1945年战败为止。1943年1月，在"商统会"下组织"米粮统制委员会（米统会）"，负责各地区米粮采办收购的工作。但是米粮价格不断上涨，"米统会"核定的收购价格变化又不大，农民多不愿出售而投入黑市中，以致走私、黑市现象盛行。在城市内

1　黄美真主编，李占才等撰：《日伪对华中沦陷区经济的掠夺与统制》，第481—489、499—506页。

2　黄美真主编，李占才等撰：《日伪对华中沦陷区经济的掠夺与统制》，第506—513。

则有汪伪政府成立的合作社,实施统制分配与节约消费的政策。[1]

汪伪政权这样的"统制经济"是否真如其所云的已达"政策宏效"呢?其实并不尽然。安克强的研究已指出,汪伪政权在上海地区冻结了大部分资源,尤其是粮食的统制,造成物价高涨与黑市的猖獗,对经济体系的破坏更深,且几乎是牺牲了上海的市民。[2]而沦陷时期的苏州"四馆",除了鸦片烟馆之外,也都涉及民生物资的消费。在日军与汪伪政权的物资统制政策之下,又如何经营与生存呢?本书各章中都将会讨论此议题。

物资统制又涉及战时的通膨问题。1939年以后,由于国民政府及人民相率西迁,而对外交通遭到封锁,主要工业与近半数农业产地已被日军占领,加以军需孔急,财政吃紧,迫使政府增加通货与信贷,而物资供应却又极度匮乏,物价飞涨在所难免。[3]由于沦陷区仍通行法币,所以也受影响。苏州的例子显示,在沦陷初期劫后回城的市民,因购买力薄弱,且百物供过于求,于是物价低落。[4]但随着日军的控制与搜括,物价逐渐上涨。

汪伪政权在安定社会秩序方面有一定功效,在抗战前期物价高涨,特别是民生必需品方面的控制,因为不再使用旧法币而改用新

---

[1] 黄美真主编,李占才等撰:《日伪对华中沦陷区经济的掠夺与统制》,第513—531、537—543页。

[2] Christian Henriot, "Rice, Power and People: The Politics of Food Supply in Wartime Shanghai (1937-1945)," *Twentieth- Century China* 26.1(2000): 41-84. 关于汪伪政权的米粮的统制机关研究,可参考林美莉《日汪政权的米粮统制与粮政机关的变迁》,《"中央研究院"近代史研究所集刊》,第37期(2002年6月),第145—186页。

[3] 有关抗战初期通货膨胀的问题,参见张公权著,杨志信摘译《中国通货膨胀史(1937—1949)》,北京:文史资料出版社,1986,第1—16页。

[4] 金孟远:《沦陷哀乐府》,收入《苏州史志资料选辑》,辑26,第63页。

币（中储券），再加上运输畅通与极力取缔操纵，所以在控制通膨方面有短暂的成效。[1]例如食米、面粉、杂货等的物价都有回跌的情形。然而，这样的情况并未长久，从1942年下半年开始，尤其到了1943年以后，百物腾贵。据苏州当时人记载的米价，1940年是每石百元，1941年是千元，1943年则是万元，到1944年每担米价已高达十余万，1945—1946年间则是二百万元。[2]

清乡与"新国民运动"

汪伪政权与日本占领军为强化其在华中地区的统治，遂于1941年5月成立清乡委员会，设清乡司令部于苏州，实际负责人为当时的伪省长李士群。日军与伪军出动至乡间分三期，在苏常太地区设立封锁线，在重要的交通要道口设立检问所、瞭望台、巡逻哨；清乡区内设立大量据点，构筑碉堡，形成网状封锁、分区隔离的状态，不时地出动军警进行突袭式的"扫荡作战"或"封锁清剿"，这是所谓"军事清乡"。

军事清乡之外，还配合"政治清乡"，即在乡间恢复保甲制度，并实行切结连坐，又借发放"良民证""旅行证""归乡证""身份证""特别通行证"等，控制人民的活动。在经济方面也有同前文所述之"物资统制""运销管理"等，禁止将包括粮食在内的许多生活物资与生产品输入或输出清乡区，即所谓"经济清乡"。还有

---

1 汪伪政权于1941年1月成立"中央储蓄银行"并发行中储券，然因信用不如法币，且换取外汇时仍需用法币，故仍准法币流通一时。到1942年6月开始以二比一之比例，以行政命令强制将法币换给中储券，严禁使用法币。参见郑合成《中国经济史研究》，台北：进学书局，1970，第437—452页。

2 金孟远：《沦陷哀乐府》，收入《苏州史志资料选辑》，辑26，第79页。

在各区、乡镇设立宣传机构（宣传团、宣传队），利用集会演讲、散发报刊、媒体娱乐等手段，对城乡人民进行灌输式的思想教育，此即所谓"思想清乡"；而"新国民运动"也被视为思想清乡政策的一环，尤其影响到苏州的城市居民。[1]

过去的学者对"新国民运动"有不同的看法，中国大陆的学者口径一致，认为是傀儡政权的"奴化教育"；日本学者则倾向从另一个角度来观察，视之为汪伪政权企图强化其政权的运动，或是强调由上而下的官方运动，为的是动员群众（尤其是青少年）、动员物资来"协力"日本作战。[2]

汪伪政权的"新国民运动"标榜继承孙文的三民主义，又以修正战前蒋介石主导的新生活运动为名，实则多是沿袭之前的做法，以及利用传统儒家的伦理道德思想。汪伪政权在此运动中宣扬的

---

[1] 有关日伪在苏州清乡的行动简介，可以参看苏州市地方志编纂委员会编《苏州市志》，第3册，第353—355页。日伪经济清乡的物资统制与运销管理政策，是造成1942年之后沦陷区物价高涨的原因之一。需要说明的是，筵席捐等被归类为日伪经济清乡的政策之一，然而这类税捐早在军事清乡之前已实施，是日伪财政来源之一。再如保甲制、旅行证等措施也是早在军事清乡之前业已执行，此际乃将之推行在清乡区内的乡村并强化之。

[2] 有关"新国民运动"的研究，有日本学者柴田哲雄《協力・抵抗・沈黙——汪精衛南京政府のイデオロギーに対する比較史的アプローチ》，东京：成文堂，2009，第13—63页；土屋光芳：《"汪兆銘政権"論：比較コラボレーションによる考察》，东京：人间の科学新社，2011，第230—241页；最完整探讨此运动的著作，则是堀井弘一郎《汪兆銘政権と新国民運動：動員される民衆》，东京：创土社，2011，该书有五章处理此运动的相关问题。中文方面的著作重要者有武锦连《汪伪政权的"新国民运动"剖析》，《上海师范大学学报》，1989年第3期，第107—109页；谢晓鹏：《汪伪的"新国民运动"探析》，《江南大学学报（人文社会科学版）》，第6卷第2期（2007年4月），第51—53页；曾德刚：《北京"新国民运动"的思考》，《唐山师范学院学报》，第30卷第1期（2008年1月），第96—98页；回忆录参见戴英夫《汪精卫新国民运动内幕》，收入江苏文史资料编辑部编《汪伪政权内幕》，南京：江苏文史资料编辑部，1989，第88—98页。

"大亚细亚主义"与"共同保卫东亚",以及从训政到宪政的追求等口号,是为了唤得民心。汪伪政权声称"新国民运动"是为了在"大东亚战争"中贡献"长期战与总力战",以得到胜利,进而获得"中国的自由平等"。[1]若按照时间发展,大致可分为四个阶段。

第一阶段是宣传准备期(1941年7月至12月),为配合清乡工作,遂构想出"思想清乡"的"新国民运动"雏型。从日本的角度来看,这是汪伪政权为得日本承认而实行之"参战运动"的一环。

第二阶段是启动训练期(1942年1月至年底)。该年1月公布了"《新国民运动纲要》",运动正式启动。7月成立"新国民运动委员会"(以下简称"新运会"),各地也纷纷成立相关组织。"新运会"的职掌范围主要是"新国民运动"的设计、宣传、组织与训练,以及"新中国童子军"和"新中国青年团"的设立与运作。但是根据日本方面的观察,此时期中国民众对此运动漠不关心,汪伪政权甚难借此获得民众的支持。

第三阶段则是推广展开期(1943年1月至11月)。汪伪政权正式对英美宣战,同时"新运会"由原来隶属伪行政院辖下,改隶直属于伪国民政府,在位阶上提高了,体制上也得到强化。当时日本方面也因为需要投注更多精力在军事上,因而有"对华新政策",主张在政务部分给予汪伪政权较多的权限。虽然此年"新国民运动"推动颇为积极,但到了9月时,汪伪政权推动清乡工作的得力左右手,即伪江苏省长李士群遭毒死,使"新国民运动"推行受挫。

---

[1] 学者咸认为此企图终归失败,参见堀井弘一郎《汪兆铭政权と新国民运动:动员される民众》,第162—172页。

最后阶段是衰退期（1943年12月至1945年8月）。1943年12月以后，汪精卫病情恶化而赴日住院，汪伪政权其他核心人物陆续退场，如伪宣传部长林柏生职务异动，由是"新国民运动"急速衰退。至1945年6月，"新运会"移到伪国民党党部来接管，该运动至此已然结束。[1]

"新国民运动"也并非只是纸上谈兵。从1942年以后，在上海、南京等主要都市，以及苏州地区的七县清乡地区，是比较积极组织化推进的地区。伪江苏省政府所在地苏州就设有"新运会"的分会，县下设有支会。而且伪党部方面也成立相关的党员、公务人员的促进团。此外，从"新国民运动"在华中以外地区的推广，可以看到汪伪政权其实也在利用此机会，扩大其政权的统辖范围。[2]

"新运会"的主要工作，就是动员青少年。"新运会"的秘书长，即汪伪政权的"宣传部主任"林柏生，是此方面工作的核心人物。汪精卫与林柏生都曾先后到过伪满或日本，对日本组织青少年的制度印象深刻，由是想效法日本组织青少年团与德国组织纳粹青年团的方法，[3]在运动期间先是设立"中国青年团""中国童子军"，其后又将二者合并为"中国青少年团"；并挑选青年精英组成"中国青

---

[1] 堀井弘一郎：《汪兆铭政権と新国民运动：动员される民众》，第144—160页。

[2] 从汪伪政权试图推广"新国民运动"到华北时所遭受的阻力可以看出华北政权"反中央化"的权力争斗。参见土屋光芳《"汪兆铭政権"论：比较コラボレーションによる考察》，第236—237页；曾德刚：《北京"新国民运动"的思考》，第97—98页；堀井弘一郎：《汪兆铭政権と新国民运动：动员される民众》，第172—180页。

[3] 汪与陈对日本动员青少年的观察，详见于日本方面的史料如《大陆新报》与日方的领事馆档案。参见堀井弘一郎《汪兆铭政権と新国民运动：动员される民众》，第225—226页。

年模范团"，又设立"中央青年干部学校"培训青年。

"新国民运动"对苏州城市社会与经济影响最大的有两方面，其一是消费政策，另一是社会动员的"除三害"。《新国民运动纲要》中强调的"新国民"，应该要节约消费、戒除浮华浅薄的教条，而且还规定了"新国民宴席"，限定宴席的菜色数量与内容。如此以节约消费为名的运动，对苏州畸形繁荣的休闲业是否有影响？本书之后的各章都将涉及此一问题。此外，"新国民运动"期间动员青年最醒目而成功的是"除三害"运动，"三害"指的是烟、赌、舞（娼），尤其是除鸦片运动。[1]苏州鸦片烟馆在沦陷后大盛，青年"除三害"运动在苏州也发生一定的影响。本书第六章将详细论述之。

第四节　沦陷后苏州城市社会结构的变迁

苏州沦陷初期不少本地人逃难到外地，造成大量的人口流动，之后社会结构的变化，也与人口流动有关。首先是苏州行政地位的改变，对城市本身的发展带来新的变量。苏州自从"维新政府"时期成立了伪省政府之后，到汪伪政权时期一直都是伪省会所在地。如此行政层级的更动，为苏州城市带来许多变化。

1927年4月国民政府奠都南京时，江苏省政府是设于镇江。江

---

[1] 堀井弘一郎：《汪兆铭政権と新国民運動：動員される民衆》，第228—254页。

苏省政府下设民政厅、财政厅、建设厅、教育厅、保安处、省地政局、省禁烟委员会等。[1]但是沦陷后，1938年5月，"维新政府"将伪省会改设于苏州，下辖"民政厅""财政厅""教育厅""建设厅""警务处""营业税处"。苏州城区警务由伪省会"警察局"（当时通称为"省警局"）直接管理。另因吴县新设"省会"，伪江苏省政府筹设"省会建设工程处"，以整顿市容，并开辟蛇门，兴建城河桥梁，修筑市内道路。[2]1941年汪精卫实施清乡，伪江苏省政府增设"宣传处"，"省主席"改由"特工总部主任""清乡委员会秘书长"李士群担任，成立"江苏省清乡事务局""江苏省封锁管理处"。[3]由此可知，大批的伪省政府机构驻于苏州城内，大批的伪公务人员聚居于苏州或往来于京沪之间，成了苏州新兴的消费阶层。

再者，自从苏州成为伪省会之后，苏州是华中沦陷区内较安定的城市，于是有许多其他沦陷区的人民移居苏州。据当时报纸记载，自从苏州沦陷后改为伪省会，"客民纷至沓来，人口既较战前激增，而尤其是平白地多出了几十万的绍兴人，于是那整个苏州的房屋，便发生问题了"。这大量的绍兴移民到了苏州后，急着解决住的问题，他们肯出高价租房，房东也趁机敲诈，遂使苏州出现房价逐步上涨的现象。[4]也有报纸记载由于四乡土匪的骚扰，苏州被视为

---

[1] 贾子彝编：《江苏省会辑要》，收入《民国史料丛刊——政治·政权机构》，第26—62页。

[2] （伪）江苏省政府秘书处第二科编辑：《江苏省政府成立初周纪念概况》，第113—144页。

[3] 后因李士群于1943年9月9日暴毙，伪江苏省省长再由汪精卫伪政府内政部长陈群、海军部长任援道先后接任。参见苏州市地方志编纂委员会编《苏州市志》，第3册，第109页。

[4] 吴振铎：《苏州居　大不易》，《江苏日报》，1943年8月10日，第3版。

"安乐之城"，因此自1939年下半年开始，人口陡增。这时外地人要想在苏州租房已不容易了，尤其是机关公务员更不受欢迎。到太平洋战争爆发，日军占领上海之后，许多上海的寓公便大起恐慌，纷纷移居苏州开创事业。一部分商人着眼于此地安全，于是在此开拓他们的事业，行号、店号栉比林立。还有不少所谓囤积居奇而致富的商人，也纷纷聚集于苏州。所以当地的房价也逐渐增高，房荒的问题严重，遂有"苏州居，大不易"之说。[1]伪公务人员、外来商人、外地移民等等，成为苏州新兴消费层的主要组成人员，我们可以从"四馆"客人的职业中，看到不少这样的人。

大概到1939年下半年，苏州休闲服务业已经复苏起来，而且是畸形发达。据报纸记载，至该年年底，苏州已有旅馆122家、茶馆246家、酒馆229家。[2]每晚华灯初上之时，顾客如云，霓虹灯令人眩目。甚至流传苏州的繁荣是建筑在旅社、菜馆上面。[3]1940年5月的报纸上有如下的描述：

社会上，有一般人的生活可以说是过的"馆子"生活：每天清早起来第一就是上茶馆，吃饭时上菜馆，饭后感觉无聊到戏馆，戏馆里出来又上酒馆，待酒酣饭饱后才回到旅馆；有时候还要上烟馆滞留。从这一家出来又跑上那一家，茶馆、酒菜馆、旅馆等变成他们日常生活的课堂，他们把整天的生命都消磨在里面了。这种闲适

---

[1] 越人：《长安居 大不易》，《江苏日报》，1943年2月20日，第4版。在苏州沦陷之初，有大量难民透过公路逃往孤岛上海。参见孟才《苏州纪行》，《旅行杂志》（上海），第12卷第6期（1938年6月），第91页。

[2] 《城厢人口统计增加一万余人》，《苏州新报》，1939年12月26日，第2版。

[3] 《繁荣如昔之苏州 旅馆菜馆增多》，《苏州新报》，1939年11月6日，第2版。

的糜烂的生活，让有闲的绅士们，发国难财者去尽情地享受吧。[1]

1941年5月报纸上的社论生动描述苏州一地，娱乐业、酒楼菜馆业，以及旅馆业等三种事业盛极一时的景象：

> 当物价高涨、居民生活艰难声中，而一般拥有资产之阶级人群，仍挥金如土，花天酒地，纸醉金迷，于逍遥自在之境地。若与街头巷尾流离失所之饥饿者相映照，诚不啻天上人间矣。兹据记者向娱乐业方面探悉，苏地各大戏院、电影院、书场，每日多告满座或客满；各大酒楼菜馆，亦都有人满之患；各旅社则于正午之后，房间即被预定一空。以上三种事业，却系盛极一时，盈利方面，自当亦甚丰厚。[2]

直到1943年的报纸上，依然有人批评当时大家都叹过活难时，苏州的旅馆、酒馆、茶馆等却是拥挤不堪，生意兴隆。[3]

抗战时期的苏州经济与城市生活，真的就像上述所反映的是一片欣欣向荣吗？当时的杂志有一篇名为《苏州社会内层之剖视》的文章，文中提到苏州社会的繁荣已超过原来的记录，但是作者认为这并不能算是合理的发展。相反地，所谓繁荣的状态底下，其实蕴伏着无限的危机：

---

1 《生活片感》，《苏州新报》，1940年5月28日，第3版。

2 《娱乐酒菜旅馆业务发达异常》，《苏州新报》，1941年5月14日，第6版。

3 王予：《市面繁荣》，《江苏日报》，1943年2月27日，第4版；《在酒楼上》，《江苏日报》，1943年3月27日，第4版。

尽管苏州社会的如何繁荣，但却遮掩不了内层的矛盾，米价已突破百元大关了，为生活而自杀者日有所闻，街头流浪乞食者，更逐渐在增多，这里，显然好像分了两个世界，一方面是幸灾乐祸，挥金如土，而另一方面则孤苦求援，谋生不易，真大有天壤之别。[1]

以上的论述，恰好为抗战时期苏州畸形繁荣的原因，做了最佳的诠释。正是因为这场战争让苏州社会走向贫富两极化，才会形成休闲服务业的华丽外表。

在苏州的报纸有多则文章系以"天堂"作为标题，但内容都是描绘沦陷后苏州城内凄惨的社会情况，以对照苏州"畸形繁荣"的华丽外表，充分呈现出当地贫富两极化的现象。例如一篇《天堂地狱在苏州》形容观前街酒店、菜馆挤满座上客，咖啡馆、旅社灿烂夺目的霓虹灯，而对比的另一端则是贫寒之家连三餐也难度过，所以施米、施衣的场所，挤满了穷困的贫民。在晚上僻巷里可听见悲凉声，可见到为生活挣扎而卖身的妇女，这类不忍见闻的事情还很多，可说是"人间地狱"。还有一篇名为《天堂一角》的报纸文章，描述苏州繁华的街上耸立着许多新式的房屋、商店旅馆、酒楼与时装公司。白天是人声鼎沸，到了晚上是灯光人影相掩映：

这些人影杂踏的高楼底下，停留着不少的衣衫破碎、枯瘦、饥饿的人。一个灯光煌然的大商店门边，横横直直的堆垒着四个人，还有着生命的人，一个女人，三个十岁以下的孩子，一张麻布袋，

---

[1] 蚂蚁：《苏州社会内层之剖视》，《青复月刊》（苏州），第4卷第1期（1941年5月），第21页。

是他们遮盖和热的被褥。女人身上穿着一件开了缝的破衣,孩子们是披着宽宽大大的破衣、麻布袋。[1]

这篇文章还提及卖笑的妓女、拉车的人力车夫如何努力争取生意。

  这类文章对乞丐的描述特别多、特别细致,如上文也提到乞丐,形容他们为了人们施舍扔在地上的一两分钱,也会花上许多时间在地上寻找。[2]另一篇《天堂地狱》的文章,是一位外地人(可能是来自上海)来到苏州一个月后的感言。作者认为观前街的畸形繁荣都是"洋场渣滓",而感到索然无味。令他印象深刻的,是如下的凄惨镜头:

  起初看到这里乞丐不多,以为毕竟天堂的人民幸福。一天傍晚,雨下得很大,从一座桥上经过,见桥堍躺着一个八、九岁的病孩,发出凄厉的呻吟叫。走远了,呻吟声混和在雨声中,渐渐低弱以至消失,这呻吟永远印在我的记忆中。[3]

接着提到苏州的南京路与观前街看似一幅太平景象,诚如盛世天堂一般。然而,一不留意就会看到玄妙观三清殿的后面青石上,在一堆堆的乱草中蜷伏着许多乞丐。不时地看到从乱草中爬出一个"露尸",旁边还有一个不知是死是活的小男童。作者认为这些不幸者,"是被人吃剩的残骸,构成畸形繁荣的基石"。[4]虽然苏州的乞丐并

---

1 生润:《天堂一角》,《苏州新报》,1940年10月2日,第3版。

2 同前注。

3 禾浪:《天堂地狱》,《江苏日报》,1945年5月8日,第2版。

4 同前注。

非沦陷之后才有，战前的阊胥门一带与玄妙观附近都是乞丐的集中地，但是战前苏州报纸描述乞丐并不如此凄惨，甚至有指其向路人强讨硬索的行为。[1]到了沦陷后的报纸新闻，除了上述这类描述乞丐的凄惨情况，还有更多是关于乞丐病死于街头的案例。[2]

小结

苏州在抗战时期沦陷的过程与当地百姓逃难的情况，充分反映了抗战时期的社会状况，或可说苏州的沦陷过程就是全面抗战初期的历史缩影。再从逃难历史的角度来看，过去我们重视的大多是迁徙到大后方的逃难，却忽略了大部分战时的逃难者是城市居民，他们主要逃亡到附近的乡间。再从长时期的角度来看，抗战时期苏州百姓的逃难路线是有其历史渊源的。抗战时期苏州城市居民的逃难路线与目的地，几乎和明清之际如出一辙，都是逃往太湖附近的木渎、光福镇一带。[3]又因为乡间盗贼猖獗，待秩序稍恢复之后即返回

---

1 《乞儿之利市三倍》，《吴语》，1925年10月19日，第2版；横扫：《令捉乞丐》，《吴语》，1926年12月30日，第2版。

2 如《乞丐病毙》，《苏州新报》，1939年10月13日，第5版；《路毙二乞丐》，《苏州新报》，1940年8月6日，第5版；《乞丐路毙》，《苏州新报》，1940年8月20日，第5版。

3 有关明清之际苏州的逃难史，参见巫仁恕《逃离城市：明清之际江南城居士人的逃难经历》，《"中央研究院"近代史研究所集刊》，第83期（2014年3月），第1—46页。

城内。唯一较特别的是，近代上海的租界成为苏州城市居民逃难的新目标。苏州在沦陷初期的对外交通状况，说明了抗战初期即使华中的城市纷纷沦陷，但在乡村仍然有许多小规模的焦土战发生，一直持续到1939年底，到1940年初才归于平静，也说明了沦陷区的社会秩序所呈现的城乡差异。

为了重建与维持苏州城市的社会秩序，日军先后扶植了多个伪政权。从"自治会"到"维新政府"，再到汪伪政权的成立，苏州经历了多个伪政权。但"自治会"与"维新政府"的财政基础薄弱，又受到暗杀的威胁，并未能发挥多大的作用。即使如此，苏州在难民渐渐返回之后，城市也开始复苏。

汪伪政权在沦陷区统治了五年多，其统治政策，诸如税捐征收、物资统制与社会动员等，都影响了沦陷区苏州的城市生活。本书提及的苏州"四馆"在许多方面都受到波及，税收方面的消费特税影响到苏州的茶馆、菜馆、旅馆等服务业；物资的管制使业者的物资原料来源受到局限，进而影响物价、造成通膨；而其发动的"新国民运动"，在强调节约消费方面也影响了苏州的业者。

虽然苏州在沦陷后从政治与经济面向看，似都不利于产业发展，但我们却看到了休闲服务业的畸形繁荣。形成这样的现象与沦陷后苏州社会结构的变化息息相关。当苏州逐渐恢复秩序，又成了伪江苏省省会之后，许多外地移民纷纷涌入，包括伪公务人员、客商、上海寓公与绍兴人等，他们是新兴的消费族群，也是造就苏州休闲服务业畸形繁荣的社会背景。以下各章将分别讨论苏州的"四馆"。

第三章　严禁与取缔下的茶馆

　　　　自从事变以后，那市口上的几家茶馆生意，比了以前，益发的好起来了。不单是早晨人头挤挤，就是下午也宾至如归地热闹非凡，像观前的吴苑、品芳、三万昌，以及阊外的长安、彩云楼，汤家巷的梅园等处，可说座无隙地，这生意委实是发达极了。虽则茶价已经涨到了三四元一壶，可是一般茶客却不以为奇，还是拼命地如同潮涌般望那茶馆里去。

　　　　　　　　　　——独手:《闲话吴中四馆》[1]

　　茶馆是苏州的特色之一，沦陷以后苏州的茶馆依然盛行，甚至繁荣更胜战前。当代学者王笛以四川成都为例的茶馆研究，已经说明茶馆是中国城市内"街头文化"的代表之一，也是一个不受阶级限制可以议论时政的场所，同时又是一个提供劳动力的自由市场。不仅如此，茶馆也是重要的商业交易谈判所、社会纠纷协调所。四

1　《江苏日报》，1943年10月25日，第3版。

川成都在抗战时期位于大后方，当地茶馆的政治文化发展到极高峰，尤其是将抵抗的政治文化带到茶馆之中。各种社会集团和政府官员都以茶馆作为宣传爱国和抗日之地，茶馆俨然成了救国的舞台。但同时政府对茶馆的管控也愈来愈严，特别是压制对政府不满的言论和其他活动，政府如此大规模的举动可谓史无前例。[1]沦陷下苏州茶馆盛行的情况，和四川成都的情况非常类似，但是苏州处于沦陷区，正好可对比大后方的成都。

本章以沦陷区的苏州为例，想要探讨的问题是：茶馆这种所谓街头文化之代表，到了抗战时期所发生的变化，如茶馆所具有的功能是否仍然存在？茶馆的同业组织又发生了什么样的转变？在物价逐渐高涨的情况之下，茶馆的经营者如何生存？沦陷区的政府如何控制这些茶馆？这些都是本章所要探讨的问题。实则沦陷后苏州的茶馆，反映了当局对公共空间的进一步控制。透过这个例子，可以呈现出沦陷区城市生活的一个缩影。

---

1 参见王笛著，李德英、谢继华、邓丽译《街头文化：成都公共空间、下层民众与地方政治（1870—1930）》，北京：中国人民大学出版社，2006，第139—154页；王笛：《茶馆：成都的公共生活和微观世界，1900—1950》，北京：社会科学文献出版社，2011，第394—402页。

第一节　茶馆的经营与发展

苏州沦陷之后的茶馆业逐渐复业，相对沦陷初百业萧条的景象，包括茶馆业在内的娱乐休闲业则是畸型存在。1938年的杂志形容当时各类商店已无货可卖之时，茶馆、茶肆、菜馆的生意还能照常营业，如观同兴、吴苑、桂芳阁、品芳、同和等家，依然门庭若市。不过，某些附属有书场的茶馆，虽然观赏弹词评话的价格已经十足平民化，但是营业仍是清淡不堪。[1]苏州社会秩序稳定后，茶馆的数量并没有减少，尤其到1940年以后，反而有增长的趋势。据1941年的报纸形容，苏州的茶馆仍是"五步一家、十步一肆、鱼贯而立、项背相望"的程度。[2]一说苏州城厢内外，估计有茶馆200余家。[3]

据说当地最著名的茶馆，属太监弄的"吴苑"茶馆。吴苑茶馆在战前就已闻名，沦陷后仍是苏州最好的茶馆，上至乡绅名流，下到贩夫走卒，莫不趋之若鹜。[4]吴苑可以算是苏州茶馆的典型，其

---

[1] 成：《劫后的天堂（苏州通讯）》，《小刊物》（上海），第4期（1938年7月），第60页；大晨：《沦陷后的苏州》，《孤岛生活》（上海），第1卷第2期（1938年5月），第26页。

[2] 臬仲：《苏州情调——茶馆：有闲阶级消遣所、下流社会行乐地》，《苏州新报》，1941年1月5日，第6版。

[3] 《茶馆业再度加价》，《苏州新报》，1941年1月30日，第6版。

[4] 逸飞：《苏州漫话》，《申报》，1944年12月29日，第1版。

内部的陈设有瘦竹点缀的天井、假山布置的园林，以及四面厅、方厅、爱竹居、正厅与书场等等，分布在各部分，若不是老茶客，简直摸不清门路。又据说内部空间可以容纳一千人。[1]战前吴苑深处的茶馆广告，已可见其标榜内部有园林陈设之外，顾客层又锁定在"士人学子"与"闺阁名秀"，亦即包括妇女在内的上层阶级。[2]吴苑之所以维持不坠不仅是因为该茶馆建筑陈设高人一等，其匠心独运之处乃在于泡茶的水质，因为当地缺乏自来水，而河水或井水也不够清洁，所以该茶馆业者特别聘请人到胥门外的大河挑水进城烹茶，于是颇受好评。[3]

除了吴苑，另一个著名的茶馆是梅园，座落上东中市附近的汤家巷，一切和吴苑相仿，虽然门口设置许多烘饼的大炉，乌烟瘴气中走进这茶客乐园后，眼前见到的是明亮的客厅。[4]观前街与观内一带，还有许多著名的老茶馆，如桂舫阁、三万昌、汪瑞玉、品芳等。[5]玄妙观内的茶馆有春苑茶社，曾经发生茶房锯树不慎，倾毁屋瓦，以致茶客惊逃之事。[6]不过，另外两处战前茶馆聚集之地，即阊门外与临顿路的茶馆，到沦陷后似乎没有看到持续或新的发展。

苏州茶馆依顾客的层级而有高低之别。像三万昌是投机者的聚

---

1 周云三：《吃茶在苏州（续）》，《江苏日报》，1942年5月20日，第3版。

2 《元妙观太监弄吴苑深处茶社》，《中报》，1925年2月5日，第1版。

3 皋仲：《苏州情调——茶馆：有闲阶级消遣所、下流社会行乐地》，《苏州新报》，1941年1月5日，第6版。

4 周云三：《吃茶在苏州（续）》，《江苏日报》，1942年5月20日，第3版。

5 皋仲：《苏州情调——茶馆：有闲阶级消遣所、下流社会行乐地》，《苏州新报》，1941年1月5日，第6版。

6 《树倾屋上茶客惊散》，《苏州新报》，1941年1月16日，第5版。

集地,吴苑深处是公务员的憩息地,梅园是商人的集中点。"等而下之"的茶馆也都有他们的老主顾。[1]在江苏其他的县城里也可以看到茶馆顾客的阶级性,如常熟县内茶馆依消费群之不同,空间分布也有别。其消费阶层大致可分为三大类:绅士、商人、劳工阶层。城西石梅的四大茶馆,位在虞山山麓,用附近的水煮茶,味甘而美,顾客主要是绅士与知识阶层。南门外台上的茶馆则是商人讨论商情的聚集处,该地区其实也是常熟县的商业中心。至于西门内城隍庙附近也有一批茶馆林立,但房子低矮、设备简陋,当然茶价也最便宜,主要是劳工聚集消费处,尤其以瓦匠与木匠占大多数。[2]

从苏州的广告上也可以看到一些茶馆转让经营权,或是生意清淡的例子;[3]甚至最著名的老牌茶馆——桂舫阁和记茶社的股东也无意经营,而让与老正兴酒楼,这反映了茶馆经营方面的难处。[4]沦陷后苏州茶馆在经营上获利上面临最大的变量,和菜馆一样,就是原料价格的飞涨。苏州在沦陷时茶叶主要由邻近安徽与杭州一带销入,供应量与价格受到税收高低、运输顺畅与否的影响。尤其是1940年之后,安徽一带因为当局要加税,茶商要求减税,以致僵持不下,货产堆积如山却难以运出,因而影响市面价格甚巨。[5]

---

1 履夷:《苏州茶寮巡礼》,《江苏日报》,1942年8月23日,第4版。

2 之明:《喝茶在常熟》,《江苏日报》,1942年1月7日,第3版。

3 《出售茶社生财》,《江苏日报》,1942年6月6日,第3版。

4 《章守昌律师代表桂舫阁和记茶社老正兴酒楼代表人吴麟森推陆耀祖受盘声明》,《江苏日报》,1942年6月21日,第2版。

5 《茶叶洋销不畅》,《苏州新报》,1940年9月1日,第6版。

茶叶价格的上涨也许对茶叶商有利，[1]但茶馆业者却被迫不得不涨价。从1941年以后茶馆业者就曾公告将涨价。如1941年3月，业者就以茶叶与燃料价格大涨为由，决定每壶增价二分，又如吴苑茶馆已涨到每壶二角。[2]到了1942年之后，茶叶原料输入的价格更高，苏州城内本地茶商不愿高价购买，使得市场清淡。[3]到1942年底，苏州茶叶供不应求，价高仍有业者要买，所以茶价上涨趋势难以遏止。[4]到1943年时，苏州茶叶供不应求的情况更加吃紧，甚至有执货不卖者，市场上的茶叶价格居高不下。[5]

至于茶馆卖茶的价格也是愈来愈高，涨了70%，而且还有小费，即使汪伪政府有限价，仍然形同具文，苏州仍有大批消费者光顾。1944年有一位读者投稿报纸的文章里提到，吴苑一碗茶就要价5元，而且堂倌还要1元小费。他回想起数年前一壶只不过几分钱，

---

[1] 当时苏州贩卖茶业的茶叶商有四大家——汪瑞玉、吴馨记、吴世美、鲍德润，虽然沦陷后因为战争受到损失，但两年后皆已恢复原状，而且因为茶叶来源不易，价格翻涨多倍，故利市三倍。参见兴兴《苏州情调——茶叶（上）：飞黄腾达今年大发财》，《苏州新报》，1940年11月19日，第6版。

[2] 《茶叶飞涨影响茶馆加价》，《苏州新报》，1941年3月1日，第6版。

[3] 《货主扳持茶市清淡》，《江苏日报》，1942年4月29日，第5版；《茶叶成交不旺》，《江苏日报》，1942年6月21日，第3版；《茶叶去胃清闲喊价益趋挺秀》，《江苏日报》，1942年7月15日，第3版；《蛋类下跌茶销式微》，《江苏日报》，1942年9月9日，第3版。

[4] 《供求悬殊茶蕊激昂》，《江苏日报》，1942年12月9日，第3版；《茶叶供应颇乏市价一致挺秀》，《江苏日报》，1942年12月12日，第3版；《茶叶买风炽烈涨势尚难遏止》，《江苏日报》，1942年12月18日，第3版；《茶市买气炽烈》，《江苏日报》，1942年12月19日，第3版；《茶市清闲交易寥寥》，《江苏日报》，1942年12月23日，第3版。

[5] 《祁门红茶挺秀绿茶市况呆滞》，《江苏日报》，1943年2月3日，第3版；《茶叶市况亦告坚挺》，《江苏日报》，1943年3月12日，第3版。

而且也无小费。即使是去年底茶价亦在3元左右，一转瞬间就涨了70%。汪伪政府曾规定每壶不得超过3元5角，苏州其他的茶馆售价还是只有三四元，也没有小费之说；但汪伪政府的限价命令，似乎对吴苑这些高档茶馆是无效的。虽然如此昂贵，但是很多人仍乐此不疲，许多的茶馆营业依然兴盛。[1]

当然在战时苏州人仍然热衷在茶馆消磨时光，这样的风气难免令外人质疑。当时杂志上有一篇《苏州的回忆》，对此给出了解释：

> 茶食精洁，布置简易，没有洋派气味，固已很好，而吃茶的人那么多，有的像是祖母老太太，带领家人妇子，围着方桌，悠悠的享用，看了很有意思。性急的人要说，在战时这种态度行么？我想，此刻现在，这里的人这么做是并没有什么错的。大抵中国人多受孟子思想的影响，他的态度不会得一时急变，若是因战时而面粉白糖渐渐不见了，被迫得没有点心吃，出于被动的事那是可能的。总之在苏州，至少那时候，见了物资充裕，生活安适，由我们看惯了北方困穷的情形的人看去，实在是值得称赞与羡慕。[2]

苏州人在沦陷后还能留连在茶馆里，反映当地较战时其他地区"物资充裕""生活安适"。

虽然苏州的茶馆在沦陷后依然兴盛，但是茶客的心理并不如想象中的适意。当时就有作家指出，苏州人称上茶馆叫"孵茶馆"，看似徒耗光阴，但这也是苏州人孵茶馆的理由之一，即认为世界上

---

1 君斐：《茶价》，《江苏日报》，1944年2月4日，第4版。
2 知堂：《苏州的回忆》，《艺文杂志》（北京），第2卷第5期（1944年5月），第4页。

没有真是急要的事。不过,到了沦陷后苏州人孵茶馆的原因,并不只是如此单纯了:

> 苏州人确是特别懂得乐天安命,只顾个人享受,对于一团糟的国事漠不关心。看苏州人好像福气大,其实不然,只是苏州人虽在极度苦闷之中亦能自寻乐趣而已。[1]

事实的背后,反映的是一种集体的社会心理,也就是在"极度苦闷中"找出路,这和苏州人热衷其他休闲消费的原因一致,事实上这也是当时战争时期常见的现象。

沦陷时期苏州的报纸文章中,充斥着讨论现实与享乐的议题,反映出战争时期因为对未来的不确定感,大众的社会心理充满着苦闷,遂试图在休闲娱乐方面找到暂时的慰藉。如笔名小可的《抓住现实》一文就指出抓住现实,"这真是一般年青人的苦闷,因为现实实在是不容易抓住的,你虽然发出悲切的哀鸣,期望解除现实的痛苦,可是结果也许连一点点的稀饭都不会落到你口里"[2]。比矛所撰《现实的安慰》一文,形容现实使人感到烦恼与苦痛,于是他找到饮酒作为慰藉,自嘲是"醉生梦死"之流。虽然文中透露作者其实是一位县政府的公务人员,但此文暗示对当时局势的不确定感。[3]金军《享乐》一文就说:"从今,我决不再刻薄自己了,交交神气朋友,有了钱尽管用,今天米卖二百,明天又许涨到二百五,前途茫

---

1 林涵之:《孵茶馆》,《作家季刊》(南京),第1期(1944年4月),第34页。
2 小可:《抓住现实》,《江苏日报》,1941年12月31日,第6版。
3 比矛:《现实的安慰》,《江苏日报》,1941年11月24日,第2版。

然，我要努力把握黄金般的青年时代。"[1]还有一篇名为《不是享乐的时代》的社论，也提及当时的苏州青年生在不应享乐的时代与国度里，"而实际上却在拼命地享乐，哪一处娱乐场所里不充斥着青年人的足迹，想以享乐来掩饰悲观，想以享乐来麻醉神经"[2]。这些报纸的文章都反映了当时苏州的知识分子、青年人，甚至是公务人员的社会心理——在极度苦闷中找出路，这也可以解释像茶馆及接下来的三馆之所以在沦陷时期更为兴旺的原因。

第二节　茶馆的多元功能

当时报纸上刊登一篇《茶在苏州》的文章，就指出吃茶在苏州原本是躲避现实的表现，但其效果已经超出"解渴"的需求了，闲谈可以上茶苑；联欢可以上吴苑；做交易、谈契约，甚至相新人龙虎会无不可上茶苑。[3]以下分别略述茶馆的社会与娱乐两大功能。

茶馆的社会功能

在茶馆里由来已久的"茶会"在当时发挥很重要的作用。许多同业会在上午聚集在茶馆谈论市场价格与市场动向，领略商情，当

1　金军：《享乐》，《江苏日报》，1942年3月13日，第4版。

2　《不是享乐的时代》，《江苏日报》，1942年10月13日，第4版。

3　喜正夫：《茶在苏州》，《江苏日报》，1943年12月14日，第3版。

地人称之为"茶会"。各行各业都有其特定聚会的茶馆,在当地认为跑茶会还算是干正经事者。在茶馆里常见的对话如下:

"老兄,这行的事有了一点眉目了吧?"
"好,吃碗茶再细谈谈。"
"某老板,货色可以脱手了吧?"
"等一下茶馆里谈了价钱再说。"[1]

当时苏州比较大的而著名的茶会,如五洋业茶会、杂货业茶会、锡箔业茶会、绫绸业茶会等,如就各业方面统计起来,苏州大小茶会应该有七八十处以上。有一部分由于从业员稀少,或是货物交易顺畅,遂不怎样为人所知。像上述五洋、杂货等业的茶会,非但从业店号必须排日躬逢其盛,即使是业外囤户也必须不差分秒地准时参加。[2]这种情况到了沦陷后期,在汪伪政府眼中成了操纵居奇、哄抬物价的罪魁祸首,而遭到打压(详见第四节)。

到了午茶时间,茶馆的风光和早上是两个样。因为早上许多茶会已经散场,茶馆的客人就换成另一批衣冠楚楚的有闲分子。他们谈论时局的进展、地方的琐闻、菜馆的好坏、商场的荣衰,以及古董的优劣等话题。[3]到了沦陷时期,苏州茶馆里的人最注意的信息又是哪些呢?以下是报纸上一则茶馆里喧哗的记录,其中一个引人注目的焦点是"××长发表了":

---

[1] 正夫:《亟须取缔茶会》,《江苏日报》,1944年12月30日,第3版。

[2] 同前注。

[3] 周云三:《吃茶在苏州》,《江苏日报》,1942年5月20日,第2版。

老兄，××是不是真的发表了吗？我早在一个月以前说过了，诸位，这不是瞎吹的！

老兄的消息果然灵，看来和××长总有些渊源吧！恭喜，这一次又得高升了。

倒不是吗？××是我×位姨太太的兄弟，与我是换过帖的，他如今少不了要上台，那末还会没有我的份儿吧？哈哈！不夸，个把科长是拿稳的。[1]

由是看来，在政府官场里的人事现象，往往是人们在茶馆探听讯息的焦点。此外，因为物资的管制与缺乏，所以"什么东西好囤囤啊"也是另一个热门话题：

老五，你看现在有什么好囤囤啊？

由于电力的减少，各种电力制成品的上涨，那是必然的趋势，小陈你道对也不对？[2]

沦陷后期，苏州茶馆内又形成新兴的活动，其中引人注目之一，即是变相的典当交易。据报纸上的报道，有一稍具资本者安坐茶馆中，待一般需款无着或等候食米待炊者携物前去押款。因为此种交易多是在双方熟识的情况下，或是由中间人撮合成交，当面言明抵押数目及时效，只有以口头为信，并无书面单据。其抵押期限大抵异常短促，且利息亦不在一般典当业之下，无异高利贷。所以

1　越人：《茶寮剪影》，《江苏日报》，1944年12月1日，第2版。

2　越人：《茶寮剪影》，《江苏日报》，1944年12月1日，第2版。

官方已开始注意这类活动,派人前往搜捕。[1]

在下层社会里常见到一种现象,就是一些民事纠纷习惯在茶馆评理,即所谓的"吃讲茶""讲斥头"。作家陆文夫(1927—2005)回忆1940年代初苏州茶馆时,有很生动的描述:

> 双方摆开阵势,各自陈述理由,让茶客们评理,最后由一位较有权势的人裁判。此种裁判具有很大的社会约束力,失败者即使再上诉法庭,转败为胜,社会舆论也不承认,说他是买通了衙门。对门有人吃讲茶时,我都要去听,那俨然是个法庭,双方都请了能说会道的人申述理由,和现在的律师差不多。那位有权势的地方上的头面人物坐在正中的一张茶桌上,像个法官,那些孵茶馆的老茶客就是陪审团。不过,茶馆到底不是法庭,缺少威严,动不动就大骂山门,大打出手,打得茶壶茶杯乱飞,板凳桌子断腿。这时候,茶馆店的老板站在旁边不动声色,反正一切损失都有人赔,败诉的一方承担一切费用,包括那些老茶客们一天的茶钱。[2]

就如同作者所言,茶馆吃讲茶评理时常见两方各邀其老头子、小兄弟到来,以壮声势;有时唇枪舌剑,互不相让之下,即诉诸武力,茶杯椅凳齐飞,伤人流血。据说此风上海最盛,苏州稍逊,最为茶馆业者所深恨。[3]从报纸上的新闻常常看到这种吃讲茶的例子,举凡

---

1 《假茶馆接洽押欵高利贷盘剥小民》,《江苏日报》,1943年3月10日,第3版。

2 陆文夫:《门前的茶馆》,收入《陆文夫文集》,苏州:古吴轩出版社,2006,第308页。

3 皋仲:《苏州情调——茶馆:有闲阶级消遣所、下流社会行乐地》,《苏州新报》,1941年1月5日,第6版。

夫妻的失和、债务的纠纷、同业竞争的纠纷、劳资之间的薪资纠纷等，都会约在茶馆见面评理，往往一言不合而发生全武行的事件，例如有一小贩朱德林，本为杭州人，在苏州为生，妻朱陆氏颇有姿色，以代人洗衣补贴家计；然朱德林怀疑其妻与丁阿荣有染，不但与妻争吵，还约丁阿荣到大观园茶馆评理，继又殴打丁，因之扭报警局成讼。[1]又如一起案件是沙福坤向沙义隆讨债，二人约在胜阳楼吃讲茶，未料沙义隆带多人前来，殴打沙福坤，福坤之妻周氏前来劝架亦遭打伤；此案有胜阳楼茶馆堂倌作证人，确定是殴人事件而报警拘究。[2]有时吃讲茶甚至会酿成聚众数百人的集体斗殴事件。（详见第四节）

茶馆的娱乐功能

弹词说书是苏州的"乡土剧"，所以苏州的茶馆大部分都设有书场，光裕社与普余社是最著名的两大阵营，以"说、噱、弹、唱"吸引顾客，每个角儿都凭着色或艺而拥有一部分的听客。[3]在战前，这两大社之间还有竞争关系，听说普余社的场子结束后，光裕社的人就不愿接。[4]战前的书场与茶馆之间，也有过业务纠纷，如1927年茶业公所与说书业者光裕社之间，因误会而发生过停顿说书的情形，经调解后才顺利开始年常会书。[5]沦陷后，茶馆业与书场业

---

1 《小贩疑妻不贞茶社评理争殴》，《江苏日报》，1942年10月9日，第3版。

2 《吃讲茶遭殴打扭警控诉伤害》，《江苏日报》，1943年12月19日，第3版。

3 周云三：《吃茶在苏州（续）》，《江苏日报》，1942年5月20日，第3版。

4 状元台上人：《弹词漫谈：普通书场都设在茶馆里》，《现世报》（上海），第34期（1938年12月），第6页。

5 《广告调解光裕社茶业公所会书问题启事》，《吴语》，1927年1月24日，第2版。

图 3-1：苏州乡间的茶馆书场

资料来源：陆文夫著《老苏州：水巷寻梦》，南京：江苏美术出版社，2000，第150页。

已如唇齿相依而不可分了，所以合组同业公会。（详见下节）

在茶馆听说书的花费有限，但却可以坐上大半天，所以茶馆成了苏州人休闲的重要场所。当时的报纸上即有人为文指出——茶馆书场随处都是客人满座，由是批评苏州的"闲人"很多：

> 天堂毕竟是天堂，即使在沦陷后的苏州，生活压力让人透不过气的当下，怡然自得的人依旧故我，生活舒适与从前毫无二致。[1]

上述报纸的文章又提及，在苏州每一家像样的茶馆书场都拥有一批

---

[1] 《吃茶和听书》，《江苏日报》，1943年10月23日，第4版。

老顾客，其实弹词家说书的内容对他们而言早已熟稔，只是听不腻，故成为老顾客。

在茶馆里还有许多穿梭客方之间的小贩，出售许多"消闲"的商品，有吃的如绿豆糕、花生米、菜梅、牛肉、香烟、馒头等，还有玩的如古董、图章、耳挖子、皮鞋带等，穿的有衣服、皮鞋，看的有小报。总之是五光十色，简直就是一家变相的百货商场。[1]再者，随着"海派"风气的传来，原来苏州的旧茶馆又添了许多新事物，如擦皮鞋的服务。随着物价的上涨，以老牌皮鞋油为号召的"擦工"工资也不断涨价。还有剪影也是一种吸引人的小玩意，五分钟就可以剪出客人的侧影，颇受欢迎。[2]

苏州的茶馆和上海茶馆最大的差别，在于苏州茶馆是卖清茶、不卖点心，不像上海茶馆还兼卖点心，所以上海茶馆并不欢迎只喝清茶的客人。然而，苏州茶馆附近也大多附有馒头饼摊，以应茶客的需求。[3]茶馆中的顾客有很多是棋迷，他们常借茶馆作为手谈的地方，所以茶馆也成了棋迷聚集地。战前最著名的棋迷聚集处是春园茶馆，沦陷后便转移到梅园了。[4]此外，小巷里的茶馆还开设戒烟所，更有聚赌抽头者，这类茶馆通常是社会下阶层的人聚集之所。[5]接下来我们将会看到，这类在茶馆聚赌的活动虽被政府严厉禁止，但往往暗地里仍在进行，甚至有因赌博而引起的暴力纠纷。

---

1 周云三：《吃茶在苏州（续）》，《江苏日报》，1942年5月20日，第3版。

2 同前注。

3 履夷：《苏州茶寮巡礼》，《江苏日报》，1942年8月23日，第4版。

4 同前注。

5 皋仲：《苏州情调——茶馆：有闲阶级消遣所、下流社会行乐地》，《苏州新报》，1941年1月5日，第6版。

沦陷后期苏州的茶馆为求生存与营利，逐渐开始转型，提供新的娱乐与服务。大约从1942年开始，有些商人看到上海茶室鼎盛，认为有利可图，于是依样画葫芦，在苏州观前街一带开设几家茶室。[1]这种茶室与传统茶馆不同，首先可以看到茶室通常兼营西菜，包括像红宝茶室、大东茶室、百乐茶室、锦江茶室、金星花园茶室等，都有广告声称开设中菜或西餐部，而且标榜讲究卫生。其中如红宝、百乐、大东茶室又开设咖啡厅，形成茶馆、菜馆、咖啡厅三合一的情形。[2]这种情况和下一章苏州菜馆业的发展相似，所以像红宝、大东等茶室其实与菜馆已无太大的差别，只是名称上有茶室二字，大东茶室后来又在名称后加上酒楼二字，全名为"大东茶室酒楼"。[3]

其次，这些茶室从上海请来乐队与歌女，提供新型娱乐，于是"怡情清趣的茶室到这时候便成变相的声色场所了"，苏州城里一辈醉翁之意不在酒的茶客，都蜂拥到有歌女的茶室，争风吃醋、甚至全武行的情况时有所见。[4]到了1944年，还流行露天的酒楼与茶室，

---

[1] 蒋溪：《苏州的茶馆》，《中美周报》（纽约），第307期（1948年10月），第36页。

[2] 《红宝茶室西菜社明日开幕》，《江苏日报》，1942年7月12日，第2版；《红宝茶室今天开幕》，《江苏日报》，1942年7月13日，第3版；《苏州大东茶室》，《江苏日报》，1942年9月10日，第3版；《百乐茶室》，《江苏日报》，1942年9月13日，第4版；《红宝茶室饮一杯浓郁的咖啡吧》，《江苏日报》，1942年9月13日，第4版；《百乐茶室菜部》，《江苏日报》，1942年9月15日，第4版；《大东茶室酒楼广告》，《江苏日报》，1942年10月31日，第3版；《锦江茶室客饭广告》，《江苏日报》，1942年11月15日，第3版；《金星花园茶室》，《江苏日报》，1943年8月6日，第2版。

[3] 《大东茶室酒楼广告》，《江苏日报》，1942年10月31日，第3版。

[4] 蒋溪：《苏州的茶馆》，《中美周报》（纽约），第307期（1948年10月），第36—37页。

同时聘乐队歌女，被视为影响社会风气，又不顾卫生与否；且夜间营业甚晚，后因违反夜间防空规范而遭停业。[1]

此外，受到上海的影响，苏州茶馆也开始聘用女茶房或女招待、女侍，[2]如护龙街怡园茶部就有报纸广告，声称有女招待，显然是为了吸引客人。[3]最醒目的是那些附设咖啡厅的茶室，往往有招聘女招待的广告，如位在北局苏州新市场的新华茶室咖啡厅，要聘的女侍与女职员之条件是：小学毕业以上，品貌端正，年龄在17至25岁之间。[4]其中最著名者，当属红宝茶室所附设的咖啡厅。[5]根据王笛关于成都茶馆的研究，他也发现1937年出现女茶房是一个新的现象，在成都代表着一个重大的进步，改变了妇女的公共角色和性别关系。而成都茶馆兴起女招待的直接原因，是由于战争难民的涌入。这些难民带来沿海城市相对开放的文化和观念，使成都人对妇女进入公共场所工作转向较开明的态度。而成都茶馆的女招待大多数是来自下层没有受过教育的已婚妇女。[6]相对于成都，我们对苏州茶馆的女招待背景所知甚少，是否像成都一样大多是外地的难民就不得而知了。

---

1 《关于露天茶室》，《江苏日报》，1944年8月12日，第3版。

2 上海的茶馆是最早聘用女招待的城市，尤其到抗战时期，茶馆的女招待特别流行。参见老车《茶室漫步》，《现世报》（上海），第6期（1938年6月），第9页；《茶室及女招待》，《电声》（上海），1938年，第72页；跑堂：《漫谈茶室》，《广播无线电》（上海），第3期（1941年4月），第6—7页。

3 《广告护龙街怡园茶部》，《江苏日报》，1942年4月5日，第4版。

4 《广告苏州新市场剧场茶室招考女职员及女侍员》，《江苏日报》，1943年4月23日，第2版；《广告新华茶室咖啡馆》，《江苏日报》，1943年6月13日，第1版。

5 《广告红宝茶室招聘女侍》，《江苏日报》，1942年7月6日，第3版。

6 王笛：《茶馆：成都的公共生活和微观世界，1900—1950》，第293—294页。

第三节　同业组织的成立与转型

第一章已提到苏州茶馆业在战前已成立茶馆业同业公会与职工公会,在战前所发生的茶馆业劳资纠纷事件中,扮演居中协商的重要角色。整体看来,战前茶馆业的劳资纠纷并不算严重。沦陷后的苏州茶馆业同业组织或茶馆业职工公会,在性质上则有了很大的变化。

茶馆业同业公会:由自治到国家控制

在苏州涉及茶业的同业公会,包括茶叶商与茶行组成的茶业同业公会、制造茶食糖果业的同业公会,以及与茶馆有关业者所组成的茶馆书场业同业公会与茶馆水灶业同业公会。茶馆业同业公会虽然在战前就已成立,但沦陷后就停顿了;1938年时曾有一部分会员想恢复原组织,但以营业未复旧观,且会员意见不一,终无结果。直至1941年才由吴苑深处茶馆发起,再经社会运动指导委员会江苏省分会核发证书,成立了吴县茶馆书场业同业公会。[1]

---

[1] 《吴县茶馆书场业同业公会》,《苏州新报》,1941年4月20日,第1版;华中师范大学中国近代史研究所、苏州市档案馆合编《苏州商会档案丛编》,第5辑上册,第319—320页;《茶馆书场工会理事宣誓就职》,《苏州新报》,1941年8月4日,第2版。其他的茶叶同业与茶食同业公会也在战前成立,到苏州沦陷初期时,曾停止活动,之后恢复成立的时间较茶馆书场业晚。参见《吴县茶叶同业公会通告》,《苏州新报》,1941年6月14日,第2版;《吴县茶食糖果业同业公会通告》,《江苏日报》,1942年6月8日,第2版。

至于茶馆水灶业的同业公会则是在政府的要求下成立的。1943年3月25日，汪伪政府公布"工商业同业公会暂行条例"，该条例强调此后同业公会的组织已不像过去是以谋同业福利为目标，而是以协助当局推行经济政策为主旨。[1]此说明了汪伪政府对茶馆业在内的饮食相关行业的组织管控更加强化。于是在1943年6月，苏州的伪省政府召集城内水灶、茶馆业者负责人谈话，商讨成立新的同业公会；在伪省政府粮食局命令下，强迫苏州所有的茶馆等业都成立同业公会，苏州的茶馆水灶业同业公会遂于1943年8月5日正式成立。[2]

茶馆书场业与茶馆水灶业这两个同业公会成立有先后，组成分子中的茶馆业者是重叠的，但未见两者有任何继承与统属关系。再细观此二同业公会的活动，充分反映了由自治到国家控制的过程。由民间自组的茶馆书场业同业公会与官方主导的茶馆水灶业同业公会，在职能上有很大的差异。前者的活动最醒目的是公告联合涨价。如1941年底至1942年初同业公会公告因为茶叶价格不断上涨，尤其燃料已几乎是战前百倍，而且还有断绝之虞，于是公告再度涨价。[3]

当局强迫成立的茶馆水灶业同业公会，其用意之一是与管制卫生有关。因为当地贩卖饮水的老虎灶业者，往往用不洁之河水，或

---

[1] 《江苏经济工作进展状况》，《江苏日报》，1944年3月28日，第3版。

[2] 《水灶茶馆业将组同业公会》，《江苏日报》，1943年6月25日，第3版；《吴县茶馆水灶业同业公会筹备处征求会员通告》，《江苏日报》，1943年7月14日，第2版；《吴县茶馆水灶业同业公会召开成立大会通告》，《江苏日报》，1943年8月4日，第2版。

[3] 《江苏省吴县茶馆书场业同业公会增价启事》，《江苏日报》，1941年12月31日，第2版。

将未煮沸之水卖给茶馆，以致引起传染病。伪省政府要求业者成立同业公会，以利管控卫生。[1]此外，沦陷后期汪伪政府对通膨与物价的控制更趋积极，茶水价格也是他们要控管的范围。如1944年1月"省粮食局"即透过茶馆水灶业同业公会公告售茶的统一价格，规定茶馆售价每壶储币3元。[2]不仅是茶馆水灶业同业公会，即使是像茶食糖果业同业公会也得服从当局的金融管制，且被当局要求交易使用中储券。[3]茶叶业同业公会则要求上呈成本售价表给当局，经当局核准限价。[4]

虽然无法确定上述这两个同业公会是否有矛盾的情况，但是的确也曾发生同业公会与当局之间的价格争夺战。1944年11月间，苏州茶水业者因为成本过高，已无力负荷，故不得已涨价，"省建设厅"却又命令降价，茶馆水灶业同业公会虽然向上陈情，但"为拥护政府，平抑物价起见"，也只能忍痛恢复原价。[5]也有茶馆愿意配合降价，如苏州的大东茶室在报纸广告上说明配合"新国民运动"的节约政策，而愿意降价，但这些是少数。[6]

茶馆业者在面临当局征收税捐的问题时，同业公会的角色也很重要。第一章已提及战前的苏州茶馆书场业同业公会力抗县政府征收台子、书场捐的事例，可以看到当时公会的力量。到了沦陷后

---

[1]《水灶茶馆业将组同业公会》，《江苏日报》，1943年6月25日，第3版。

[2]《吴县茶馆水灶业同业公会通告会员》，《江苏日报》，1944年1月21日，第2版。

[3]《吴县茶食糖果业同业公会通告》，《江苏日报》，1942年6月8日，第2版。

[4]《经济局核定茶叶业限价》，《江苏日报》，1943年4月26日，第3版。

[5]《吴县茶馆水灶业开业公会通告》，《江苏日报》，1944年11月29日，第1版。

[6]《大东茶室》，《江苏日报》，1944年3月5日，第2版。

期，如第二章所提及的，汪伪政府还征收消费特税，茶馆水灶业者亦需要缴交，于是两业同业公会呈请商会转呈当局，请求豁免特税。[1]但伪江苏省战时消费特税处吴县分处回复：据规定茶室皆应税，碍难照准，但水灶业若只卖茶水不兼营茶馆则得免征。[2]

茶水业职业工会

苏州沦陷以后，据报纸记载，到1943年年底，苏州才开始筹组茶馆职工的工会。当时有吴县茶馆水灶书场业的工人，以谋工友福利与劳资合作为由，经"省社会福利局"核准设立吴县茶水业职业工会。[3]再从其刊登在报纸的征求会员广告来看，举凡茶馆、水灶、书场及游艺场所从事茶水业的职工，都需加入工会，带有半强迫的性质。不过，据报纸新闻声称加入者非常踊跃。[4]

令人惊讶的是，在沦陷期间，苏州的茶馆似乎未发生劳资纠纷，反而是茶食糖果业职工、茶板箱职工都曾有过劳资纠纷，而且还不只一次。如1942年初，苏州茶食业职工发生集体罢工事件，后来经当局协调而结束。[5]又于1942年旧历新年时，茶食糖果业者循照旧例解雇职工，引起工会的关注，经职业工会与同业公会理事协

---

1 《吴茶馆水灶业请豁免消费税》，《江苏日报》，1945年1月12日，第2版。

2 苏州市档案馆藏苏州商会档案，档号I14-003-0234-026，《为准函请免征收茶馆水灶业消费特税一案由的函》(1945年1月1日)。

3 《吴县茶水业工会开发起人会议》，《江苏日报》，1943年12月15日，第3版。

4 《吴县茶水业职业工会征求会员通告》，《江苏日报》，1943年12月17日，第3版；《吴茶水业昨开筹备会议》，《江苏日报》，1943年12月29日，第2版。

5 《茶食业工风潮圆满解决》，《江苏日报》，1942年1月30日，第2版。

调后，解决被解雇工人的救济问题。[1]1942年7月，又发生茶食业工友300多人集体以物价上涨，而薪资每月仅四五十元，无法维生为由，通过工会要求业主加薪，并以中储券支薪。[2]1943年则陆续发生多次要求加薪的事件，而且僵持了近半年，才在年底经工会交涉下达成和解。[3]另一是茶板箱业的工人，在1943年7月间也曾发生要求加薪的劳资纠纷，最后是经工会协调而达成和解，结束工潮。[4]由此说明了沦陷后茶馆业的畸形繁荣更胜过战前；再从前述茶馆收小费的情况可知，茶馆业职工在收入上确实要比一般工人好。

第四节　伪政府对茶馆的控制

战前苏州人到茶馆喝茶的风气太盛，成了苏州人普遍的嗜好，当时曾引起省主席叶楚伧（1887—1946）的注意，批评此为社会惰性之表现，并欲加取缔。[5]在报纸上着实可以见到警局调查茶馆、要

---

1 《茶食糖果工会救济解雇职工》，《江苏日报》，1942年2月23日，第3版。

2 《吴茶食业工人要求资方加薪》，《江苏日报》，1942年7月3日，第3版。

3 《吴茶食糖果业　职工加薪签约》，《江苏日报》，1943年5月6日，第3版；《吴茶食糖果业劳资纠纷解决》，《江苏日报》，1943年8月21日，第3版；《茶叶、糖坊业劳资纠纷解决》，《江苏日报》，1943年9月9日，第3版；《吴茶食糖果业改善职工待遇》，《江苏日报》，1943年12月29日，第3版。

4 《茶板箱业劳资签定调解笔录》，《江苏日报》，1943年7月4日，第3版；《茶板箱职工会召开临时会议》，《江苏日报》，1943年7月5日，第3版。

5 《夜茶》，《大光明报》，1931年6月14日，第3版。

求茶馆回报讯息，以及逮捕吃讲茶或聚赌群众的零星例子。[1]

沦陷后伪政府更进一步控制苏州茶馆，首先是1940年3月，吴县警局公布取缔茶馆的暂行规则，强制茶馆开业需领有执照，共分四等收费，并明文规定不得在茶馆内聚赌与吃讲茶评理，又茶具需卫生清洁。[2]1941年5月"省警局"所发布的《江苏省会警察局修订管理茶馆暂行规则》中，详细列出26条规定，包括营业申请与执照的核发、茶馆业主相关资料的登记、茶馆桌椅摆设的空间限制、需用清洁河水或自流井水并煮沸、茶叶不得用伪品、规范残杂剩水的倾倒处、茶具需要清洁卫生、不得在馆内聚赌、附设书场与游戏场需符合规定、茶客争吵斗殴需报警、患传染病与精神病者不许入内、携带危险品与违禁品行迹可疑者不许入内、不得在馆内兜售违禁品、不得附设鸦片戒烟所，以及茶馆的等级等都有规定。[3]这样详细的规定，在战前的苏州几乎看不到。以下将从三方面来看伪政府对茶馆的控制。

对社会暴力事件的控制

苏州的茶馆里往往会发生社会暴力的事件，从报纸上的记载看来，发生斗殴的情况最多，而斗殴的原因最常见有两种，一就是前述在茶馆里吃讲茶评理的过程中爆发冲突；另一是在茶馆里聚赌所

---

1 《警厅调查茶馆水灶》，《吴语》，1926年10月9日，第2版。

2 分四等如下：甲等是茶桌100张以上者，收费4元；乙等是茶桌60张以上，收费3元；丙等是茶桌30张以上，收费3元；丁等是未满30张，收费1元。有效期是一年。参见《茶馆领照营业共分四等收费不得聚赌禁吃讲茶评理》，《苏州新报》，1940年3月27日，第2版。

3 《省警局严禁茶馆聚众赌博》，《苏州新报》，1941年5月30日，第5版。

引发的斗殴事件。

吃讲茶而引起的暴力事件，在战前的苏州就时有所闻，警方也注意到此类事件。曾有警局闻讯吃讲茶而派员至茶馆逮捕人的例子。[1]如1926年9月间，苏州北区的警署曾召集业者，要求茶馆必须通报聚众吃讲茶之事，以便取缔，防止意外事件。[2]

沦陷以后，在报纸新闻里所见因吃讲茶而引起的暴力事件更多了。如1940年11月间，两业伙友在茶馆听说书，一方系眼镜磨厂的伙友，另一方为木器号伙友，两方因为争夺座位而引起纠纷，约到梅园茶馆里讲理，但木器号伙友一方却带了大批人殴伤对方。[3]又如1941年6月，有工人潘瑞林与其妻陈氏同在城内西北石皮弄的苏州丝绸厂工作，当天因潘感觉不适，状如中暑，遂脱下上衣要求其妻为之刮痧。同厂男工张、陆二人见状，即讥笑其无耻，并在厕所内贴一字条侮辱。另有狄姓工人在旁不平而助潘，两方遂起口角，约晚上六点在西北街鲁苑茶馆评理。狄姓工人约同工人七八名，未料张、陆二人约集数百名工人，各执铁器，将茶馆包围，一言不合即动武。最后是大批警察镇压，才得以结束。[4]

在吃讲茶而引起斗殴事件的例子中，还可以看到行业间的竞争。如1942年11月，有无锡顾明山在东中市其宅门口摆豆浆摊，后来因生意清淡，遂改开饭店。之后有泰兴人黄贝林在其门口继续摆豆浆摊，因为黄氏生意日隆，顾某遂想恢复旧业，而与黄氏有竞

---

1 《吃讲茶者均非善类》，《吴语》，1927年7月27日，第2版。
2 《北区严禁在茶馆中聚众》，《吴语》，1926年9月28日，第2版。
3 《茶社听书起争执》，《苏州新报》，1940年11月7日，第5版。
4 《织绸厂男工因误会茶园评理大动武行》，《苏州情报》，1941年6月21日，第5版。

争,相约在都亭桥茶馆评理,却一言不合而大打出手。[1]这种情况下,茶馆都会受池鱼之殃而有所损失。如1943年3月,有裁缝业者二人于公会内讨论问题时,意见相左,遂约在玄妙观内的春苑茶馆讲理,却发生冲突。事发当时茶客四散奔逃,茶馆损失惨重,后报警拘捕肇事者,索赔210壶茶价、茶壶3把、茶盅11个。[2]

有时劳资之间也会在茶馆内讨论工资的问题,如苏州有许多绍兴来的锡箔业工人,1943年4月发生一起暴力事件,起因是天昌兴箔庄的工头张国兴,绍兴人,原聘李、汪二工友,于上工前已付定100元;但后来二人要求增加工资未遂,于是约到茶馆评理,一言不合,李、汪二人就痛殴张国兴。[3]

再者,战前苏州的小茶馆已有设赌场之风,也曾遭公安局破获;公安局对此还订有取缔规则,严禁在茶馆聚赌,违者将勒令停业。[4]沦陷后报载关于在茶馆聚赌而引起的暴力事件更多了,即使1941年5月"省警局"已有明文规定禁止在茶馆聚赌,但似乎无法全面禁止。[5]例如在城内开茶馆兼营赌场的茶馆主,与赌客发生口角,

---

1 《摆摊争夺营业茶社评理扭殴》,《江苏日报》,1942年11月15日,第3版。

2 《裁缝评理互殴茶社索赔损失》,《江苏日报》,1943年3月7日,第3版。

3 《要求加薪未遂茶社评理行凶》,《江苏日报》,1943年4月15日,第3版。

4 《小茶馆内破获赌案拘拿赌徒十八名》,《苏州明报》,1935年2月9日,第7版;《公安局严厉取缔茶馆不得容人赌博》,《大光明报》,1936年12月18日,第2版。

5 《省警局严禁茶馆聚众赌博》,《苏州新报》,1941年5月30日,第5版。

或为追讨赌债,而与客人斗殴,甚至酿成命案。[1]

1942年1月在苏州上塘街的上津桥口茶室,还发生一起聚赌遭到巡警拘捕,赌客不服取缔而聚众包围警察,意图拒捕;即使巡警派车队前来支持,数名工人仍群聚与警车相对峙的事件。后来是警察鸣枪示警,附近驻军闻枪声后亦派队前来,才将群众控制。[2]还有一起是苏州茶馆内的服务员与茶客起冲突事件,起因是绍兴锡箔工人曹宝山等四人常在鸿福园茶社聚赌,老板交代茶馆内的挑水夫韦学友要禁止茶客聚赌,因之起口角而致斗殴。但曹宝山等人则坚称是在茶馆抽烟时,与韦某起口角。[3]

无论是吃讲茶所引起的斗殴,或是在茶馆聚赌而酿成的暴力事件,从沦陷后苏州报纸此类新闻的频繁出现,反映了战争时期城市社会的不安与骚动。值得注意的是上述这些暴力事件,大多数的主角往往是下层劳动阶级,即使警局对此类事件也曾有力,但似乎较战前更难控制。尤其是集体大规模的斗殴事件,甚至不服取缔,与警对峙的情况,是战前所未见的。[4]

---

1 《茶馆主讨赌债被殴身死 茶馆开设赌场起纠纷致命案》,《江苏日报》,1941年11月2日,第3版。这类事件不仅是发生在城市内的茶馆,在乡村或市镇的茶馆也有,只是不如城市内受到重视。参见《茶肆主聚赌行凶赌客当场被殴毙》,《苏州情报》,1941年10月9日,第3版;《小茶馆内聚赌起争执演命案》,《江苏日报》,1941年12月6日,第3版;《横泾茶肆命案地院审结宣判》,《江苏日报》,1941年12月4日,第3版。

2 《茶室内工人聚赌官警拘捕倚众逞凶》,《江苏日报》,1942年1月1日,第3版。

3 《茶客殴打、扭颈请究》,《江苏日报》,1943年10月26日,第3版。

4 偶尔也有家庭纠纷酿成暴力事件者,如在茶馆曾发生大老婆前来捉住其夫之外遇女子,并报以粉拳,却遭与其夫熟识的茶房与茶馆主阻止,且又被反殴的社会案件。参见《姘夫姘妇茶馆品茗发妻大兴问罪之师》,《江苏日报》,1942年7月15日,第3版。

第三章 严禁与取缔下的茶馆

伪政府对茶会的打压

汪伪政府在沦陷后期实施的统制经济,抑制物价是其中很重要的一项工作。也就是以政治的力量干预市场价格,强制要求售价仅能限制在某种程度。而苏州各行业惯例在茶馆举行茶会,讨论市场价格与市场动向,因而成为汪伪政府的眼中钉,将之视为操纵物价的元凶而加以取缔。此外,报纸上也常见社论抨击茶会,将茶会视为商人聚集、以茶馆作为黑市交易之所,造成日用品涨价的趋势,故要求政府取缔。

尤其是1943年以后,苏州陆续发生多起政府取缔茶会、关闭茶馆的事件。苏州沦陷后有不少绍兴人移居于此,其中许多是锡箔业者。1943年6月,当地报纸"揭发"了锡箔业茶会操纵物价事件。锡箔业茶会在汤家巷的梅园茶馆,每天早晨挤满了锡箔业同业公会会员商与业外的囤户在此交易。当时市面成交价每块已高达600元左右,而官订限价是380元,此交易形同黑市,超过官订价格的60%以上。由是此茶会被视为非法操纵物价、导致物价上涨的黑市交易。虽然政府之前曾派员监视,但不久即撤回,于是又死灰复燃。报载之后,地方政府决定派员长期至茶馆监视此茶会活动,令其无法复活。[1]

同年7月,又见一起茶会操纵物价事件被报纸"揭露"。这段期间苏州市面上的日用品,如肥皂、洋烛、火柴等连续涨价,报纸新闻指出之所以如此,系有大批捐客从中操纵所致。又点名阊门外的

---

1 《箔奸商死灰复燃 茶会上卖空买空》,《江苏日报》,1943年6月14日,第3版;《当局再度密查取缔锡箔业非法茶会》,《江苏日报》,1943年7月1日,第3版。

福安茶馆，本来是小肥皂厂帮会聚集之所，后来竟被大量捎客所霸占，逐日狂喊拉抬，成交后从中渔利，导致物价愈来愈高，影响民生，遂要求当局重视此事件。[1]

最引人侧目的是发生在1944年4月间，"省长"勒令关闭玄妙观三万昌茶室事件。该事件由"江苏省长"陈群亲自下令，理由是该茶馆聚集米商操纵食粮价格，也就是米商的茶会组织被视为操纵物价的元凶，而茶馆受池鱼之殃被下令停止营业。不过，该茶馆业主事后呈请救济，当局以体恤商艰而准予启封复业。[2]

一个月不到，在该茶馆聚集的粮食业茶会又复活了，警局再度派员前去，逮捕了128名"米蠹"。如此是否真的能抑制物价呢？据报载因百余名粮食商人被捕，同业人心惶惶，虽然市面价格涨势短期未持续，不过市场买卖却显得相当冷清。[3]

1944年12月，伪省政府正式下令对茶会宣战，要求同业公会举办同业茶会只能在公会内举办，不得在茶馆举行，业外人不得参与，以免从中兴风作浪。此外，也开始派员到各茶馆查缉，若有人在茶馆内擅做交易，将以非法论处。[4]茶会的活动是否就此消声匿迹呢？事实证明虽然"省政府"取缔茶会，但仍有锡箔、五洋等少数

---

1 《奸商群集茶会拉抬造成日用品涨势 有关当局应即迅予取缔》，《江苏日报》，1943年7月23日，第3版。

2 《陈省长手谕执行禁闭三万昌茶室》，《江苏日报》，1944年4月5日，第3版；《三万昌茶室明启封复业》，《江苏日报》，1944年4月23日，第3版。

3 《三万昌米粮茶会昨又死灰复燃》，《江苏日报》，1944年4月30日，第3版。

4 《厉行取缔茶会借免奸商操纵》，《江苏日报》，1944年12月21日，第2版；《当局缜密策划取缔非法茶会》，《江苏日报》，1944年12月24日，第2版。

茶会不遵守当局法令，依然在茶馆内（福安居、梅园）活跃。[1]所以有社论认为，当局此举无法全面防止物价的操纵，官方取缔的效果实在有限，不如加强同业公会的制度以控制物价。[2]

有趣的是到战后，苏州茶馆里真正吃茶的茶客，反不如参加茶会的茶客来得多，后者占约七至八成。苏州城内的茶会不再受政府干预与取缔，像棉纱、黄金与珠宝的茶会在梅园茶馆，丝绸业在吴苑深处，三万昌茶馆仍是粮食业茶会之地，旧货与丝业茶会在春苑，账房的茶会在春园，彩云楼是房屋买卖业者的茶会之所。那些刺探商业消息顺带做黑市生意的人都去茶会，茶馆成了另类的商业战场。[3]

伪政府逐渐控制的公共空间

伪政府对茶馆在卫生方面的问题也愈来愈注意。其实，苏州茶馆向来不重视卫生，战前即已如此。韦泞《苏州的茶馆》一文，就生动地描述出茶馆的环境：

> 现在，我们且拉回我们的视线，向地板上望一下吧——嗯，我们假使真的抱定主意来喝茶（漂亮苏州人叫作"品茗"），我们最好是别把眼睛射到地板上——那地板，是一幅五色斑斓的大地图哪！

---

[1]《少数茶会依然活跃》，《江苏日报》，1944年12月28日，第2版；《银行资金流入市场刺激物价疯狂上涨当局今派员调查厉行取缔茶会》，《江苏日报》，1944年12月30日，第3版。

[2] 正夫：《亟须取缔茶会》，《江苏日报》，1944年12月30日，第3版。

[3] 蒋溪：《苏州的茶馆》，《中美周报》（纽约），第307期（1948年10月），第36页；《"天堂"的幽逸生活：苏州的茶馆》，《一四七画报》（北平），第5卷第4期（1946年），第10页。

湖泊是"痰",河流是"鼻涕",香烟屁股纸煤头是"山脉",且一爿爿黑色瓜子壳,错落其间,像是些大甲虫爬着似的。那些大甲虫,数目多得使人看了发麻,有时不免爬在湖泊或河流上,然而那是挺稳的哩,因为是黏性的湖泊河流哪![1]

1940年3月,伪江苏省政府移到苏州之后,"省卫生局"对辖内的卫生环境特别关注,曾函请警局将苏州城厢内外的茶馆列表,准备检查茶馆提供的饮水是否卫生。1940年6月,伪江苏省政府卫生机关公布管理饮食品业(含菜馆、茶馆)与旅馆业的卫生规则。1941年时"省卫生事务所"又进一步订定了《水灶肉铺卫生取缔规则》与《茶馆与水果食业卫生取缔规则》,规定茶馆需注意的各种卫生事项,而且该所会派员取缔并函请警局依妨害卫生之违警罚法处理之。[2]

茶馆因卫生问题遭查缉关闭者,也有实例。如1943年3月"省警局"曾经召集苏州境内的各个茶馆、酒楼、饭店、旅馆、浴室、游乐场所等业者聚会,指示公共卫生应注意的事项,并且派员到各个场所稽查。结果查到苏州著名茶馆吴苑不符标准,遭警局以卫生为由而停业三天,而且要求三天内改善复查后,方可复业,若再不合格,将吊销营业执照。到了该年6月间,如前所述,省粮食局又召集业者谈话,并筹组茶馆水灶业同业公会,讨论用水要注意卫生

---

[1] 韦泞:《苏州的茶馆》,《天明》(苏州),第3期(1935年),第10页。
[2] 《省卫生局将检查茶馆饮料是否煮沸》,《苏州新报》,1940年3月19日,第2版;《省令公布卫生机关管理各业规则》,《苏州新报》,1940年6月14日,第5版;《省卫生所订定茶馆水果业取缔规则》,《苏州新报》,1941年8月6日,第5版。

一事。显见地方当局逐步加强了对茶馆卫生方面的管制。[1]

伪政府对茶馆内的公共论坛也开始敏感起来，于是"禁谈国事"成了沦陷时期茶馆的禁令。也有作家在报纸撰文指出苏州的茶馆的确曾贴过"禁谈国事"的字条，而且也有人因为犯着禁条而受到处分。[2]1943年2月间，吴县当局召集各机关代表及民众四五千人，开联合协议会议，其中通过"严禁在茶馆、酒楼内妄谈国事以遏谣言"的议案，议决函请"省警局"布告严禁。[3]可惜这类相关的史料，可能因为太过敏感，留存者并不多。

小结

本章透过对苏州茶馆业的分析，发现除了被日军占领的初期，沦陷之后的苏州茶馆并没有就此而萧条，反而生意兴隆更胜于战前。即使到抗战后期物价飞涨，茶馆不得不涨价，却依然是高朋满座。这个结果与过去想象中抗战时期沦陷下城市生活的窘境有很大的落差。沦陷后苏州人热衷于出入茶馆，并不全然只是一种享受与

---

1 《吴苑茶馆忽视公共卫生停业三天示儆》，《江苏日报》，1943年3月16日，第3版。沦陷后期，伪省政府对茶馆所用的木柴都加以管制，以统一度量，甚至派员检查。参见《省会茶馆水灶》，《江苏日报》，1943年11月1日，第3版；《吴县茶馆水灶业同业公会通告各水灶店》，《江苏日报》，1943年11月3日，第2版。

2 履夷：《苏州茶寮巡礼》，《江苏日报》，1942年8月23日，第4版。

3 《吴联协会决议严禁茶肆酒楼谈国事》，《江苏日报》，1943年2月21日，第2版。

消磨时光而已，背后其实反映了一种集体的社会心理，也就是在对未来充满不确定感的情况之下，找寻走出苦闷的出口。

茶馆具有许多社会功能，是社交的重要场所，也是信息的重要来源地，同时又是交易买卖的商量地、民事纠纷的调解地，尤其"茶会"与"吃讲茶"是苏州当地茶馆的两大特色。茶馆也提供了许多娱乐的功能，茶馆通常附加书场，又提供许多点心，同时许多茶馆成了棋友的聚集地，较低层次的茶馆则成为赌徒聚赌之地。到沦陷后期，茶馆为求生存，且受到上海的影响，出现新型态的茶室，聘请乐队与歌女驻唱，提供新的娱乐以吸引茶客。同时也有招聘女招待的茶室与咖啡厅，成为吸引消费的一大利器。

由沦陷后苏州茶馆的同业公会可以看到从自治到国家控制的过程与矛盾。苏州茶馆业在战前成立的茶馆业同业公会，沦陷后逐渐恢复，其功能主要是在联合同业涨价。然而业者也在当局的强迫下，组成茶馆水灶业同业公会，其功能主要是配合当局平抑物价与管控卫生。两者其实有相当程度的矛盾，尤其是在价格的管控方面。

沦陷时期当局对苏州茶馆业的管控，不仅止于同业公会，我们可以看到当局逐步地扩大控制各个方面，包括治安、管理与卫生等，当局也逐渐强化控制茶馆内发生的社会暴力事件。然而，无论是吃讲茶评理或是聚赌所引发的暴力斗殴事件，都要比战前来得更为频繁，尤其是集体暴力事件达到空前的规模，此现象反映战争时期城市社会的不安与骚动。此外，当局因为要抑制物价，遂将茶会视为操纵物价的黑手而点名打压，甚有茶馆因此而关闭。至于当局对茶馆在卫生方面的监控，也是史无前例。从官方订立的许多详细的卫生规则，就可以看出这一点；而当局对于茶馆内的公共论坛，也明示"禁谈国事"。

  这些都说明了在沦陷区城市里的日常生活,即使是休闲生活,也往往无法脱离政治,政治的力量甚至更深入到人们的日常生活中。

第四章 "利市三倍"的菜馆

> 我真不懂,在目今生活高涨,度日维艰的当儿,一般酒菜馆的生意,莫不利市三倍,除了几家贵族化的味雅、新亚,和新开的绿宝、红宝之外,就是其余的观前老正兴、鹤园,以及阊外的仁和馆、五福楼等处,那一处不是"座上客常满,杯中酒不空",如此情景,真是"生意兴隆通四海,财源茂盛达三江"。
>
> ——独手:《闲话吴中四馆》[1]

菜馆看似是休闲消费的场所,却与城市住民的日常生活息息相关。菜馆业与茶馆业虽然同属于饮食服务业,但相对于茶馆经营需要更大的资本、更高的技术,而且消费价格也更高。在战时沦陷后的苏州,菜馆业者面对政治与经济的艰困环境,要生存应该较茶馆更难。但事实上菜馆业不但生存了下来,而且还是在战时体制下经营获利的最佳例子。本章将探析:苏州的菜馆业如何从萧条到复

---

[1] 《江苏日报》,1943年10月25日,第3版。

苏？业者们如何适应艰困的环境，在日本人与汪伪政权的统治下生存？苏州菜馆业"畸形繁荣"的背后，是否反映了社会与经济结构之转变？战时沦陷区的苏州菜馆业本身是否也发生了变化？再者，若从空间的角度来思考，像菜馆这样的休闲消费场所，在城市空间上的分布与变化反映了什么意义？本章利用GIS工具，配合历史地图，再输入苏州菜馆的地址，以呈现出不同时期的菜馆在城市空间上的变化，进而分析影响其变化的因素。[1]

---

[1] 就资料来源而言，GIS应用在研究上最重要的基本条件，就是要有质量很高的旧地图，作为定位的依据。苏州的城市地图近年来已集结出版，命名为《苏州古城地图集》，内容丰富，收录了自宋代至1949年各类苏州城市地图共19幅。还有多幅苏州城市图是该书未收者，如刘镇伟主编的《中国古地图精选》收录有一幅苏州巡警用图；日本出版的《中国大陆二万五千分の一地図集成》，有一幅军事测绘的苏州城市地图；日本的早稻田大学图书馆也收藏了一幅苏州城市图。

第一节　沦陷前期菜馆业的恢复

苏州自1937年11月沦陷后,直到1938年下半年,市容依然萧条,除了玄妙观内与宫巷里的少数菜馆与茶馆,如松鹤楼、观同兴、吴苑、桂芳阁、品芳等店生意还算不差,大部分的店面多未恢复营业。[1]唯独景德路因为是"自治会"各机关及日本的宣抚班、警备队、宪兵队等机构的所在地,成了城里最热闹的一条通衢,还设有许多日本化的商店、酒家与日本料理店。[2]大概在同时,开始有不少难民回到城内。至次年,苏州的市容渐次恢复。[3]

在1938年到1940年之间,苏州饮食业较引起外地人注目的,并非原有的菜馆,也不是新兴的日本料理店,反而是战前并不多

1　成:《劫后的天堂(苏州通讯)》,《小刊物》(上海),第4期(1938年7月),第60页;孟才:《苏州纪行》,《旅行杂志》(上海),第12卷第6期(1938年6月),第60页。

2　苏州的日本料理店在战前并不多,仅见《(最新)苏州游览指南》记有"繁乃家"一家,在盘门二马路。参见郑逸梅《(最新)苏州游览指南》,第75页。苏州的日本料理店在各沦陷区内都有开设,且生意颇盛。日人趋之若鹜,即国人好奇之士,也有登楼小酌者。参见金孟远《沦陷哀乐府》,收入《苏州史志资料选辑》,辑26,第73页。

3　颜克刚:《吴县民政状况调查报告书》,《县政研究》(南京),第1卷第8期(1939年5月),第38页。

第四章　"利市三倍"的菜馆

见，但此时却随处可见的咖啡馆。[1]这些咖啡馆写有"支那美人招待"的广告，所以女性杂志里的文章将慰安所与咖啡馆并列，指出这两处都是妇女在战争下被牺牲的代表：

进了慰安所的姊妹们，每晚拿到仅能糊口的几元钱。咖啡馆里的姐妹们，强摆着笑脸，侍候着他们（日军），在他们高兴的时候，也得出卖肉体。[2]

1940年3月汪精卫伪政权在南京成立，苏州在汪伪政权的统治下，成为伪江苏省的省会。[3]汪伪政权成立后，配合日方实行清乡运动，暂时稳定了沦陷区的秩序。[4]到了1940年年中，苏州的人口已接近战前之人口数，1940年之后的苏州菜馆业也开始有了新的发展。有的菜馆不再执着于单一菜系，像是著名的新亚酒楼不惜巨资聘请广州名厨，新增高等粤菜，但是原来的中西菜部依旧设置。新

---

[1] 战前苏州最著名的咖啡厅，乃1932年开幕的华盛顿咖啡厅，号称苏州"唯一"之咖啡厅，曾吸引不少青年男女。参见黑风《华盛顿之蜂蝶狂》，《大光明报》，1932年7月3日，第2版。

[2] 芷：《苏州妇女的生活》，《妇女界》（上海），第2卷第1期（1940年1月），第6页。

[3] 伪江苏省政府设在拙政园内，下辖秘书处、民政厅、财政厅、教育厅、建设厅等；又有直属机关公路局、卫生局、警务处、省金库、审核委员会、省会建设工程处，以及江苏省汽车轮船管理处。1941年6月以后，又成立两个重要的清乡机构：清乡委员会苏州办事处（位于十梓街信孚里16号）、第一区清乡督察专员公署（位于苏州城内元和路）。参见《江苏省公报》（苏州），第99、101、104、108、112、113等期（1940年）。

[4] 吴一心：《中国之抗战》，上海：中华书局，1948，第66页。

亚酒楼的广告号称其是观前街上唯一欧化设备的大酒楼。[1]此外，苏州还有不少新开设的菜馆，如观前街大成坊巷口的鹤园菜社，自开业以来，因著名的船菜独树一帜，使其营业极为发展。[2]不少菜饭馆重新开幕了，如一家80年历史的"老丹凤"菜馆，在扩充内部、改建门面后，于1941年5月开幕。[3]又如设置在宫巷太监弄的清真教门馆——大新央菜社，也是由旧的教门馆重新改组开幕的。[4]另一家也是位在宫巷元大昌酒栈隔壁的新开幕菜馆，乃号称汤团大王的元芳斋。[5]在护龙街砂皮巷的新聚丰菜馆还新辟了大礼堂。[6]

沦陷两年之后的阊门外大马路也逐渐恢复生机，在此新开设或重新装修的菜馆亦有不少，如别有天酒菜馆，号称洋式新建筑，门面焕然一新，聘请的是京沪名厨。[7]还有在原升平楼地址新开设的永安大酒楼，号称"新建广厦，雄视全苏"。[8]又如大马路姚家巷口的

---

1 《新亚酒楼新增高等粤菜广告》，《苏州新报》，1940年7月3日，第2版；《食在新亚经济粤菜》，《苏州新报》，1940年7月7日，第4版。

2 《鹤园船菜精美》，《苏州新报》，1940年7月16日，第3版。苏州传统的船菜原是在船上宴客食用的，因为此时旅游业已大不如战前，所以游船减少，船菜反而成了某些新兴菜馆的特色。

3 《老丹凤菜馆广告》，《苏州新报》，1941年5月2日，第5版；《老丹凤菜馆广告》，《苏州新报》，1941年5月3日，第2版；《老丹凤菜馆开幕八十周年纪念广告》，《苏州新报》，1941年5月4日，第2版；《省垣菜肴业放一异彩》，《苏州新报》，1941年5月9日，第6版。

4 《清真大新央菜社》，《苏州新报》，1940年9月4日，第1版。

5 《元芳斋汤团大王》，《苏州新报》，1940年9月7日，第6版。

6 《新聚丰菜馆新辟大礼堂广告》，《苏州新报》，1941年5月25日，第1版。

7 《别有天酒菜馆开幕露布》，《苏州新报》，1940年12月14日，第2版。

8 《永安大酒楼开幕预告》，《苏州新报》，1941年8月19日，第1版；《永安大酒楼新建广厦雄视全苏》，《江苏日报》，1941年12月2日，第2版。

正兴合记菜馆,可能是因为阊门外地处交通要道,来往的京沪人士不少,所以新开设了以京沪名厨为号召的菜馆。[1]

此外,苏州菜馆发达的另一个特色,就是利用女招待做号召,比起茶馆业者还要更早,成了业者营利之法,以此而业绩独旺者颇多。[2]不仅如此,就连苏州百货公司的食堂部,也以女侍应生为招牌,招考时还要求年龄要在17岁到21岁之间。[3]当时人所撰之《沦陷哀乐府》中有一首《女招待》如是形容:

新兴职业女招待,酒家菜馆估[雇]佣惯。酒家恃此樽不空,菜馆赖此客常醉。女招待,姿容媚,佳宾来,询酒菜。秋波流动够风麻,玉手殷勤劳把盏。幽情畅叙语呢喃,蹀躞[躞]往来捧一盘。海味山珍堆错落,清歌妙舞尽盘桓。有女侑酒客欢喜,醉翁之意不在味。任教随园食谱尽翻新,不及招待浓抹斗娉婷。[4]

可见女招待对菜馆业者而言,在吸引客人方面有极大的效果。其他只设男堂倌侍候客人的菜馆,相形见绌,令人有美中不足之感,唯

---

[1] 《正兴合记菜馆新开广告》,《苏州新报》,1941年9月22日,第2版。

[2] 早在1920年代末,苏州的游艺园与游乐场(如留园、苏州大世界)曾一度仿效上海雇用女招待,女招待因而成为当时苏州女性三大新兴职业,另两者为女行员与女剃头者,但是尚未见到菜馆聘用女招待的事例。参见山渡《吴门女子新职业谈》,《申报》,1929年3月13日,第19版。

[3] 《苏州百货公司食堂部招考女侍应生广告》,《苏州新报》,1941年5月10日,第1版。

[4] 金孟远:《沦陷哀乐府》,收入《苏州史志资料选辑》,辑26,第68页。

有靠味美、牌子老、名誉好，才可以一样座上客满。[1]另外附带一提，此时，有的苏州菜馆业者会到其他城市避难，开设菜馆维生。如上海的绿舫船菜社标榜的就是正宗苏州的船菜；又如湖南常德也有逃难的苏州人开设京苏菜馆。[2]

综观1940年以后苏州菜馆业逐渐复兴之原因，大致说来有两个方面。官方的说法是因为汪伪政权成立后，苏州地方安定，商业颇见振兴。再者，如第二章所述，上海到苏州的火车被游击队截留的频率渐少，铁路与水路的交通逐步恢复。自交通便利以后，位处京、沪中心的苏州因为往来旅客逐渐增多，或为谈生意，或为探望亲友，需要酬酢之所，故菜馆业应运而兴。

然而，上海报业所作的报道却指出菜馆业复苏的原因并非如此，而是因为逃难到城外的居民，随着城区秩序的稳定，再加上乡间多有盗匪与保安队的骚扰，于是渐渐迁回城来。但在万事皆空之下，回城的居民大都无法从事生产，为了勉强维持生活，仅恃余蓄设法摆摊子或做小生意，因此摊多成市，观前街上也恢复旧日的繁盛，以前的菜馆商店也陆续开设以维生。[3]而一般汪伪政府组织的新贵，则是挥霍甚豪，以致菜馆业、旅馆业与食品业反而较战前更加发达，城区甚至发展出新的商店街，如前述的景德路不但官署林立，又是往来的要道，再加上增设不少销售日货的洋行，市面呈现

---

1 《各地珍馐俱备菜馆业独见旺盛》，《苏州新报》，1940年8月26日，第6版；《菜馆苏徽两帮各作各的生意》，《苏州新报》，1941年1月17日，第6版。

2 赓雅：《在纪念失地的饭馆中》，《申报》，1939年3月6日，第3版；《吃在苏州——第三种苏州人》，《现世报》(上海)，第20期(1938年9月)，第11页。

3 大晨：《沦陷后的苏州》，《孤岛生活》(上海)，第1卷第2期(1938年5月)，第25页。

了畸形的发达。一般投机商人也抓住敌军的心理，开设商店，做他们的生意，尤以日式料理餐馆、镶牙、修钟表、图章刻印、照相业最受欢迎。[1]

第二节　菜馆业面临的难题

苏州的菜馆业虽见复苏，但接下来的发展，面临两项难关。首先是物价的飞涨，其次是伪政府在税捐方面的需索。以下分别论述之。

通膨与物价的飞涨

沦陷后苏州民生用品的价格，举凡米价、酒价、菜价、油价、煤价都逐年上涨。例如苏州酒业中销量最大的绍兴酒，其供应均仰赖本地土制酒厂，但因为战时制酒原料——食米的来源受到阻隔而价格高腾，以致从1939年开始酒的市价也逐年飞涨。当地报纸有"太白欲哭，醉乡从此不安"之说。[2]当地某些民生用品的物价之所以飙涨，直接导因于日军的搜括。就如同第二章论及物质统制所

---

[1] 《天堂变地狱沦陷四月来的苏州》，《申报》（香港），1938年4月7日，第2版；《日军铁蹄下苏州工商各业概况》，《申报》，1938年10月22日，第5版。因为当时良民、县民、住居、通行各证，均需要黏贴照片，因之照相馆林立，生意鼎盛。参见金孟远《沦陷哀乐府》，第68页。

[2] 《太白欲哭　醉乡从此不安》，《苏州新报》，1940年9月17日，第6版；《吴县绍酒业同业公会绍酒增价声明》，《苏州新报》，1940年9月16日，第1版。

述，自从苏州沦陷后，日军指使某些当地人成立所谓太久公司，对全苏的鲜鱼、菜蔬、水果等民生物资实施统制价格与销售，致使这类物价上涨50%以上。[1]不仅如此，日军还透过日本商人在本地购买白米，甚至还直接要求汪伪政府采办白米数万石，导致米价飞涨。[2]

这样的情况，迫使菜馆业者在经营上得小心翼翼，所以有些高级的酒楼因为开支太大，相继改组，存留者多是次等菜馆。[3]1941年后在报纸上常见到某菜馆因为经营不善而改组的消息，如胥门外新马路的老正兴菜馆，于1941年闰六月开幕后，生意清淡，所以来年初就改组了。[4]又如前述鹤园船菜社，至1941年底，也因为受到货价高涨的影响，亏损甚巨，无法维持，经召开股东会后决定停业。[5]其他的例子还有老通源菜馆、永丰号酒楼、护龙街的大华楼菜馆等，皆是类似的命运。[6]菜馆在改组时股东之间还有纠纷发生，闹到在报上登启示。如上述的老正兴菜馆，原由徐涛与人合股开设，但因地处僻野，营业衰落，以致陆续亏损；至1942年初徐涛倡议要股东再多投资，但各股东均抱持观望的态度，徐涛一气之下，即将该菜馆以4500元让给他人经营。旋为股东们知悉，即指徐氏私自出

---

1 《伪江苏省府召开伪县长会议》，《申报》，1938年10月25日，第7版。

2 《日商又在苏州吸收白米三万石》，《申报》，1940年1月24日，第8版。

3 《各地珍馐俱备菜馆业独见旺盛》，《苏州新报》，1940年8月26日，第6版。

4 《胥门外新马路老正兴菜馆启事》，《江苏日报》，1942年1月29日，第2版。

5 《姚啸秋律师代表鹤园船菜社清理账目召盘生财通告》《鹤园伙友临时菜社启事》，《江苏日报》，1941年12月4日，第2版。

6 《蔡寿康律师代表老通源菜馆声明清理债物召盘生财通告》，《江苏日报》，1942年1月5日，第2版；《永丰合记酒号并股声明》，《江苏日报》，1942年1月7日，第2版；《护龙街大华楼菜馆改组紧要启事》，《江苏日报》，1942年1月14日，第2版。

第四章　"利市三倍"的菜馆

让，要求他赔偿损害，因此发生冲突，互扯至该管警所。[1]

汪伪政权早期在稳定物价方面还算是有一定功效，特别是控制民生必需品方面有短暂的成效，例如苏州的食米、面粉、杂货等的物价都有回跌的情形。然而，这样的情况并未长久，从1942年下半年开始，尤其到了1943年以后，百物腾贵，菜馆业受到的影响极大；1943年1月苏州全城150余家菜馆因为受到食油涨价的影响而引起恐慌，同业遂联名希望当局予以特种配给。伪省政府经济局也只能回复，正在计划研拟配给办法。[2]为此汪伪政府祭出了各种控制民生物价的手段，首先是限价政策；接着又对食米、食用油与蔬菜肉类等与菜馆业关系甚密的原料，采取限价配给的政策；而且在制造与消费方面还推行限制酿酒造糕、提倡食用糙米与面食等运动。[3]在报纸上当局也大加吹嘘，抱持乐观的态度。[4]

1943年11月的苏州报纸上，汪伪政权号称其统制政策已收宏效，物价稳定。[5]实则，1943年下半年的苏州报纸里，显示米价飞涨、食油价格腾贵。[6]虽见不少对物价高涨的怨言，但社论里只敢

---

[1] 《私盘菜馆发生纠纷》，《江苏日报》，1942年4月14日，第3版。这类例子不少，又如观前街宫巷的中兴楼。该处原本是由魏星之开设的小饭店，因为资本过小，生意清淡。随后有马鸿伦者投资，将店重新装修，更名为中兴楼，生意渐好后，魏姓反以股东身分对伙友辈不满，宣称要退股而与马氏发生口角，闹到警所。参见《合资开饭铺摘股起纠纷》，《江苏日报》，1942年6月4日，第3版。

[2] 《菜饭馆购油困难》，《江苏日报》，1943年1月9日，第3版；华中师范大学中国近代史研究所、苏州市档案馆合编《苏州商会档案丛编》，第5辑下册，第1124页。

[3] 《简约消费　提倡食用糙米》，《江苏日报》，1943年1月17日，第3版。

[4] 《社论　再论限价问题》，《江苏日报》，1943年1月20日，第1版。

[5] 《统制政策宏效·省垣物价稳定》，《江苏日报》，1943年11月15日，第3版。

[6] 君斐：《米价飞升》，《江苏日报》，1943年12月19日，第4版；《食油创空前高价》，《江苏日报》，1943年12月25日，第3版。

怪罪奸商，不敢直指政策的失效。[1]对于限价政策也有许多批评，如有人以为限价政策导致黑市猖獗；而当市场物价已低时，却仍规定限价，反而比市价还高；或是认为限价并不彻底。[2]愈到战争的末期，日用必需品涨价的情况愈严重，几乎是"一片涨价声"。[3]而汪伪政府不断地在报纸上强调实施限价的政策决心，显然是执行得不够彻底。[4]

当1942年下半年发出限价政策时，菜馆业的原料市场上逐渐形成黑市，且日益猖獗。从1943年起菜蔬价与肉价持续高涨（中间偶有下跌），于是黑市盛行，菜馆业为了生存仍得高价购买以维持运作，以致于市上一般面馆与饭馆的主食、熟食品与蔬菜等，也未稍降价。[5]有些业者私自抬高价格，引起当局的注意，声称将严厉制裁。[6]如1943年1月，老正兴酒楼因未依当局限价政策而仍然涨价，遭当局处罚。[7]实际上业者多未遵行当局所规定之限价，如原规定面

---

[1] 夷：《骂奸商》，《江苏日报》，1943年11月11日，第4版；夷：《油瓢空》，《江苏日报》，1943年12月24日，第4版。

[2] 夷：《限价谣》，《江苏日报》，1943年4月2日，第4版；君斐：《限价》，《江苏日报》，1943年5月23日，第4版。

[3] 《省垣日用必需品售价竟任意高抬》，《江苏日报》，1944年3月21日，第3版；《省垣各项物价又呈暗越状态》，《江苏日报》，1944年7月8日，第3版；《一片涨价声》，《江苏日报》，1944年12月10日，第2版。

[4] 《当局抱最大决心澈底执行限价》，《江苏日报》，1944年8月30日，第3版。

[5] 《蔬菜售价漫升不已》，《江苏日报》，1943年1月16日，第3版；夷：《菜罢工》，《江苏日报》，1943年1月31日，第4版；夷：《限价谣》，《江苏日报》，1943年4月2日，第4版。

[6] 《白米面粉倾跌颇巨面馆饭店仍未减价》，《江苏日报》，1942年7月31日，第3版；《藐视功令面饭馆私自抬当局将严厉制裁》，《江苏日报》，1942年10月7日，第3版。

[7] 《抑制奸商暴利》，《江苏日报》，1943年1月20日，第3版。

馆业者的肉面是1元4角,光面每碗7角;但到1942年底,业者就以物价昂贵为由,透过同业公会函县商会转经济局,请求加价。[1]经济局也以体恤商艰,准予面馆业加价,规定光面每碗1元,鱼肉面每碗2元,汤包每10件1元6角,馒头每个不过3角。[2]然而,此后面馆业者仍不谨守限价的规定,所以报纸上仍见此类新闻,而同业公会也只能登报通告要求同业遵守。[3]

伪政府的税捐与统制

菜馆业者还面临另一个难题,也就是伪政府的需索。苏州自"维新政府"成立后,地方当局开征了旅馆、菜馆、汽水、卷烟及日用品等税捐。[4]至汪伪政权成立之后,从1941年2月起,吴县当局就开始针对菜馆业者实施筵席捐,但征收的对象改为顾客,由菜馆业者代收;且规定包括酒馆、饭馆、饭店、承包筵席之包厨,甚至是承办筵席的寺院庵庙等,都要按其规定向顾客收取5%的筵席捐。[5]虽然筵席捐早在战前就已开始征收,但此际菜馆业已历经战争

---

[1] 《面馆转函当局请求增价》,《江苏日报》,1942年12月30日,第3版。吴县的面馆业同业公会于1942年底筹备,于来年1月召开成立大会,参见《吴面馆业公会开发起人会议》,《江苏日报》,1942年12月21日,第3版。又如饼馒业者也有和面馆业者相同的加价要求,参见《饼馒业请增价》,《江苏日报》,1943年5月1日,第3版。

[2] 《苏垣食油公卖平民难受实惠》,《江苏日报》,1943年1月10日,第3版。

[3] 《面馆业者漠视限价》,《江苏日报》,1943年5月18日,第3版;《吴县面馆业同业公会紧要通告》,《江苏日报》,1943年5月19日,第3版。

[4] 《吴县伪署举征各种苛税》,《申报》,1939年9月11日,第6版;《吴县伪署赋税短收》,《申报》,1939年11月26日,第8版。

[5] 《吴县取缔菜馆特捐改征筵席捐》,《苏州新报》,1941年1月30日,第5版。

的损失，才不过正要开始恢复经营，而且当局的征收范围又比战前更广，业者非常担心顾客因此而不上门。

沦陷前期的苏州菜馆业者，可能是为了应付新征的税捐，遂于1941年2月，由鹤园经理张之铭等积极筹组，重新成立了吴县菜馆业同业公会。[1]随即在报上刊登启事，声明聘请庄骧律师代表吴县菜馆业同业公会发出紧急通告，言明因为政府要求业者代收筵席捐，但有鉴于发生不少顾客拒绝纳捐之事例，让业者一致决议将捐册送还给稽征所，请求政府直接派员前去征收，因此与地方当局决裂。[2]此时吴县财政局则坚持其"公权力"，毫无妥协的余地，执意要菜馆业者向客人代收筵席捐，而且还在报纸上刊登通告，声明："顾客亦不得抗缴短付"，[3]最终菜馆业者仍得按照当局的规定执行。

相对于战前的业者敢于公然罢市，或透过同业公会公开反对，进而使地方当局屈服的情形，此时期业者与同业公会的力量已今不如昔。实则吴县当局在开征筵席捐之前，对菜馆业者的管制已渐趋严格。如规定在开业前，需填具营业许可申请书，再缴执照费用，再由该管警所转呈警局后才核发执照，方可营业。[4]

到沦陷后期，汪伪政府对菜馆业在内的饮食相关行业的组织管控更加强化。上一章已提到1943年3月25日，汪伪政府公布"工商

---

1 《菜馆业公会举行成立典礼》，《苏州新报》，1941年2月23日，第5版。

2 《庄骧律师代表吴县菜馆业同业公会紧要通告》，《苏州新报》，1941年3月2日，第5版。

3 《庄骧律师代表吴县菜馆业同业公会驳覆筵席捐稽征所》，《苏州新报》，1941年3月4日，第2版；《江苏省吴县财政局筵席捐稽征所通告》，《苏州新报》，1941年9月23日，第2版。

4 《经营酒楼菜馆业应先呈局领照》，《苏州新报》，1941年1月21日，第5版；《省警局严禁酒楼菜馆座客携带违禁物》，《苏州新报》，1941年5月26日，第5版。

第四章 "利市三倍"的菜馆

业同业公会暂行条例",强调同业公会的组织任务,是以协助当局推行经济政策为宗旨。[1] 接着在1943年6月间,"江苏省粮食局"委令指派成立新的酒菜饭馆同业公会,由官派的吴钧贤为主任,原主任张之铭反成了副主任。[2] 从此,新的酒菜饭馆同业公会成了为政治服务的民间团体。[3] 当时汪伪政府的许多法令政策都是通过同业公会来宣传与实施,同业公会成了伪政府的传声筒。

沦陷后期的汪伪政府对菜饭馆业的需索益加严厉,1943年1月,汪伪政府下令原来的筵席捐征收方式,由认包制改为直接由各级政府委办征收,以直接征收为原则,必要时由商会认办。[4] 到了1944年,如第二章中所提及的,汪伪政府开始扩大征收消费特税,其中包含筵席旅馆税,而且提高到15%;1945年更改为累进制,最低是15%,最高是40%,如此形同变相加税。[5]

此外,还有一些事件可以说明当局对菜馆业的管制。

其一是关于卫生管控的加强。1940年2月"江苏省卫生局"开始着手调查苏州的菜馆、酒楼与旅馆之卫生状况,函请警局配合查

---

[1]《江苏经济工作进展状况》,《江苏日报》,1944年3月28日,第3版。

[2]《吴县酒菜饭馆业同业公会筹备会征求会员通告》《点心酒菜饭馆业公会筹备人选决定》,《江苏日报》,1943年6月12日,第2版、第3版。

[3]《吴菜馆业公会昨改选理监事》,《江苏日报》,1943年2月21日,第3版。该报道说明该公会最重要的任务是:"把握着国策与党纲,参加现地的清乡工作。"

[4]《财厅本年新计划》,《江苏日报》,1941年1月1日,第2版;《整理各县筵席捐》,《江苏日报》,1943年4月8日,第2版。

[5]《奢侈品消费特税昨起调整税率》,《江苏日报》,1944年7月16日,第2版;《筵席旅馆课税章程》,《江苏日报》,1945年1月3日,第3版;华中师范大学中国近代史研究所、苏州市档案馆合编《苏州商会档案丛编》,第5辑下册,第904—905、908—910页。直到战后才宣布废止筵席捐这类消费税,参见《消费特税停止征收》,《江苏日报》,1945年8月18日,第2版。

明，要求业主列表回复，以凭查核取缔。1940年3月，吴县警所也公布取缔酒楼饭店卫生设备的暂行规则，尤其特别的是规定染有肺痨、花柳、传染病者之伙友不得在店内操作。[1]1940年6月，伪江苏省政府公布卫生机关管理饮食业（包含酒楼、茶馆、菜馆）与旅馆业的卫生规则，内容相当详尽细致。[2]这些卫生的规定并非只是具文而已，如在1942年12月时，"江苏省卫生事务所"以夏季流行病猖獗为由，要求积极管理公共卫生，于是有四家菜馆业者被拘捕讯究，这四家皆是位在太监弄的菜馆，分别是上海老正兴、北平老正兴、苏州老正兴、鸿兴馆等。[3]1944年"省警局"还订出了管理酒楼、饭店、点心店的暂行规则，共21条；其中第7条到第20条都是要求业者实施卫生的相关规定，并且指出违反规则者将被吊销执照，勒令停业。[4]

再者，沦陷后期汪伪政权推动"新国民运动"时，又推行一系列跟饮食业有关的"节约"政策。如1942年政府要求菜馆业者一律以"新国民筵席"供应顾客，自7月7日到10日，实施4天，规定每席8菜计32元。凡顾客另点菜肴者，不得超过"新国民筵席"所定价格二分之一。[5]1943年7月间，省当局以节约米粮、促进身体健康

---

1 该年3月也对城市茶馆进行了调查列表，准备检查饮水的卫生（详见第三章第四节）。

2 《卫生局调查酒菜旅馆卫生设备》，《苏州新报》，1940年2月21日，第5版；《酒楼饭店卫生设备应受警所检查》，《苏州新报》，1940年3月31日，第5版；《省令公布卫生机关管理各业规则》，《苏州新报》，1940年6月14日，第5版。

3 《菜馆妨害卫生四家被拘讯究》，《江苏日报》，1942年12月13日，第3版。

4 《省会警局管理酒楼饭店点心店规则》，《江苏日报》，1944年8月19日，第2版。

5 《菜馆业新运示范以新国民筵席供应顾客》，《江苏日报》，1942年7月3日，第2版；《虞王县长倡导新运菜宴客》，《江苏日报》，1942年10月17日，第3版。

第四章 "利市三倍"的菜馆　　153

为由，下令规定每月8日、9日两天，所有的菜馆一律全售面食，此政策由"粮食局"下令，同业公会遵办与宣传。[1]到了1943年年底，公布了"新国民酒饭节约暂行办法"，要求苏州酒饭菜馆业同业公会转知遵行，其中规定酒类限购数量、筵席不得超过1000元、每月有两日仅售面食、业者须设计新国民客饭与提倡新国民酒宴等。[2]粮食局又饬令菜馆业推行"新国民筵席"及"节约菜"两种，由菜馆业公会登通告，于来年元旦开始实施。[3]1944年开始实行的食糖配给制也是交由菜馆业同业公会执行。[4]到了1945年因为粮食吃紧，政府甚至希望菜饭馆一周有一日只供应杂粮。[5]

第三节　沦陷后期的畸形发展

1942年下半年以后，苏州菜馆业的发展又进入另一个阶段。这时期呈现了矛盾的两面，一面是整体经济情势的恶化与当局控制

---

[1]《提倡面食运动宣处规定每月八九日菜馆业全售面食》，《江苏日报》，1943年7月23日，第3版；《菜饭馆全售面食》，《江苏日报》，1943年8月3日，第3版；《苏省推广面食运动》，《江苏日报》，1943年8月6日，第2版。

[2] 华中师范大学中国近代史研究所、苏州市档案馆合编：《苏州商会档案丛编》，第5辑下册，第1360—1361页。

[3]《粮食局饬令菜馆业推行新国民筵席》，《江苏日报》，1943年12月21日，第3版；《吴县酒菜饭馆业同业公会为实施新国民筵席通告》，《江苏日报》，1943年12月29日，第2版；《新国民节约饭菜》，《江苏日报》，1943年12月30日，第3版。

[4]《吴县酒菜馆业同业公会通知》，《江苏日报》，1944年3月8日，第2版。

[5]《小评——面子与肚子》，《江苏日报》，1945年7月14日，第2版。

的强化,一面是菜馆业呈现出的欣欣向荣之景,甚至超过战前的情形。

此时期菜馆业者的生存,受到上述经济与政治两方面的制约与影响。经济上受物价飞腾的影响甚深,政治上又受到当局的管制与税捐的剥削。即使如此,此时期苏州的饮食业,包括菜饭馆与茶馆等,却都呈现了一片欣欣向荣之景,甚至远比战前还要盛,报纸常指称这是一种"畸形"的发展。就如同本章首页所引用1943年《江苏日报》的社论,形容当时的菜馆业"莫不利市三倍"。该报同时期也有别的社论,指出当时大家都叹过活难时,苏州的旅馆、酒馆、茶馆等,却是拥挤不堪,生意兴隆。[1]

再从几方面可以看到菜馆的经营比其他饮食业者要好。如菜馆业职业工会到1943年1月才成立,时间上较茶食糖果业职业工会为晚,和茶馆业职工一样皆未发生任何劳资纠纷事件,不像茶食糖果业职工曾发动多次罢工加薪运动,显见菜馆业职工的生活尚可。[2]因为菜馆的生意好,所以在报纸上常常可以看到发生在菜馆的冲突与犯罪案件,如窃案频发,菜馆拒绝挂账而伙友遭客怒击,或是食客因为叫菜与店伙殴打冲突。当然,也并非所有经营菜馆者皆能盈利,此时期仍有不少菜馆因经营不善而改组停业,如义记万福楼菜馆改出租给新记万福楼菜馆。[3]还有不少著名的菜馆,因为业主无意

---

[1] 王予:《市面繁荣》,《江苏日报》,1943年2月27日,第4版;《在酒楼上》,《江苏日报》,1943年3月27日,第4版。

[2] 《吴菜馆职工会昨开成立大会》,《江苏日报》,1943年1月31日,第3版。刚开始参加登记者并非全部的业者,参见《吴县菜馆业职业工会紧急通告》,《江苏日报》,1943年5月14日,第3版。

[3] 《万福楼菜馆出租受租启事》,《江苏日报》,1942年11月19日,第2版。

经营而转手他人，其中不乏著名之老字号，如老正兴酒楼、中兴和记酒楼与虎丘正源馆。[1]也有因为转手经营者太多，与原房屋地主承租关系不明确，而导致纠纷者。[2]

纵然此时期菜馆业的经营受到经济与政治两方面的制约与影响，却仍然能生存，甚至繁荣超越战前，显见菜馆业者已发展出一套应付政经变化的生财之道。报纸即载苏州各菜馆在1943年中以后，即使百物腾贵，但业者也"高抬菜价"，原来经济当局所订之限价制成了过去的名词，所以该业利润往往超过原本一半以上。再者，苏州的物价虽然高涨，但粮食价格只有上海的一半，无怪乎饮食业仍可维持相当程度的繁荣。[3]关于筵席捐的问题，菜馆业者也逐渐摸索出应付之道，亦即地方政府虽改为直接征收，但因手续繁复，故仍委托由业者转收，结果给了各店中饱私囊的机会。[4]

菜馆业之所以如此兴盛，当与消费者结构的变化有极大的关系。如同第二章所提及的，此时期的公务人员、流动商人、外地移民等等，成为苏州新兴消费层的主要组成，于是造就大量的消费需求。一位上海《申报》的记者就形容道："吴人考究饮食不亚粤省，尤其时代红儿囤积暴发者，骈集省垣，非独该业座上客常满，即一

---

1 《唐慎坊律师代表老正兴酒楼并股声明》，《江苏日报》，1943年4月3日，第3版；《中兴和记酒楼启事》，《江苏日报》，1943年4月22日，第3版；《虎丘正源馆启事》，《江苏日报》，1944年8月30日，第1版。

2 《阊门外老正兴菜馆昨被强制执行迁让》，《江苏日报》，1943年10月12日，第3版。

3 赵一山：《东山之旅》，《申报》，1945年3月25日，第3版。

4 《菜馆抬价》，《江苏日报》，1943年8月20日，第3版。

般旅馆客店、莫不利市百倍。"[1]

新兴菜馆的出现

这时期苏州另有许多新的菜馆开幕，而且菜系更加多元化。除了战前的诸菜系之外，另增加了北京、上海与四川等地方菜系的菜馆。如新的西菜馆还有鸿运咖啡厅、新华茶室。最著名的是新开的红宝茶室，位在北局太监弄，而且还招聘了女侍。[2]同样位在太监弄的还有上海老正兴菜馆。[3]养育巷中花街巷口有新开幕的老天兴菜馆，也是以京、沪名厨的圣手为号召。[4]北局开明戏院对面有上海菜饭店，聘请的是苏、沪名厨。[5]护龙街新开大华协记酒楼，也是特聘京、沪名厨，专办高级筵席。[6]前述改组过的宫巷71号北京中兴和记酒楼，是以涮羊肉锅与北京烤鸭等京菜为号召。[7]宫巷100号的广东雪梅酒家，号称苏州唯一粤菜馆。[8]阊门外有新型的四川菜馆开幕，名为永安川菜馆。[9]同样是在阊门外大马路，还有新开的别有天菜馆，但菜

---

1 闵贤：《吴县近况》,《申报》,1944年10月26日，第2版。

2 《红宝茶室招聘女侍》,《江苏日报》,1942年7月6日，第3版；《红宝茶室广告》,《江苏日报》,1942年7月30日，第2版。

3 《太监弄上海老正兴菜馆启事》,《江苏日报》,1942年7月14日，第2版。

4 《新开老天兴菜馆礼堂广告》,《江苏日报》,1942年10月1日，第4版。

5 《上海菜饭店广告》,《江苏日报》,1942年10月3日，第3版。

6 《大华协记酒楼广告》,《江苏日报》,1942年10月30日，第3版。

7 《北京中兴和记酒楼广告》,《江苏日报》,1942年10月29日，第3版。

8 《广东雪梅酒家广告》,《江苏日报》,1942年10月22日，第2版。

9 《新型四川菜馆即将开幕广告》,《江苏日报》,1942年10月1日，第4版；《永安川菜馆广告》,1942年10月9日，第4版。

第四章 "利市三倍"的菜馆

系不明。[1]同一区还有新开的金门菜社。[2]老店也纷纷重新装修开幕,如位在观前大街北仓桥畔的新亚酒楼,与位于观前街宫巷中40余年的老义昌福酒楼。[3]当然,此时期许多菜馆推出的招牌,不再是单一地方菜系的特色菜,而是综合多个菜系。如观前街东角门口的大东茶室酒楼,兼有京、苏名菜以及粤式茶点。[4]

这里可以看到,以地方菜系为特色的菜馆出现了很大的变化。首先是徽菜馆在战前的苏州曾经占有一席之地,如今则渐趋没落,较著名者仅剩老丹凤一家。战前的《旅苏必读》记苏州有11家徽菜馆,《苏州指南》记有10家;但到了1942年苏州菜馆业同业公会的名册里,42家菜馆中,只剩下5家业主是徽州籍;到了1945年的会员名册里,155家菜馆里只见其中3家了。徽馆由盛转衰与徽商的势力衰弱不无关系。同样的情况亦曾发生在上海。[5]

更重要的是上海方面的影响力愈加明显。"上海菜"在战前的苏州并没有任何特出的地位,当时苏州菜馆鲜少是标榜"苏、沪名厨"或"京、沪名厨"的,到了扩张抗战时期却成了菜馆招徕客人的重要标语。上海菜系的菜馆也逐渐抬头,而许多苏州的菜馆其实就是上海菜馆的分店。例如著名的上海老正兴,创设于1862年,是由弄堂的小饭摊逐渐发展起来的。"孤岛"时期的上海忽然盛行起

---

[1] 《别有天菜馆广告》,《江苏日报》,1942年10月23日,第2版。

[2] 《金门菜社广告》,《江苏日报》,1943年4月29日,第3版。

[3] 《老义昌福广告》,《江苏日报》,1942年12月14日,第2版。

[4] 《大东茶室酒楼广告》,《江苏日报》,1942年12月1日,第4版。

[5] 徽馆在上海的历史,参见唐艳香、褚晓琦《近代上海饭店与菜场》,上海:上海辞书出版社,2008,第44—53页。

本帮菜,老正兴就成了本帮菜的代名词。[1]到了1940年代传入苏州,成了当地著名的菜馆。不仅如此,即使是四川菜其实也是由上海引进的,如上述的永安川菜馆实则是上海锦江菜馆的分部。[2]

音乐咖啡座

苏州的酒楼、菜馆、饭店甚至还兼营游乐场或有表演娱乐节目。盖因受到上海风气的感染,无论是粤菜馆或咖啡厅,都邀请女子唱歌、乐队伴奏。[3]如老牌的新亚饭店,附设咖啡室与茶室,兼卖西餐、粤点。而且还有上海乐队演奏。新华茶室咖啡馆也有歌场与表演。[4]这里要特别提出的是菜馆兼营咖啡座,在抗战后期的苏州成了特殊景观。除了上述的新亚饭店,如以船菜著名的鹤园,其铺面则是新设有红豆咖啡馆。[5]万利酒楼设有梦蕾咖啡茶座,聘请上海乐队伴奏。[6]上海作家黄果夫在1944年到苏州旅游时的记录,描述观前街换上一副新面貌:不但增加许多咖啡馆,就连专卖船菜的鹤园的外貌,也都改换新装,刺眼的霓虹灯上写着"音乐茶座""CPC咖

---

[1] 上海的本帮菜馆最初只是下层人民就餐之所,民国以后渐渐改变了,到了1920年已有少数高级的菜馆成立。参见唐艳香、褚晓琦《近代上海饭店与菜场》,第86—87页。

[2] 抗战时期上海菜馆的外来菜系中,粤菜最为风行,而川菜次之。著名的锦江菜馆向来重视内部的装饰美观,而且也注意改进菜肴。参见唐艳香、褚晓琦《近代上海饭店与菜场》,第69页。

[3] 寡人:《闲话苏州》,《三六九画报》(北平),第30卷第5期(1944年),第7页。

[4] 《新亚饭店广告》,《江苏日报》,1942年11月10日,第3版;《新华歌场咖啡馆茶室广告》,《江苏日报》,1943年7月15日,第3版。

[5] 《鹤园广告》,《江苏日报》,1943年8月5日,第2版。

[6] 《万利酒楼广告》,《江苏日报》,1945年2月4日,第2版。

啡""歌唱明星××女士日夜伴唱"等字样。[1] 又如新亚饭店也设有音乐咖啡茶座,还特聘上海歌星刘勤小姐与爵士乐队伴奏。[2] 而且咖啡的价格颇高,但是当地人似乎毫不在乎,一位到苏州出差的上海记者就说:"咖啡茶室及酒菜饭馆应有尽有,咖啡索费之昂,倍于海上。记者莅苏第二日下午约友小叙,三人各饮咖啡一杯、饼二枚,临行所费一零零十张,不无吝惜。"[3]

音乐咖啡座在苏州当时盛行一时,不但有乐团,还有女招待。《江苏日报》载有一文描述时景,并带有严厉的批评:

苏州有不少人须要新的刺激,有不少人肯挖空心思的供应新的刺激,于是有声有色有香有味的音乐咖啡座就自十里洋场移来古城里了。有菜馆的划出一方地位来布置,没有地盘的挖一块地方来号召,然后招兵买马般的凑一班乌合的洋琴鬼,以"待遇很丰"拉拢几位"二十岁左右,文字清通,姿色秀丽"而就在广告上称作"个个美丽"的女招待,取上个名儿挂起市招来,那样怪风雅的"红豆""南国""红宝""绿宝"以及行将开幕的"红叶"之类。[4]

另一文则是批评音乐咖啡座是"把生意建筑在女人身上",又形容观前街一带的荣景,实与现实相反的矛盾:

1　黄果夫:《苏州印象》,《杂志》(上海),第12卷第6期(1944年3月),第47页。
2　《新亚饭店广告》,《江苏日报》,1943年11月3日,第4版。
3　闵贤:《吴县近况》,《申报》,1944年10月26日,第2版。
4　喜金芝:《新的刺激——音乐咖啡座》,《江苏日报》,1943年11月24日,第4版。

图 4-1：《江苏日报》所绘之音乐咖啡座插图
资料来源：《江苏日报》，1943年11月24日，第4版。

　　刻意的装潢着，刻意的把生意建筑在女人身上，于是它们便利市三倍了。走过观前一带所看到的，便是什么所谓新型咖啡馆了，不三不四的音乐，红嘴唇的女郎，充满了低级趣味化的色彩。更想到现在正是一个共苦的时代，正是一个提倡节约的时代，为什么事实适与此相反呢？[1]

虽然红宝、新亚等饭店曾因咖啡馆兼营舞业，遭警局以有碍节约而取缔。不过，音乐咖啡座似乎并未因此而销声匿迹。[2]

---

[1] 君斐：《咖啡座上》，《江苏日报》，1943年12月6日，第4版。
[2] 《咖啡馆兼营舞业》，《江苏日报》，1943年10月29日，第3版。

第四章　"利市三倍"的菜馆

1944年3月以后，汪伪政府开始实施节约生活政策，举凡"奢靡化"的酒菜馆与娱乐场，"均有违战时简约简素生活原则之规定"，要严加取缔，改营简易娱乐及平民食堂。[1]4月以后开始推"扫除糜烂生活"的"新国民运动"，这波运动里地方当局也积极筹划所谓经济食堂，或将苏州的高级酒菜馆改为平民食堂。[2]又宣传不进咖啡厅，切实取缔青年人滞留咖啡厅的政策。在节约风尚的管制政策下，苏州的娱乐业生意清淡，咖啡馆也是门可罗雀。[3]

第四节　菜馆空间分布的变化

明清以来苏州的商业中心一直是在城西北的阊门与胥门一带，以及城外上、下塘街和山塘至虎丘的三角地带。如此城内、城郊联成一气，形成当时苏州主要的商业重心。饮食服务业的酒楼茶坊在空间分布上的中心之一，就是阊门附近与阊门外的虎丘山塘一带。次要的中心则是城内的玄妙观附近。这样的情况到了咸丰十年（1860），在历经太平军战争之后，呈现了些许的变化。过去最繁荣

---

1 《整饬国民生活东联南京分会吁请当局取缔高级娱乐场酒菜馆》，《江苏日报》，1944年3月26日，第1版。

2 《改善酒菜饭业》，《江苏日报》，1944年4月25日，第3版；《省会高级酒菜馆改营平民食堂》，《江苏日报》，1944年9月22日，第2版。

3 《不走进咖啡厅》，《江苏日报》，1944年9月20日，第2版；《新运会切实取缔青年迷恋咖啡厅》，《江苏日报》，1944年9月29日，第3版。

的虎丘山塘地区，遭受空前的浩劫。太平军尚未占领苏州时，清军就采坚壁清野之策，在苏州最热闹、市场最集中的阊、胥二门外放火焚烧城外的民房，烈焰四起，连烧十里许，三昼夜不停，而溃勇也趁机抢掠。[1]

战后商业重心最大的变化，是原来最热闹的阊、胥、盘三门都成瓦砾，反而不如齐、娄两门来得繁荣。[2]阊门以内愈往城内中心的地区，复原的情形愈好。[3]由于城内东半部损失较小，使得临顿路一带市面迅速发展，颇为热闹。《吴中食谱》记道："盖自临顿桥以迄过驾桥，中间菜馆无虑二十余家。"[4]尤其是城中心的玄妙观附近，受灾较轻，且玄妙观本身亦安然无恙；再者天国王府大多建于城东一隅，城东购买力的增强，使得太平军战后的观前街较以往反而更为兴盛，取代了阊门内外一带，成为苏州最重要的商业中心。[5]原来在阊门一带的商店都转移至此，饮食业也集中于此，同治（1862—1874）、光绪（1875—1908）年间，观前街的酒楼、饭店、饮食店逐渐增多，程瞻庐《苏州识小录》即指出当时苏州城内有著名的四大街，性质各异，其中的观前街就是以"食铺林立"闻名。[6]

---

[1] 戴熙:《吴门被难记略》，收入《中国近代史资料丛刊续编·太平天国》，第4册，桂林：广西师范大学出版社，2004，第396页。

[2] （清）龚又村:《自怡日记》，收入《中国近代史资料丛刊续编·太平天国》，桂林：广西师范大学出版社，2004，第6册，卷23，同治三年五月二十日条，第149页。

[3] 赵烈文:《能静居日记》，收入《中国近代史资料丛刊续编·太平天国》，桂林：广西师范大学出版社，2004，第7册，卷20，同治四年二月十四日条，第300页。

[4] 转引自王稼句《姑苏食话》，第166页。

[5] 参见朱宏涌《漫话苏州商市变迁与观前街的发展》，收入《苏州文史资料》，辑18，第105—106页。

[6] 转引自王稼句《姑苏食话》，第166页。

到了19世纪末，随着沪宁铁路筑成以后，再加上大马路修通，商业重心又发生变化。沪宁铁路大大缩短苏州与周边城市，特别是与上海之间的距离。[1]苏州火车站设在北边平门外一带，自从铁路开通后，此地的商贸更形繁荣。观前街原有许多店铺纷纷在此设立分店，生意极好。(参见图4–2）

进入民国之后，《旅苏必读》、《(居游必携)苏州快览》、《(最新)苏州游览指南》与《苏州指南》上记载的苏州菜馆位置展现了1920年代中叶到1930年代中叶苏州菜馆的空间分布，笔者将分布情况制成图4–3。图4–3中所呈现的点是当时菜馆的位置，而有颜色的圆形是利用QGIS程序所制成的热力图示（heatmap）。该图示是以半径250米为范围，来呈现该范围内菜馆的数量，颜色愈深代表该范围内的菜馆数量愈多、愈集中。大抵上菜馆的空间分布是延续19世纪末的发展趋势，阊门外大马路沿线、观前街及其附近的宫巷、临顿路，以及养育巷一带是大多数菜馆的集中地区。据《申报》中的《归苏杂记》所载，1920年苏州观前街有饭店40多家。[2]晚清火车站的设立带动阊门外大马路的市容恢复繁荣，因1907年3月由阊门外大马路口到火车站的公路竣工，[3]菜馆业者也陆续在车站邻近大马路一带择址兴建菜馆，如广济桥、鸭蛋桥、阊门吊桥一带，饮食业日盛一日。[4]相对地，民国以后火车站一带的菜馆业却无太大的发展，反不若阊门外大马路沿线。

1　张海林：《苏州早期城市现代化研究》，第63—70、73—74页。

2　符赤：《归苏杂记(下)》，《申报》，1920年4月9日，第14版。

3　具：《马路工竣》，《申报》，1907年3月2日，第10版。

4　王稼句：《姑苏食话》，第166页。

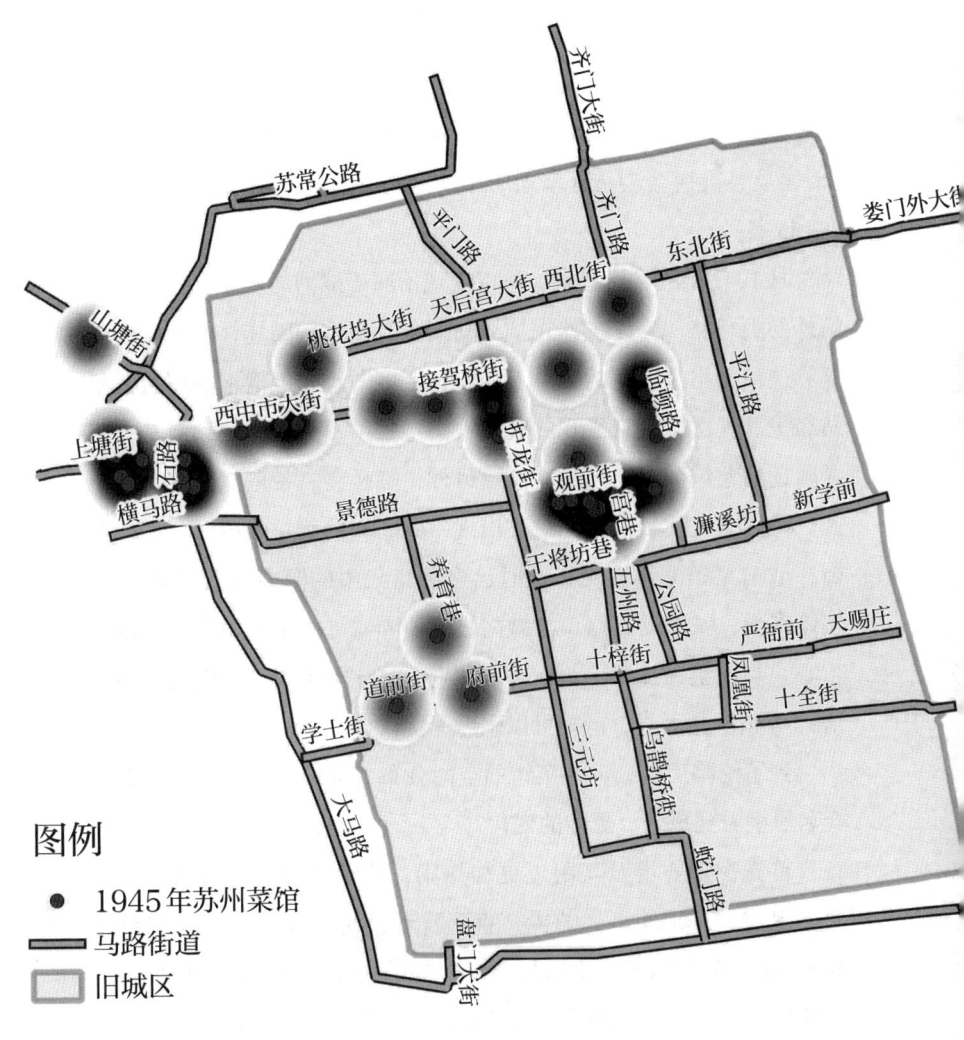

图 4-4：1942 年苏州菜馆分布

资料来源：苏州市档案馆藏苏州商会档案，档号 I14-013-0017-036，《吴县菜馆业同业公会：会员名册》（1942年1月1日）；底图根据1940年汪伪政府所绘《吴县城厢图》重制。

苏州沦陷后关于菜馆空间分布的情况，可以从苏州菜馆业同业公会的名册看出端倪。现今苏州市档案馆藏有两份重要的抗战时期菜馆业同业名单，一是1942年的《会员名册》，一是1945年记录的《请领吴县县商会会员证清册》。[1]前者记载有菜馆42家，后者记录有155家。

从1942年的名册看来，可以发现不同于战前的变化。首先是阊门外的大马路一带，虽然在抗战初期遭受严重的破坏，但至此已见复苏迹象；不过菜馆的数量不如昔日之多，且不似清末时期向火车站靠拢。其次，是玄妙观的观前大街仍是菜馆的集中地，但是太监弄附近的菜馆数量已超过宫巷。另外，临顿路一带依然是菜馆集中区。特别引人注目的是此时还出现一些新兴的菜馆集中区，如护龙街在战前菜馆并不多见，此时已有菜馆集中的倾向。（参见图4-4）整体来看，城外的石路口与城内之太监弄二处，是菜馆集中的两大重心。当地菜馆比栉开设，苏州人称之为"饭店弄"。因此，谑者谓："苏州毕竟天堂，老饕可以恣纵无忧。"[2]

到了沦陷后期，苏州菜馆的空间分布，可以从1945年的同业公会名册里看到更大、更多的变化。

首先，观前街及其附近更加热闹，菜馆的分布一直从大成坊巷、观前街，延伸至太监弄，直到宫巷、松鹤板场为止。（参见图4-5）这一带又称为"北局"，号称"苏州人的销金窟"。1941年伪江苏省的建设处曾将附近的道路修宽，可供两辆汽车对驶，还有人

---

[1] 苏州市档案馆藏苏州商会档案，档号I14-013-0017-036,《吴县菜馆业同业公会：会员名册》(1942年1月1日)；苏州市档案馆藏苏州商会档案，档号I14-013-0017-095,《吴县菜馆业同业公会：请领吴县县商会会员证清册》(1945年5月1日)。

[2] 《各地珍馐俱备　菜馆业独见旺盛》，《苏州新报》，1940年8月26日，第6版。

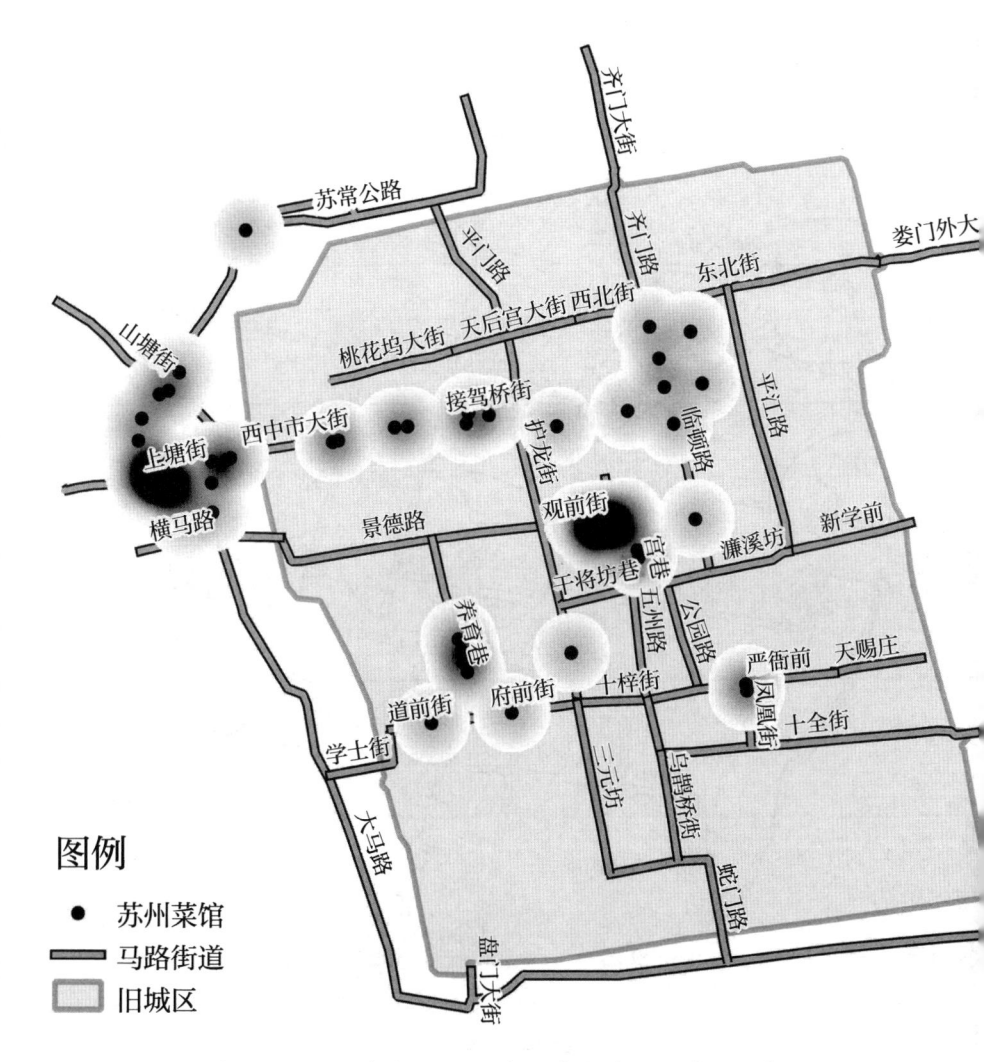

图 4-3：1920 年代至 1930 年代中期苏州的菜馆分布

资料来源：《旅苏必读》，1922，册 3，第 21—27 页；《（居游必携）苏州快览》，1926，第 4 页；《（最新）苏州游览指南》，1930，第 75—80 页；《苏州指南》，1931，第 24—26 页。底图参考 1920 年《最新苏州城厢明细全图》与 1928 年初版、1943 年再版之《最近苏州游览地图》。

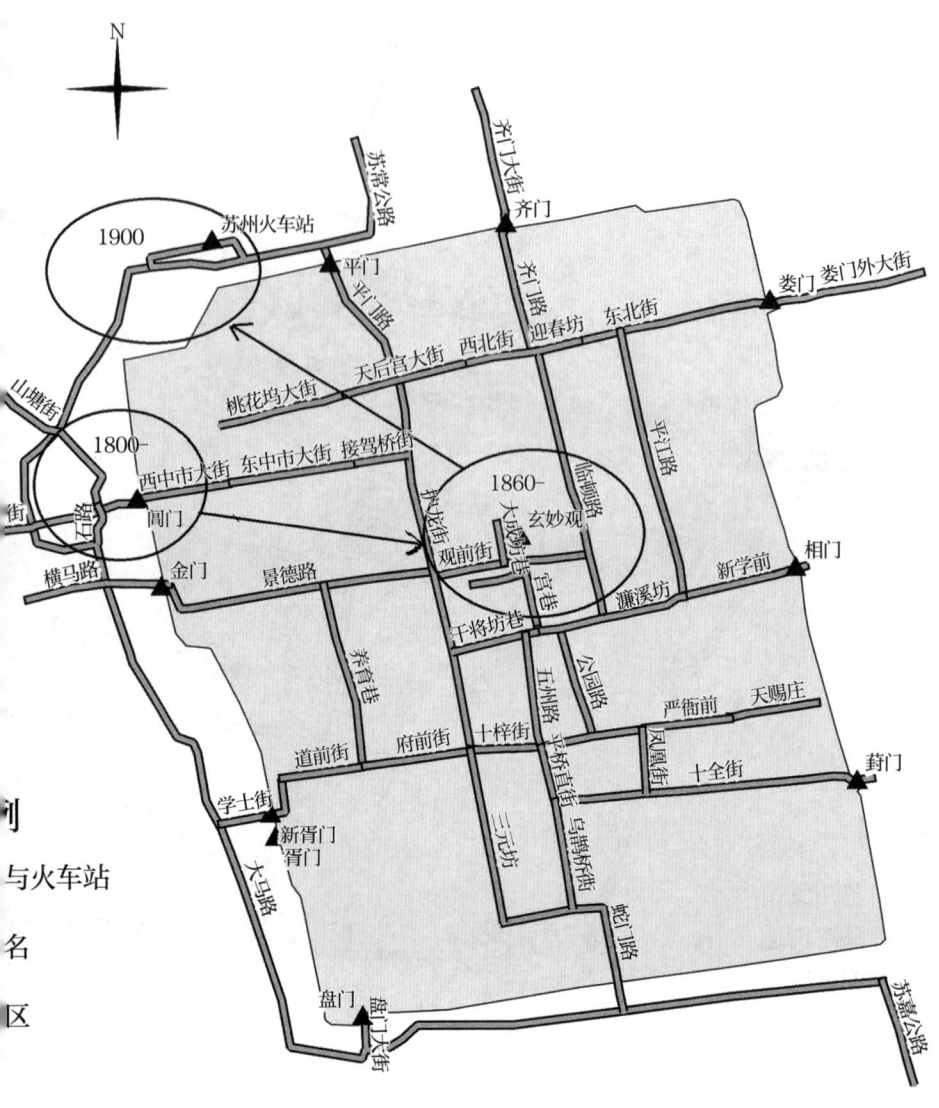

图 4-2：19 至 20 世纪初苏州菜馆业重心转移示意图

资料来源：底图参考光绪三十四年（1908）《苏州巡警分区全图》与民国初年（1913—1917）绘《苏州府城之图》二图重制。

第四章 "利市三倍"的菜馆

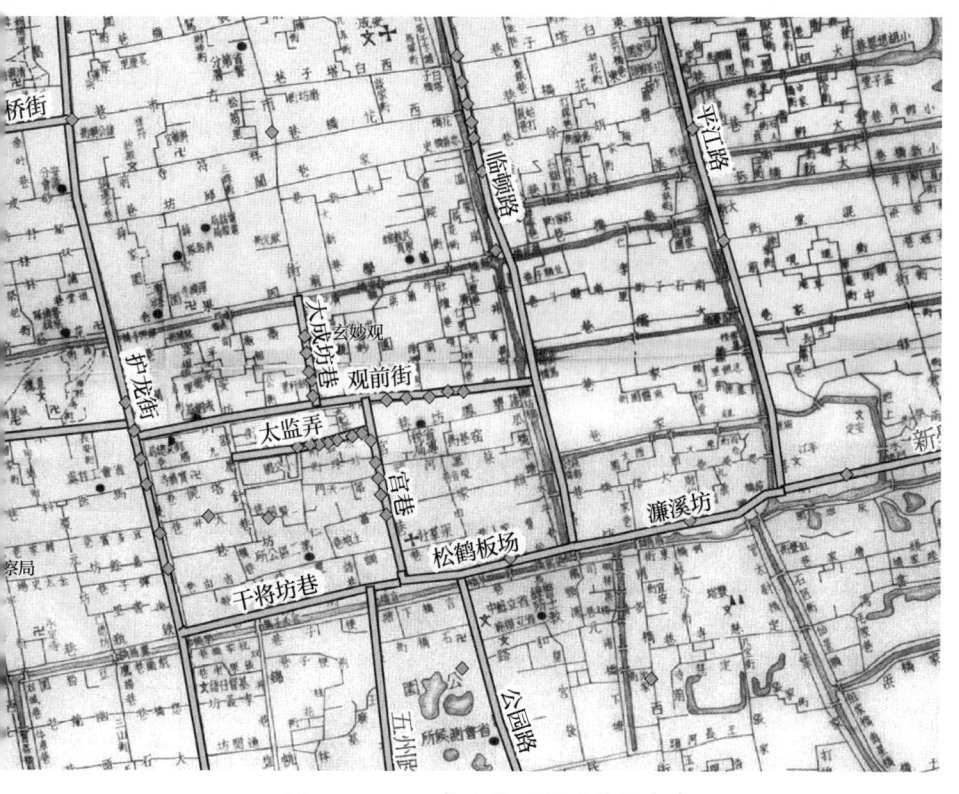

图 4-5：1945 年玄妙观附近菜馆分布

资料来源：苏州市档案馆藏苏州商会档案，档号 I14-013-0017-095,《吴县菜馆业同业公会：请领吴县县商会会员证清册》（1945年5月1日）；底图为1940年所绘《吴县城厢图》。

行道；汽车又可以直达著名的观光饭店——乐乡与皇后饭店，可说是交通便利。该地区集中了一批娱乐、消闲与吃喝等活动的商店，代表抗战时期苏州繁荣的复兴。[1] 每当华灯初上，颇为热闹，高朋满

---

1 《苏州人的销金窟——北局》，《政治月刊》（上海），第2卷第3期（1941年9月），第200页。

第四章 "利市三倍"的菜馆

座。著名的松鹤楼依然存在,保持旧式饭店的面目。这家是以苏州本帮菜闻名的餐馆,不少日本名人来到苏州旅游时,也都曾成为座上宾。[1]可能因为招牌太响亮,怕遭到仿冒,所以还特别登报声明已向实业部注册立案,仅此一家,别无分号。[2]

其次,城外大马路的菜馆分布更多、更广,由钱万里桥、鸭蛋桥,到小菜场路、石路、横马路、万年桥大街等地。

再次,各个城门外大街也都出现许多菜馆,包括旧有阊门外的山塘街,及新兴的胥门大马路、娄门大街、齐门外大街、盘门大街,还有葑门外横街等地。城内还出现再兴的菜馆街——养育巷。战前该巷曾有不少菜馆集中,但到抗战沦陷前期所剩无几,至此又再度复兴。这些现象反映前述抗战后期苏州城市人口的快速增长,甚至可能超过战前,所以饮食需求大增,造就如此多的菜馆,且分布在更广泛的城区。(参见图4-6)1944年的上海《申报》就指出:苏州阊门内外及养育巷、临顿路,商肆骈立,咖啡室及酒菜饭馆应有尽有。[3]

这里要特别指出一点特殊的变化:北从东西中市大街,东到护龙街,南到吴趋坊和镇抚司前,中间有养育巷的这块四方形区域,是苏州沦陷后菜馆业发达的重镇,但在战前并未见明显的发展。笔者推测这与景德路沿线的政府机构密切相关。前述景德路在战时

---

1 日本作家高仓正三在抗战时曾到过苏州旅游,在其《苏州日记》里记载其最常去的餐厅饭馆,就是松鹤楼与吴苑粥店。参见高仓正三著,孙来庆译《苏州日记(1939—1941):揭开日本人的中国记忆》,第5、11、15、25、28、58、233、240、246页。

2 《苏州首创松鹤楼和记菜馆郑重声明》,《江苏日报》,1944年2月16日,第2版。

3 闵贤:《吴县近况》,《申报》,1944年10月26日,第2版。

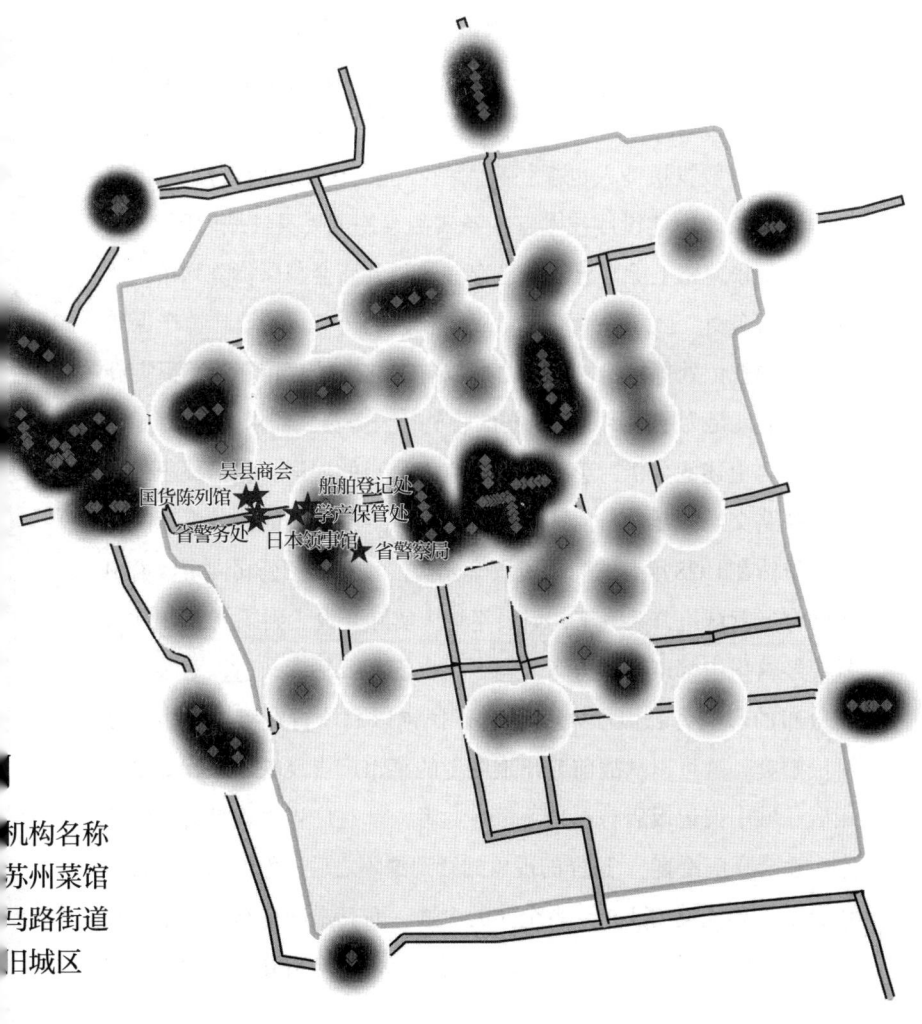

图 4-6：1945 年苏州菜馆分布

资料来源：苏州市档案馆藏苏州商会档案，档号 I14-013-0017-095，《吴县菜馆业同业公会：请领吴县县商会会员证清册》（1945 年 5 月 1 日）；底图与机构名称根据 1940 年所绘《吴县城厢图》重制。

第四章 "利市三倍"的菜馆 171

是"自治会"各机关,以及日本许多机构的所在地,包括日军的宣抚班、警备队、宪兵队等的总汇合所,又是往来的要道,在沦陷初期,市面就已呈现"畸形"的繁荣景象。该地又增设不少销售日货的洋行,一般投机商人也抓住日军的心理,在此开店设摊。[1]再从1940年汪伪政府建设厅技术室重新实测绘制的《吴县城厢图》中,可以看到景德路上除了有战前已存在的吴县商会与国货陈列馆,还有"省警务处"、日本领事馆(战前在盘门外二马路)、学产保管处、船舶登记处等机构。附近之所以有如此多的菜馆在沦陷后期新设,可能就是为了满足这些机构的官员、公务员之需求。

综合上述的分析,影响菜馆业空间分布的因素,包括战争的破坏、铁路交通的开设与消费族群的分布。至于城市的公共汽车的作用,虽然在1928年有港商投资汽车公司,又有三家公司向市政府申请联合经营城市公共汽车,但最终均未实际开设。到了1938年才有日商经营华中都市公共汽车公司,但也仅有四辆车,所以对菜馆空间分布的影响力恐怕不大。[2]此外,民国以后流行在菜馆饭店举办喜庆婚宴,这可以从战前苏州报纸上的菜馆广告反映出来,如中国饭店、城中仁记饭店与福兴菜馆等业者,都有广告声称具备豪华礼堂,适合喜庆婚宴。[3]这样的现象延续到沦陷之后。然而这类菜馆毕竟属于较有规模的菜馆,占全体的少数;而其空间分布,也未有集中在某处的特征。由是,城内的公共交通系统与婚宴喜庆的风气并

---

1 《沦陷四月来的苏州》,《申报》(香港),1938年4月7日,第2版。

2 苏州市地方志编纂委员会编:《苏州市志》,第1册,第377页。

3 《广告·苏州中国饭店》,《吴县晶报》,1932年7月26日,第1版;《广告·观前官巷城中仁记饭店》,《吴县晶报》,1934年2月28日,第2版;《广告·福兴菜馆礼堂迁移启事》,《吴县晶报》,1935年8月7日,第1版。

非影响菜馆在空间上转移的主要原因。

小结

本章指出沦陷后苏州的菜馆业仍有发展,甚至超越战前,之所以如此是有许多主、客观原因的。首先不得不承认的是自从汪伪政权成立后,苏州成为伪江苏省的省会,地方渐趋安定,汪伪政权对通膨与物价的问题也采取了一定的措施,这些都有利城市社会秩序的稳定。另一方面,自从苏州成为"省会"之后,来往京沪之间的旅客渐多,官员与公务员人数增长最快;再加上逃难市民陆续回城,其他沦陷区的人民也纷纷迁入苏州,尤其是当上海租界区被日军完全占领后,大批上海的富人逃到苏州,成了新兴的消费阶层。这些都是促使苏州菜馆业持续发展与繁荣的原因。上述的原因,综合来看,显示社会结构的变迁深深影响了菜馆业的兴盛。

当然菜馆业也面临许多难题,在经济方面因为通膨与物价的高涨,使其成本陡增。当局方面对菜馆业与其同业公会的控制也不断强化,不但规定限价,还有筵席捐的勒派,甚至到战争后期改为消费特税后的税率不断增加。不过,懂得经营的菜馆业仍可以有很高的获利。虽然物资被统制,但黑市盛行,菜馆业者透过黑市购得原物料;虽然政府有规定价格限定,但并不彻底,菜馆业者其实也不严格遵守。在面对当局的税捐征收时,沦陷前期业者透过同业公会与政府讨价还价;到沦陷后期即使同业公会已被当局控制,但仍有业者借代收税捐的手续中饱私囊。

　　苏州的菜馆业本身也在这段时间发生了许多变化，特别是地方菜系的变化。战前盛极一时的徽馆，此时走向式微。相反的则是上海方面的影响逐渐加大。不少上海菜馆在苏州成立分店，甚至是上海的川菜馆也传入苏州。还有许多菜馆与饭店受到十里洋场的影响，如同上一章提到的茶室一样，纷纷成立音乐咖啡座或咖啡厅，可见在饮食文化里呈现更明显的中西合璧的现象。音乐咖啡厅里出现女招待与歌女，当时已有社论抨击此举是"把生意建筑在女人身上"，亦即物化女性以吸引消费者的做法。

　　再从空间的角度来看菜馆在城市空间的分布，苏州的例子说明休闲消费场所的分布与城市空间的关系，可能涉及许多因素。影响菜馆分布与变化的因素，至少涉及三方面。首先是战争的影响。苏州阊门内外一带原是菜馆集中的重心，从19世纪到抗战，遭受两次浩劫，一是太平天国运动，一是抗日战争，致使当地曾经盛极一时的菜馆一度走向衰微。其次是交通因素的影响。在传统时期因为河道是苏州对外最方便、最有效率的运输路线，所以城西北往大运河的南、北濠成了交通要道，连带使附近的上、下塘与山塘街成了热闹繁华的重心，也是菜馆集中区。迈入20世纪，现代交通工具的普及，使得商家菜馆争相择址设立于火车站与大马路附近。此外，消费族群也是影响菜馆分布的要素。抗战时期苏州成为"省会"，伪政府机构集中于景德路沿线，大量的官员、公务员等需要交际应酬之所，于是附近的养育巷成了菜馆集中的新兴地带。

第五章　高挂"客满牌"的旅馆

> 我们苏州地方,自从成为省会以后,人口方面,平空地陡增数倍,而一般外埠人之来苏小游,以及谋出路,找饭碗的,更是不少,因此一般人遂针对着这个现实,纷纷地开设起旅馆来,时至今日,马路观前一带,已经开得鳞次栉比,而在这许多大小旅馆中,生意方面,又那家不是磋磋高挂"客满牌"。
>
> ——独手:《闲话吴中四馆》[1]

明清以来苏州就是旅游胜地,民国以后现代旅行社兴起,苏州仍保有重要的地位。但是到了抗战沦陷后,苏州的旅游与旅馆业少为人注意,或许是以为当时交通断绝、人口流失、城市萧条,以致旅客止步。然而,上面这则报纸的引文,却是描述苏州旅馆"畸形繁荣"的情况;若与之前茶馆、菜馆二业相较,苏州旅馆业的兴盛最特出的一点,就是人口流动的现象。亦即苏州旅馆的兴盛,着实

---

[1] 《江苏日报》,1943年10月25日,第3版。

可以反映沦陷区的人口流动，造就新兴消费群体，带动旅馆住房的需求。亦即从旅馆的例子可以看到苏州城市社会结构的变化，以及其在华中沦陷区的经济角色，最终说明了沦陷时期苏州城市性质的变化。

本章首先要探讨沦陷后苏州的旅游业逐渐复苏的过程，因为苏州旅游业的恢复与旅馆的发展息息相关。其次，沦陷时期苏州旅馆的繁荣发展又受到什么因素影响？政府如何管控旅馆？该行业在经营上面临什么问题？最后是关于旅馆所衍生的许多社会问题，其背后反映出城市发生了什么转变。虽然近年来关于民国时期旅游文化的研究，逐渐受到文化史与艺术史学者的重视，但是关于抗战时期的旅游文化研究却少有成果。[1]或许是以为战争时期的旅游业与旅馆业应该没有发展，本章的讨论也许可以改变这样的刻板印象。

---

1 有关近代中国旅游文化的研究回顾，可以参考莫亚军的论文 Yajun Mo, "Boundaries and Crossings: Mobility, Travel, and Society in China, 1500-1953 A Survey of the Field," *Mobility in History* 6 (2015): 150-157.该文介绍了明清至民国前期的研究成果，作者指出民国前期的中文研究主要集中在讨论中国旅行社的经营面向，英文方面则是探讨旅游业与城市现代化的关系，如杭州、苏州与北京等城市。然而从该文搜集的研究成果看来，抗战时期的相关研究几乎是一片空白。

第一节　从浩劫到复苏的旅游业

　　1937年"七七事变"爆发之后，从8月到11月沦陷，苏州经历了自太平天国之役以来最严重的浩劫，旅游业沉寂一时。直到次年11月，上海《申报》的记者报道，指出苏州西边城郊著名的虎丘、山塘风景区，不见结队旅客，而是寂寞萧条，到了人潮冷落车马稀的地步了。铁路沿线的住家被日军烧光，又在虎丘东的李鸿章祠附近驻军，这样虎丘就被划为警戒区了，没有人再敢上去。其他的景区，如寒山寺一度被日军占据，后因游击队出没，日军才撤回城内；灵岩寺虽未被占，但香火断绝；石湖与上方山一带，则成了日军的演习场，旅客自然裹足不前。[1]

　　过去苏州旅游业的兴盛与交通的便利关系密切，而沦陷后苏州交通逐渐恢复，也有助于旅游业的再兴。第二章里已提到沦陷初期交通的状况，1938年时的水路交通只能算是勉强恢复，少数国际旅行社与轮船可为旅客游人接送两地。[2]在沦陷初期旅客想要往来苏州，可说是困难重重，据1938年10月的《申报》记载：

1　《苏州的风景线》，《申报》，1938年11月3日，第7版。
2　参见《一个外国人口中苏州》，《生力旬报》（福建），第1卷第22、23期（1938年12月），第14页；《最近的苏州》，《申报》（香港），1938年3月5日，第2版。

近来凡往各沦陷区域，较前更为困难。盖往来旅客均须向日方领得通行证，而领通行证之手续又麻烦不堪，除填具保证单及备具照片二张、暨防疫证明书等手续外，所有发给通行证须经过十数日之久，兼以内地往返尤为危险，故往来商民较前锐减。[1]

1939年时交通路线仍不断遭到破坏，直到1940年才算稳定下来。

从许多方面可以看到，1939年开始，苏州旅游业正在努力回复到战前的情况。例如《苏州指南》这类旅游手册在战前曾经流行一时，苏州的文怡书局请人撰写并于1939年出版《新苏州导游》一书。作者尤翔曾是南社的社员，交友颇广，著作亦多，他先后在浙江各地与上海任教。[2]他在抗战初期从浙江回到故乡苏州，编辑了这册导游书并在苏州当地出版。[3]作者在《序》里指出其所以撰此书，乃是受文怡书局的主人周文达所请；而他强调该书与过去的游记、方志皆不同："盖地方指南之书，所以备游人手此一编，可以按图索骥，借省导游者口讲指画之劳。"[4]而书成之日是1938年冬，此时苏州已沦陷近一年。全书除《附录》外，共有11章，其中详尽记载了四组旅游行程，分别是城西附郭郊区、城内北区、城内中区与城内

---

[1] 《"孤岛"与内地往来大都停顿》，《申报》，1938年10月18日，第9版。

[2] 作者尤翔，原名尤志庠，字玄甫，亦作玄父，号墨君，别署黑子，室名捧苏楼，他是南社的社员，交友颇广；著有《碧玉串》《新苏州导游》《捧苏楼墨屑》等，又与蒋箸超、张闻飞等合作《古今小说评林》。他先后在衢州师范学校、台州地区的海门（又作临海）第六中学、绍兴嵇山中学、杭州师范学校、上海浦东中学等处从事语文教学。参见陈玉堂编著《中国近现代人物名号大辞典》，杭州：浙江古籍出版社，2005，第92页。

[3] 参见黄恽《尤墨君与〈新苏州导游〉》，《苏州杂志》（苏州），第1期（2013年）。

[4] 尤玄父编：《新苏州导游》，第1—2页。

南区。至于距离更远的如木渎、灵岩山、光福、天平山、支硎山、天池山等地，则有说明："或需舟往、或汽车可达。"[1]此书虽成于抗战初期，但内容所述有许多是战前苏州旅游发展的荣景，如关于旅游行程与景点的扩大；而部分又是呈现沦陷后的萧条，如关于旅馆数量的记载。

从1940年的报纸可以看到江南其他地方到苏州的交通已逐渐恢复，例如从太湖的香山到苏州之间的汽轮已重新开通，可见社会秩序稳定，甚至有国际旅行社与轮船可为旅客游人接送两地。[2]《苏州新报》有一则《旅程》的游记，作者自述：

足足有三年我不曾坐过轮船汽车与火车了，这一次重温过去的旅行滋味，到处不觉有一种新鲜的感觉；诚然战争破坏了一切交通机构，但现在却迅速地恢复了、重建了……从常熟到苏州，到处充满着和平的气象，四烟稠密，市况繁盛，军警忠实和蔼地在那里服务……[3]

虽然这则报道带有为汪伪政府宣传的味道，不断地宣扬"和

---

1 尤玄父编：《新苏州导游》，第二章《游程提要》，第6页。该书内容如下：《苏州概说》《游程提要》《附郭之游》《城北之游》《城中之游》《城南之游》《木渎·灵岩山·光福》《天平山·支硎山·天池山》《甪直唐塑》《胜游志余》《起居饮食与娱乐》等。

2 《香山苏州间汽轮旅客称便》，《苏州新报》，1940年10月27日，第2版。

3 耘山：《旅程》，《苏州新报》，1940年12月26日，第3版。

平""反共",但是述及交通的恢复,却是客观的事实。[1]再从1941年以后苏州的报纸内容,常看到苏州赴各地的轮船时间表,包括了从苏州出发到洞庭西山、无锡、常熟、湖州、昆山等地的线路,显见交通的恢复。[2]

此外,自从汪伪政府成立,接手管制沦陷区之后,社会秩序渐次恢复,对于旅客旅行的管控与限制,也较沦陷初期来得放宽许多。以旅行活动而言,"清乡"运动开始之后,1942年由当时的警察机关发给人民居住证与旅行证,如需要出外旅行者,必须要申请由警局核发的证明书。但即使拥有旅行证后,能够通行的范围仍被严格的规定。[3]到了1944年又改变政策,沦陷区内不再使用旅行证,只要拥有居住证者即可旅行。[4]由是旅行者不再需要向日方申请通行证,办理通行证时也不再需要防疫证明书等文件。

1940年以后,当地的旅游业大兴,来苏州的旅游团里常见半官方式的参访团,当时沦陷区的伪政权各界互相组团参观,名曰"观光团",其中成员不乏文人作家们。当时有人作《观光团》乐府描述其盛况,称此举不过是侵略者所施之麻醉剂:

---

[1] 国学大师钱穆(1895—1990)于全面抗战爆发后,曾于1939年夏,由昆明只身返苏,其妻亦从北京携子女返苏,并迎其母至苏州,选择当时荒废的耦园居住,奉养母亲。由此例亦可知,1939年下半年之后,赴苏之交通已恢复,苏州的社会秩序亦趋稳定。参见钱穆《八十忆双亲·师友杂忆》,北京:九州出版社,2011,第27—28页。

[2] 《苏州新报》,1941年6月7日,第5版;《苏州新报》,1941年8月19日,第4版。

[3] 《各省市警察机关 发给人民居住证 旅行证明书办法》,《江苏日报》,1942年5月29日,第2版;《省封管处解释行使旅行证区域》,1942年8月5日,第3版。

[4] 《人民领有居住证 旅行一律通用》,《江苏日报》,1944年4月1日,第1版。

东瀛神洲若唇齿，一水之隔一苇至。不图阋墙战端开，观光之团如流水。明治维新致国强，取法规制惟中邦。东施效颦君莫笑，挹彼注此理亦妙。绅商学政各有团，如梭在织忙可观。香槟一饮杯尽覆，演说之稿人争看。人争看，人非议，蚕食鲸吞太无理，观光尽是麻醉剂。[1]

官员参访的例子，如1943年4月所谓"国府委员"（"华北政务委员"）周作人（1885—1967）就曾偕北大教授沈启元、周丰一、苏端成、王古鲁等多人，与宣传部事业司司长杨鸿烈等，造访苏州。旅程包括赴木渎镇石家饭店午餐、游灵岩胜迹、吊国学大师章太炎墓等。在城内即下榻著名的乐乡饭店。[2]同年4月还有伪满洲国地方行政官一行35人，至南京考察，并顺道到苏州观光。抵苏州后，省会机关派员前往欢迎，下榻乐乡饭店。在苏游览地点包括狮子林等。[3]

日本来的游客颇多，如1943年9月有日本内阁总力战研究所派遣之华中华南观光团一行9人，抵达南京参访后，又乘车赴苏，预定在苏州参观后，再乘车赴上海、杭州等地观光。[4]1944年有所谓的"第三次文学者大会"在南京召开，其中代表出席者顺道到苏州观光的，约占三分之二强，计有42人。文学者大会其实全名为"大东亚文学者大会"，乃是抗战期间为配合日本国家政策，以日本文学

---

1 金孟远:《沦陷哀乐府》，收入《苏州史志资料选辑》，辑26，第78页。

2 《周作人莅苏吊章太炎墓》，《申报》，1943年4月11日，第2版。

3 《满地方官行政考察团抵京》，《申报》，1943年4月21日，第2版；《满地方官考察团昨赴苏省垣考察》，《申报》，1943年4月24日，第2版。

4 《日观光团飞抵首都》，《申报》，1943年9月16日，第2版。

报国会等团体为中心所组成的文学者交流大会,声称是期望在"大东亚战争"中以文化建设作为共同任务,而邀"共荣圈"内各地文学者齐聚一堂对话讨论的大会。该会于1942年到1944年之间,共召开过三次。前两次分别是在1942年11月与1943年8月于日本召开,第三次则是在南京召开。[1]第三次会议参加者中,日本代表有14名,"满、蒙、华"代表54名。中方以北京大学文学院院长钱稻荪(1887—1966)领衔,日方最著名的是汉诗学者土屋久泰(1887—1958)。[2]

来到苏州旅游的游客,最多、最著名者其实都是来自上海的演员、明星。[3]当时电影明星剪彩在上海是非常风行的一件事,是商店的广告噱头。至于上海以外的城市,因为电影明星甚少,所以若有明星一到,总会引起轰动。来自上海的著名电影明星李红(1915—?),曾受邀为苏州南国孔雀厅开幕剪彩而到苏州旅游,因

---

[1] 有关"大东亚文学者大会"的发展始末,参见尾崎秀树《近代文学の伤痕》,东京:岩波书店,1991,第1—57页。

[2] 丁丁:《文学者在苏州:杂说》,《杂志》(上海),第14卷第3期(1944年12月),第7—8页。土屋久泰又名土屋竹雨,1914年毕业于东京帝国大学法学部,1928年创立"艺文社"与汉诗文杂志《东华》,1931年后历任大东文化学院讲师、教授,东京大东文化大学校长(创办人),被誉为日本汉诗坛第一人。1939年秋曾访问中国,与北京学者文人交游,有应酬诗歌收入其编之《东华》第138集(1940年1月)。参见稲畑耕一郎《日本に遗された傳增湘の诗-并せて"东华"と"雅言"の关连に及ぶ》,《早稻田大学大学院文学研究科纪要》,第58期(2013年2月),第3—21页。

[3] 王予:《春游苏州特辑:游春小记》,《杂志》(上海),第12卷第6期(1944年3月),第49—50页。

图 5-1：电影明星李红的照片

资料来源：《李红在苏州》，《青青电影》（上海），革新第5期（1945年5月），第14页。

为影迷追随甚众，到处有人随行，所以居处隐秘。[1]另一位也是抗战时期在上海发迹的明星陈璐（1922—2000），当年有"黑女美

---

[1] 《李红在苏州》，《青青电影》（上海），革新第5期（1945年5月），第14页。李红原名李萱，全面抗战爆发后逃到上海，加入艺华影片公司后改名。李红主演的第一部电影就是刘呐鸥导演的《初恋》，在片中饰演男主角的表妹兼妻子，这部电影获得了成功，后被称为"软性电影"爱情题材影片的代表作。此后她还在新华、建华等影片公司拍摄了多部影片。1942年李红参演了方沛霖导演的大型歌舞片《蔷薇处处开》，该片获得非常好的市场反应，李红也因该片的成功而步入上海滩一线影星的行列。随着李红的日渐走红，她的照片出现在大大小小的时尚刊物和电影杂志上，还有影迷社贩卖她的原版照片。她还被印上了烟画广告，在街头随处可见。著名的浪琴手表曾找她做代言人，广告词中写到"中国第一流电影明星李红小姐为爱用浪琴手表者"。可见在商家的眼里李红所具有的市场影响力非同小可。参见网络资料 http://lady.fengone.com/lady/20150716/579999.html，检索时间：2016年1月15日。

星"之称。1943年她曾到苏州旅游，还接受采访，畅谈她游苏的经历。她自称在汉口住时早已听闻江南水乡之美，就抱定到苏州去一次。当时她在上海戏台演舞台剧，一完戏就跳上火车到苏州玩上几天。到了苏州，住在一家和上海有同样设备的旅馆中，之后游历了虎丘、剑池、留园、观前街等地，天平山还不及去。[1]

他们常去的景点，半数以上是传统的旅游地点：虎丘、玄妙观、九塔寺、拙政园、狮子林、开元寺，以及城郊的寒山寺、留园、灵岩山与天平山等等。[2]这与1939年版《新苏州导游》所记载的旅游行程之景点，几乎完全一致，由是可见苏州旅游业正逐渐恢复过去的荣景。

---

[1] 陈璐：《我到苏州》，《影剧》（上海），第28期（1943年8月），第2页。陈璐原名陈丽珍，湖北武汉人。曾就读于汉口第一女中，在抗日战争爆发后，17岁的她离家弃学，参加了在武汉的四川旅外剧团，投身抗日救国洪流。经友人介绍，她认识了影剧界"三大笔"（田汉、唐纳、欧阳予倩）之一的唐纳。他们一见钟情，很快结为连理。她靠着唐纳的点拨以及自身聪慧，加上不同凡响的演技和美貌，很快在当时的上海戏剧界一炮而红。因为她的皮肤较黑，故有"黑女美星"之称。特别是她曾经和中国第一小生刘琼在"蓝心大戏院"合演话剧《文天祥》，连续数月观众爆满，以致轰动整个上海滩。之后，她还演过《雷雨》《日出》等话剧。1941年走上银幕，先后拍过《乱世风光》（金星，饰舞女柳如眉）等影片。参见臧杰《民国影坛的激进阵营：电通影片公司明星群像》，北京：中央编译出版社，2011，第84—85页。

[2] 丁良悌：《苏州旅行小记》，《政治月刊》（上海），第3卷第3期（1942年3月），第147—151页；卢施福：《春游苏州特辑：春城影述》，《杂志》（上海），第12卷第6期（1944年3月），第53页。

第二节　旅馆的繁荣与其原因

至于旅馆方面，全面抗战爆发后，大马路与石路一带遭到日军机轰炸，附近许多旅馆，包括老苏台、新苏台、惠中、第一、中华、利昌、大新、中华、瀛州、同义公与西善长巷的大中旅社等10余家均被炸毁。沦陷初期，几家大旅馆先后被日本人占有，如铁路饭店被占后改为军妓院，大东旅社、东吴旅社被占开设"军人慰安所"。[1] 观前街的中央饭店也成了日兵慰安所，门前大书"日本美人""支那美人"的招牌。[2] 从杂志期刊的记载显示，沦陷前苏州阊门外的旅馆早已是情色产业的集中地，旅馆业也多有妓女寄生其中。沦陷后该地区的旅馆则成为良家妇女被捉去被迫卖淫，或是公开贩卖鸦片的集中地。[3]

虽然在1937年年底已有人陆续回城，[4] 但整体而言，苏州的市容经过了一年多才逐渐复苏。如同第二章所云，苏州大概到1939年下半年，情况才渐趋稳定，市面逐渐复兴。据该年10月的统计，全城人口已近28万，至年底苏州人口每月以1万的速度增长。相应的是

1　苏州市地方志编纂委员会编：《苏州市志》，第2册，第853页。

2　越邻：《沦陷后的苏州百态》，《宇宙风》（广州），第67期（1938年5月），第39页。

3　文天豹：《战地动态：苏州不再是天堂》，《战地》（金华），第3卷第12期（1939年12月），第18—19页。

4　罗文：《报告一些苏州的真确消息》，《社会日报》，1937年12月13日，第1版。

当时的旅馆业已呈现畸形发达，旅馆数量已达122家。[1]这个数字超过了战前出版的《苏州指南》所记载的旅馆数量。旅馆的集中地之一，即观前街附近的北局一带。这一带至此已见复兴繁荣之景，不但有娱乐场所（电影院、京剧院），还有数量众多的旅馆，如东方、吴中、新苏等大旅社，所以是"奢靡淫乐"的集中地。[2]每晚华灯初上之时，顾客如云，霓红灯令人眩目。甚至流传苏州的繁荣是建筑在旅社、菜馆上面。[3]

不过，也有报纸的专栏指出，虽然苏州人口增多，但是大多乃回城之难民；其中多是无家可归和食无常所的流浪者。[4]上海报业所作的报道指出，在1938—1939年之间苏州旅馆业的复苏和上一章提到菜馆业的情形一致，都是因为一般伪组织的新贵挥霍甚豪，以致旅馆业、菜馆业与食品业反而较战前更加发达。[5]

到了1940年年中，苏州已恢复接近战前之人口数。人口之所以增多的官方说法，是因为他地物价高而纷纷回到苏州。[6]1940年之后，苏州新开设的旅馆数量之多更可谓空前，据警局的调查，1940

---

1 《十月份统计城厢居民总数共廿八万有奇》，《苏州新报》，1939年11月6日，第2版；《苏城最近人口已超越廿八万》，《苏州新报》，1939年12月2日，第2版；《城厢人口统计增加一万余人》，《苏州新报》，1939年12月26日，第2版。

2 徐德邻：《今日之下的苏州北局》，《社会日报》，1939年5月28日，第5版。

3 《繁荣如昔之苏州　旅馆菜馆增多》，《苏州新报》，1939年11月6日，第2版；《大可叹息的市面繁荣》，《苏州新报》，1939年11月7日，第2版。

4 《大可叹息的市面繁荣》，《苏州新报》，1939年11月7日，第2版；《人口增多未必就是繁荣》，《苏州新报》，1939年12月27日，第2版。

5 《日军铁蹄下苏州工商各业概况》，《申报》，1938年10月22日，第5版。

6 《最近苏垣人口达卅万三千余》，《苏州新报》，1940年6月18日，第2版。

年年初苏州的旅馆已有137家，较去年增加了15家。[1]这可能是为了迎合旅行者之需求而出现的现象。到了1940年8月，根据《苏州新报》的报道，因为旅馆房间奇缺，该年新辟的旅馆就有40余家之多。[2]这样的情况和1938年的情形简直是天壤之别。

到了1943年，本章开头所引用《江苏日报》的社论，已呈现沦陷后期苏州旅馆的盛况。同样的报纸另有社论《畸形发展下的苏州旅馆业》一文，指出苏州战前与战后旅馆业的差别：战前数量少、质量好，但生意差，战后则反。先是论战前的旅馆，虽然当时设备颇佳，价格也低廉，却是生意清淡：

（战前）那时城里城外，算来共有几十家旅馆，在这样严肃条件之下，单凭一些过路客商，营业上委实可说是"凄哉惨焉"！挺好的旅社，当时统扯也只有卖一个六成，所以那时的旅社业，正陷于苟延残喘之境。愈是生意清淡，愈是设备完善。

接着对比战后的情况：

以前苏州的旅社绝不如目下旅社的要一样没一样，甚至要拿一付信封笺，茶房也得看看客人的资格为标准，一张卫生纸，也得要揿电铃叫茶房。事实上战后的生意，比战前来得好做，但，旅社老板，却绝对不肯承认。……事变后的苏州，从住宅区的都会，一变而为商业繁盛的省会，车辆辐辏，交通频繁，旅社业便应时代而走

---

1 《唐警局长定期召集各旅馆负责人谈话》，《苏州新报》，1941年2月28日，第5版。
2 《和平气象笼罩下旅馆业备极繁荣》，《苏州新报》，1940年8月23日，第6版。

红。于是一般人看得眼红，几年来苏州的旅社，大大小小，便由数十家而增加至百余家。可是，旅社虽多，旅客也会与日俱增，纵然是五步一家，十步一家，照样也会天天客满。[1]

这则社论充分说明了沦陷后的苏州，即使不断成立新旅馆，也因旅客激增而供不应求；而且即使是服务与设备都不如战前，仍可以获利丰厚，不愁没有房客。沦陷后期苏州旅馆业兴盛的情况，以下是另一则相关的描述：

> 苏州的旅馆业，在现在是很幸运地进入了一个全盛的时期，大有开着旅社，就不愁每天不把那客满的牌子供到门前，尤其是观前和阊门一带的旅社，要是你是带着眷属的标准旅客，就是在正午十二点钟要去找一个房间，也是休想开得到，如非要和一般穿着白色号挂［褂］子的侍应生商量，讲明了小账的条件，方始给你一个聊以栖息的地方。[2]

不仅如此，为因应莅苏旅客的大增，甚至有旅馆租用寺庙空间来经营遂引起纠纷的例子，由此也显示了苏州旅馆业旺盛的另一侧面。[3] 此外，因为常有旅客无房可住，省社会局为抢食这块大饼，于1943

---

1 雪涛：《畸形发展下的苏州旅馆业》，《江苏日报》，1943年10月20日，第3版。

2 雪涛：《职工骄子：旅社中的侍应生最近统计》，《江苏日报》，1943年4月23日，第4版。

3 《新吴官旅社提起行政诉讼遭驳回》，《江苏日报》，1944年4月19日，第3版。

年在苏州选定地址成立平民饭店。[1]

现代化设备仍然是招揽旅客住房的重要条件。苏州一地经营旅馆业最久的、最有规模者，当推绍兴师爷黄驾雄所经营之新苏台饭店，该旅馆在战前已是苏州现代化旅馆的代表，只可惜在抗战初遭祝融蹂躏，其家人也逃难到外地，所以该旅馆未再复业。[2]沦陷时期苏州新开设的旅馆中较著名者，从报纸的广告看到有天然饭店、中国饭店、百乐门饭店、金山饭店、南洋饭店、三新旅社等，而原来的著名饭店如乐乡饭店等，在抗战后期也是生意兴隆。此时期苏州新辟的旅馆饭店，在广告上宣传的策略，常是声称为因应旅客之需求，力求新颖、"摩登"，还兼备"欧化"的设备。如1939年新开设在金门外横马路的金城饭店，广告中以"唯一新型""极尽摩登之至"来吸引客人，声称是具有摩登的欧化设备，尤其强调浴室的现代化。[3]另一家同年开幕的皇后饭店也有诸如此类的广告。之后有天然饭店，其广告也强调其具备欧化设备，并号称规模宏大，独霸苏州。[4]（参见图5-2）此外，像是百乐门花园饭店的广告，除了宣称有新式房间、卫生设备与宏大礼堂，还强调附属设施，包括花园餐

---

[1] 《旅客福音社会福利局筹设省垣平民饭店房金低廉便利客商》，《江苏日报》，1943年5月5日，第3版；本报讯：《筹设民众饭店社会福利局勘定地址》，《江苏日报》，1943年5月24日，第3版。

[2] 《苏州情调——旅馆男女的寻欢地 社会的造孽所》，《苏州新报》，1940年12月10日，第5版。

[3] 《1939年最新颖的大旅舍金城饭店》，《苏州新报》，1939年10月5日，第5版；《金城饭店新型设备》，《苏州新报》，1939年10月2日，第5版。

[4] 《天然饭店浴室开幕广告》，《江苏日报》，1941年10月30日，第2版；《东吴和记旅社开幕启事》，《江苏日报》，1944年7月2日，第1版。

图 5-2：沦陷时期苏州报纸的旅馆广告

资料来源：《苏州新报》，1939年10月25日，第5版广告；《江苏日报》，1941年10月30日，第2版广告。

厅、新型大剧场、香烟糖果店等。[1]

当时苏州最著名的旅馆，当以乐乡与皇后二旅馆莫属，二者成了高级游客的最爱，也留下较多的游记记录。例如前述的"第三次文学者大会"的观光团，就订了乐乡饭店与皇后饭店，取其在苏州是规模最大，而且相邻；尤其是乐乡最好，所以是专门给外国代表住的，本国代表则是下榻皇后饭店。有旅客因无法订到此二饭店而感遗憾，[2]但是也有旅人对乐乡饭店的住宿质量不以为然，如1944年的《艺文杂志》中，有一篇《苏州回忆》如是形容：

我在苏州感觉得不很适意的也有一件事，这便是住处。据说苏州旅馆绝不容易找，我们承公家的斡旋得能在乐乡饭店住下，已经大可感谢了，可是老实说，实在不大高明。设备如何都没有关系，就只苦于太热闹，那时我听见打牌声，幸而并不在贴隔壁，更幸而没有拉胡琴唱曲的，否则次日往虎丘去时马车也将坐不稳了。[3]

苏州的旅馆业之所以在沦陷后如此兴盛，从1940年《苏州新报》的报道可以看出，苏州因为沦陷后经两年来的恢复，成为华中沦陷区的经济重心，各地来苏销售货品或采办商品的商人络绎不绝，为数众多；而四乡不靖，富有的农民不时来城里小住，以致旅馆房间奇缺，甚至午后三时还常有客满被拒的情况，再加上房价较

---

1 《百乐门花园饭店及附设大剧场餐厅招考》，《苏州新报》，1941年1月22日，第2版。

2 丁丁：《文学者在苏州：杂说》，《杂志》（上海），第14卷第3期（1944年12月），第7—8页；陆冠：《乐观杂谈：苏州行》，《社会日报》，1943年9月22日，第1版。

3 知堂：《苏州的回忆》，《艺文杂志》（北平），第2卷第5期（1944年5月），第4页。

上海与南京都便宜，即使逐年涨价，业者年终结算仍是获利三倍。所以旅馆业者纷纷跟进，许多大规模的旅馆纷纷成立。[1]另一位上海《申报》的记者就形容道："吴人考究饮食不亚粤省，尤其时代红儿囤积暴发者，骈集省垣，非独该业座上客常满，即一般旅馆客店，莫不利市百倍。"[2]

苏州旅馆的需求量大，当与沦陷区内人口的大量流动，导致苏州城市社会结构的变化有极大的关系。如同第二章指出的，沦陷区有大批人口，包括大批的公务人员、绍兴人与上海人等移住苏州，这些人都需要住房，于是"房荒"的问题逐渐严重，遂有"苏州居，大不易"之说。一篇刊登在《申报》的《苏州漫话》说得很清楚：

事变以还，因四乡治安欠佳，乡间稍有资产者，亦多率眷住苏。今苏城又为省会所在，公务人员又多，人口已达七十余万，早感人满之患，觅屋不易，租价飞腾，已有实行以米作房租之办法。至以苏州房屋之本质而论，除主要之闹市大街例外，其余里巷房屋，泰半陈旧不堪，但出高价收买，犹恐求之不得者，仍大有人在。至一般素擅胜景名宅大厦，早为外埠拥巨资者，搜罗殆尽。所谓地产商，及掮客等辈，年来莫不在数次转手间，已摇身一变，而为巨腹贾矣。[3]

---

1 《和平气象笼罩下旅馆业备极繁荣》，《苏州新报》，1940年8月23日，第6版；《旅业畸形发展莫不利市三倍》，《苏州新报》，1941年1月26日，第6版。

2 闵贤：《吴县近况》，《申报》，1944年10月26日，第2版。

3 逸飞：《苏州漫话》，《申报》，1944年12月29日，第1版。

其实上文曾引用报纸社论《畸形发展下的苏州旅馆业》一文，已指出苏州城市社会结构在战前与战后最为关键的变化，就是："事变后的苏州，从住宅区的都会，一变而为商业繁盛的省会。"

对比苏州，上海旅馆兴衰过程刚好说明两处旅馆业的消长情况。1939年11月《苏州新报》的报道描述了上海旅馆在抗战前后的兴衰。据称上海的旅馆大小不下300余家，战前因不景气与内地农村破产，赴沪商贷的旅客颇形零落；而定居者也感到经济力无法负担，于是不复多所留恋，事毕即行归程，所以旅馆业衰落。全面抗战爆发后，因为原虹口闸北之居民与江浙内地人民纷纷迁往租界区，顿时无适当空屋，遂以旅馆为暂栖之处。于是旅馆业蓬勃发达，莫不有客满之患，较之过去诚有天壤之别，经营旅馆业者莫不盈利甚丰。不料该年以来，因物价逐渐高涨，避难之内地人士多回返故乡，旅业又见不振。[1] 同样的时间点与原因，分别造成了苏州旅馆业的兴盛和上海旅馆业的衰弱。可见两地旅馆业的消长，反映了两地之间人口流动的密切关系。

第三节　汪伪政权对旅馆业的管制

管制的强化

当时苏州系汪伪政权辖下的伪江苏省省会，当地"省政府"对

---

[1] 《沪旅馆业营业惨落》，《苏州新报》，1939年11月25日，第6版。

旅馆有严格的管制。为了社会治安,"省警局"与日本宪兵队都很注意旅馆的管制,尤其是投宿方面。[1]1940年时即公布了《取缔旅馆规则》,其中有许多细致的规定,特别是注意旅馆营业成立之规定,以及入住客人登记之循环簿式、旅人规定、晚间之管制、营业税率。其规定营业者需填写营业申请书,取得殷实铺保的切结,呈上级政府批准后,方可领执照营业。营业执照费依规模大小分4级,50间房间以上者为甲级,营业税4元;30间以上未满50间者,属乙级,营业税3元;15间以上未满30间者,属丙级,营业税2元;不到15间者为丁级,营业税1元。执照有效期一年,一年过后得换照。这是汪伪政府对沦陷区许多行业的管理模式,如第六章要论及的烟馆,其营业执照的发放亦同。这样的管理模式关于投宿旅客也要求需有保人,否则不得容留。旅馆的循环簿必须详细记载旅客的相关资料,如姓名、年龄、籍贯、保人、从何处来、要向何处去等,按日呈送警局查阅。[2]

对旅馆业者与旅客而言,投宿需保人的问题最为伤神与不便。原来是要求投宿者需有当地的"铺保"(店铺作保),但对于来往经商者不便,所以后来旅业公会陈情后放松改为"人保"。[3]但是要求旅客投宿要有保人之规定,在执行时旅馆常是虚应其事。[4]或因此从1941年开始对旅客投宿旅馆的规定渐趋严格,当时的伪省会警察局长唐建勋即召集旅馆业者,要求切实奉行"旅客保结"办法,规定

---

1 《宪兵队召集各旅社谈话》,《苏州新报》,1940年12月3日,第5版。

2 《公布取缔旅馆规则》,《苏州新报》,1940年4月10日,第5版。

3 《投宿旅社须觅保人》,《苏州新报》,1940年10月8日,第5版。

4 《旅客保单伪盖戳记》,《苏州新报》,1940年12月24日,第2版。

每一店铺担保旅客不得超过2人，名人士绅帮人担保者需要有相当资望，公务人员帮人担保需要有身份证件，尤其严禁茶房代客觅保人。警局若查核发现循环簿不实面，旅馆需受罚。[1]到了1944年甚至公布"旅馆业管理规则"，重申要求旅客入住旅社时一定要有保人登记。[2]

　　沦陷时期伪政府对旅馆的管制措施中，有一项特殊的情形，就是对卫生特别的注意。这和1939年10月发生在新苏饭店的一起霍乱流行事件有关。一位来自无锡的蔡姓旅客投宿于北局的新苏饭店，隔日感觉不适，即自行出外至隔离医院就医，经医院诊断后确定为真性霍乱。报纸报道此消息后，卫生局即派员前去旅馆消毒，并为全体旅客注射防疫针。日本军奥贯部队的医师特别在意这类公共场所传染病的发生，于是接手实施消毒注射与隔离，由日军医铃木带领卫生人员前去封锁旅馆，再施行消毒、检查粪便、消毒井水等措施。由是旅馆暂停营业，直到检验无带病者后，始放行旅客并重新营业。此事件后，当局开始更留心旅馆这类公共场所的卫生与传染病的发生，下令以后发生此类事件须立刻通报有关单位；不过为顾及旅馆业的营生，也下令不得封锁。[3]

1　《省会各旅社负责人唐局长召集谈话》，《苏州新报》，1941年3月4日，第5版；《第二警署召旅业谈话》，《苏州新报》，1941年5月7日，第5版。

2　"中央社"：《旅客投诉旅馆须遵手续办理》，《江苏日报》，1942年10月14日，第3版；《省警局颁发旅客巡回簿》，《江苏日报》，1942年12月7日，第3版；《防止奸宄确保治安修正管理旅馆暂行规则》，《江苏日报》，1944年1月22日，第3版；《省警务处修正公布旅馆业管理规则》，《江苏日报》，1944年5月12日，第3版；《东吴和记旅社谢启》，《江苏日报》，1944年7月2日，第1版。

3　《新苏饭店发现霍乱后实施消毒注射》，《苏州新报》，1939年10月15日，第5版；《新苏饭店解禁　旅客消毒放行》，《苏州新报》，1939年10月18日，第5版；《旅馆发现传染病　不得实行封锁》，《苏州新报》，1939年11月19日，第2版。

此事件之后，地方当局开始注意旅馆的卫生问题，特别是传染病。当局开始检查酒楼、饭店与旅馆之卫生设备。如上一章所云，1940年2月"江苏省卫生局"开始着手调查苏州的旅馆与酒楼、菜馆之卫生状况，函请警局配合查明。该年3月，吴县警所公布取缔酒楼饭店卫生设备的暂行规则，特别规定染有肺痨、花柳传染病者之伙友不得在店内操作。1940年6月，伪江苏省政府公布卫生机关管理旅馆业的卫生规则（同时还包含了酒楼、茶馆、菜馆的卫生规定），要求各旅馆依规定必须光线充足、空气流通；应有整齐清洁的厨房、浴室及厕所；客房的卧具需整洁；需具备排水沟、清洁的公厕等。[1]到了1941年8月，省卫生局又持续修订了旅馆业取缔规则，补充了许多新的卫生规定，如饮水的清洁、配置痰盂禁随意吐痰、装置纱窗门防蚊虫、定期清理粪便等，尤其注意发现传染病者要立即通报卫生单位，以便办理消毒与预防事宜。[2]可见抗战后期沦陷区的苏州当局，对旅馆的卫生条件比起战前有更完整、更现代化的要求。

旅馆税捐的改制

伪政府的财税政策对旅馆业者的影响也颇大，尤其是所谓的旅客捐或旅馆捐的征收。1939年苏州的吴县当局已开征旅馆捐，按营业额征收3%。1940年时，旅社业同业公会由主席高云中代表呈请县署与省财政厅，希望将旅馆捐改为旅客捐，即本由旅馆负担，改

---

[1] 《卫生局调查酒菜旅馆卫生设备》，《苏州新报》，1940年2月21日，第5版；《酒楼饭店卫生设备应受警所检查》，《苏州新报》，1940年3月31日，第5版；《省令公布卫生机关管理各业规则》，《苏州新报》，1940年6月14日，第5版。

[2] 《省卫生所续订娱乐场旅馆业取缔规则》，《苏州新报》，1941年8月10日，第5版。

由旅客负担。[1]其理由是希望停止"一业两捐"（业者已缴营业执照税），而是改征战前的旅客捐；同时又听闻该捐由包商投标承包，得标商的包额居然超过原额的三倍（原底标一万余元，包商以三万多元得标），遂引起业者不满，登报抗议，希望降低额度，也被县政府驳回。[2]县长与县署表示反对业者提出的旅馆捐改革一事，理由是旅馆旺盛，"日日客满，房价提高，小账零钱，再加三成，为各业之冠，妇孺皆知"，获利如此丰厚，缴捐乃应该之义务，甚至指出反对此举乃"奸商"之行为。[3]同业公会依然积极抗议征收旅馆捐，声称即使在首都南京亦未闻此捐，苏州不该征收。最后县长只得暂缓实施，待"省财政厅"做决断。[4]

1942年2月，"省财政厅"下达的训令是取消旅馆捐，改为征收旅客捐。其实旅馆捐与菜馆捐本来是县政府财政局自己征收的财源，后来菜馆捐已改征筵席捐了，所以旅馆捐势必也会转为向旅客征收的方式。[5]然而，这次的变革也可以算是旅社业同业公会的胜利，旅馆捐由是转嫁给旅客。1941年5月发布征收旅客捐的办法，没隔

---

1 《清缴旅馆特捐准按八折计算》，《苏州新报》，1939年10月20日，第4版；《旅馆业呈请县属改特捐为旅客捐》，《苏州新报》，1940年7月18日，第2版。

2 《吴县旅业社同业公会声明》，《苏州新报》，1941年1月8日，第2版。

3 《旅业呈县撤销特捐》，《苏州新报》，1940年12月18日，第5版；《县府昨为旅馆特捐指令财局具复核夺》，《苏州新报》，1941年1月14日，第2版。

4 《县旅社业一致缓缴旅馆特捐》，《苏州新报》，1941年1月16日，第2版；《旅馆特捐纠纷财局发表谈话》，《苏州新报》，1941年1月18日，第2版；《征收旅馆特捐改为认办》，《苏州新报》，1941年1月24日，第2版。

5 《旅馆特捐取消改征旅客捐》，《苏州新报》，1941年2月22日，第5版。

几天,"省财政厅"下令开始改征旅客捐,[1]1942年苏州开始实施征收旅客房费的5%。[2]

到了抗战末期的1944年,如同第二章所提及的,江苏省又开始征收所谓的战时消费特税,除了物品零售消费特税之外,举凡旅馆公寓、茶室、咖啡馆与酒菜馆等供人食宿的场所,都要征收战时消费特税,苏州"四馆"里就有三馆都要被征消费特税。到了年中,江苏省收入较富裕的县分(如吴县等六县)之旅客捐与筵席捐,一致改由"财政部"直属征收,税率由原来"省财政厅"规定的5%,调高到15%,而且改为累进制,等于变相加税。[3]1945年1月公布的旅馆消费特税暂行章程里,规定旅馆方面的税率,一人一宿,未满200元者,照账单课15%;未满500元者,课20%;500元以上,则课25%。[4]

不仅如此,1943年汪伪政权在沦陷区推行新的货币,也就是中储券,就严格规定苏州的旅馆只能使用中储券,而不能再使用过去

---

1 《旅客捐征收暂行办法》,《苏州新报》,1941年5月5日,第2版;《今日起征旅客捐财局出示布告》,《苏州新报》,1941年5月11日,第5版。

2 本报讯:《整理城区旅馆捐吴赋管处订定暂行办法》,《江苏日报》,1942年6月29日,第3版;《财政厅订定章程,划一征收旅客捐》,《江苏日报》,1943年1月16日,第2版。

3 《筵席旅客捐财厅划一税率》,《江苏日报》,1944年5月11日,第2版;《奢侈品消费特税昨起调整税率旅馆筵席改为累进制》,《江苏日报》,1944年7月16日,第2版。

4 苏州市档案馆藏苏州商会档案,档号I14-003-0219-048,《江苏省战时筵席捐旅馆消费特税暂行章程》(1945年1月1日)。

的法币来交易。营业税额也改以新的中储券依市值折算来缴纳。[1]

节约消费政策的影响

到沦陷后期,报纸里已见批评旅馆腐败,主张当局应积极管理旅馆业的声音。沦陷后期汪伪政权厉行的限电政策与所谓的"新国民运动",对旅馆业有更进一步的管控与制约,影响旅馆业经营最巨。首先,华中水电公司以保存战力为由,从1943年12月1日起实施电力限制,影响旅馆业者甚大,同业公会一方面通过苏州商会向华中电力公司协调,希望缓行一个月,同时也登报请会员力事撙节。经会商,各旅馆房间最多供给五支光电灯一盏,且只能开到夜间一时为止,之后即得全部熄灯。逾时若有旅客必须用灯,则旅馆业者为之代办洋烛。[2]

继之在1944年推行"新国民运动"时,决定对苏州各旅馆内之"腐化气氛、糜烂行为,予以严格取缔";先后订立取缔规则与"新运"条例,主要内容如下:一、非正式配偶不得同房住宿;二、禁止女向导、歌女、妓女在旅馆内从事性交易;三、不得在旅馆内吸食鸦片毒品;四、不得在旅馆内赌博;五、旅客不得在房内高声喧

---

1 《华北华中间旅客钞币交换额变更》,《江苏日报》,1943年5月8日,第1版;《华北华中间旅客携带纸币限额》,《江苏日报》,1944年3月28日,第1版;华中师范大学中国近代史研究所、苏州市档案馆合编《苏州商会档案丛编》,第5辑上册,第624页。

2 华中师范大学中国近代史研究所、苏州市档案馆合编《苏州商会档案丛编》,第5辑下册,第1440页;《吴县旅游业同业公会为节约电力事通告》,《江苏日报》,1943年12月14日,第2版。

闹，妨碍他人安静。[1]还密集地派出倡导队倡导。[2]"新运"期间的倡导队与警局查获不少违规的案例，如新苏、公和两家旅馆私自容许女向导在内招揽客人，中国与乐乡两家旅馆对禁娼、禁烟、禁赌规定执行不力，东吴旅馆与扬子饭店内查到有聚赌行为，观前街中国饭店查获有吸食鸦片者，阊门外的南洋旅馆查获聚赌等。[3]

如此管制对旅馆业的经营是一大打击。根据1944年《商业统制会刊》的报道，当时苏州的旅馆业是一蹶不振，其原因有三：第一是自从苏州履行节约运动，在"新运"当局协力之下，旅馆内"烟、赌、娼"禁绝，减少了不正当的旅客。第二是电力的节约，使每个房间都只有一盏小灯，有时还会断电，只得点一支洋烛，而洋烛贵到每支100元，旅馆房费不过一两百元，所以旅馆损失不赀。第三是当局又禁止在当地住家的军公教投宿旅馆，无形中少了许多顾客。除了皇后、乐乡这样的一流大旅馆尚能像以往一样，其余城外旅馆住房率平均六成、城内旅馆仅剩约四成。[4]

---

1 《整顿省垣旅馆业，名召集该业代表举行会议》，《江苏日报》，1944年4月4日，第3版；《新运苏分会昨召开旅馆代表谈话会》，《江苏日报》，1944年4月6日，第3版。

2 《新运队将开始旅馆劝导工作》，《江苏日报》，1944年4月7日，第3版；《扫除糜烂行为新运劝导队昨分赴城内外各旅社督察》，《江苏日报》，1944年4月8日，第3版。

3 《四旅馆违背新运分别予以警告》，《江苏日报》，1944年4月13日，第3版；《理发店旅社违反新运处罚》，《江苏日报》，1944年8月3日，第2版；《新运队查获违令两旅社》，《江苏日报》，1944年4月23日，第3版。

4 新中：《苏州通讯：苏州商业近况》，《商业统制会刊》（上海），第6期（1944年11月），第55页。

第四节　旅馆业的经营与内部矛盾

抵抗通膨与限价

沦陷后的苏州旅馆数量大增、获利甚丰，然而旅馆业者在经营上并非一帆风顺，在战时旅馆业的经营与生存仍得面临许多问题与挑战。除了会受到上述当局税捐政策的影响，使成本上升之外，在大环境上首先面对的是物价的高涨。最早在1939年年底营业复苏之后不久，就有包括新苏饭店等11家旅馆饭店联合涨价二成。其理由是抗战后物价上涨，而其房价仍是市面未繁盛时之廉价，以致入不敷出，遂开始联合涨价。来年年中，仍有全体同业要求涨价的情形。[1]1943年，时有记者在报纸上指出："虽然是房价及不上物价，可是从前三、四毛大洋的一只小房间，现在也要卖到十元，……从各方面算起来，自也涨得相当可观。"[2]

可见到抗战末期物价飞涨、通货膨胀严重，旅馆业者纷纷自行涨房费，政府虽曾下令其压低价格，但似乎效果不大。[3]即使房价大涨，对旅馆业者的经营不无影响，但是直到1945年初，苏州城内核

1　《联合增价启事》，《苏州新报》，1939年10月1日，第1版；《食盐酱油豆菜油昨日一律涨价各旅社亦照原用加二成》，《苏州新报》，1939年10月2日，第6版；《吴县旅行业全体同业增加房价》，《苏州新报》，1940年7月2日，第1版。

2　雪涛：《畸形发展下的苏州旅馆业》，《江苏日报》，1943年10月20日，第3版。

3　《经局令旅馆等业自动将售价抑低》，《江苏日报》，1944年4月1日，第3版。

心区的旅馆似乎丝毫不受涨价的影响。据《申报》的报道如下：

> 观前街上人马来往，喧喧嚷嚷热闹的情形不亚于上海的南京路，旅馆的生意也是天天客满，普通一点的房间，房租在一千元以上。租房屋近来很有些困难，好的房不要说租不到，就是有，也同上海一样的要顶费，房租是以米价计算的多，大约在一二担左右一个月。[1]

从上引文可知，当时通膨严重，所以房租改以米价计算。即使租房价格高涨，仍然很难租到旅馆。旅馆业者也存在着风险，如房客无钱付房费，于是就以物品抵押。所以常见某旅馆登报，说明该旅馆因为要迁移或顶让，所以要求旅客将质押的物品尽快赎回，否则将公开拍卖的启事。[2]

又因为竞争渐趋激烈，所以旅馆或饭店转手经营的广告，在此时期的报纸上颇为常见，甚至造成经营权的纠纷，例如位于太监弄著名的江南饭店，在1942年就发生了非常轰动的经营权纠纷。事出在彭涵铎氏与江南饭店的董事长章荣卿私下达成收购股权的协议，已委请律师办理，并有登报声明启事；然并未知会全体股东，股东俞静安等人看到报纸才知道彭某承接股权一事，相当不满，盖原饭店与房主订立的租赁期尚有6年之久，各股东之合伙存续期限也未届满，有许多股东并不知情，因而反对此经营转让。虽然经过了股东会议，仍无法达成共识，最终仍维持原有合伙契约，继续经营，

---

1 赵一山：《东山之旅》，《申报》，1945年3月25日，第3版。
2 《吴县旅社业职业公会启事》，《江苏日报》，1945年1月1日，第6版。

董事长章荣卿也登报道歉。[1]

当时的旅馆业者也曾与其他行业发生纠纷，例如皇后饭店因为卖水而与水灶业起纷争。吴县水灶业同业公会指称，该业者主要是煮开水卖给居民为生，但是旅馆业每多自行砌灶煮水，再零售给附近居民，以致妨碍该公会业务，遂呈请当局令饬制止。但各旅馆仍有零售如故者，以致于水灶业同业会员竞争颇烈。一日，有水灶业者到旅馆声称买水，与该旅馆经理、茶房相殴，双方拉扯至警局，被害人到法院控诉对方伤害，水灶业者被迫停业。[2]

劳资纠纷与同业公会的协调

旅馆业的劳资关系远不如茶馆与菜馆二业和缓，战前的情况已见第一章，至沦陷后旅馆业的劳资纠纷问题依然不时地发生，影响旅馆的经营。劳资纠纷的情况有各种原因，如1939年远东饭店的经理与茶房之间，因为增加押金（押柜钱）而引起罢工事件。[3]最著名的事件，是发生在1940年的大陆饭店劳资纠纷。位于观前西大街的大陆饭店，由新股东兼经理龚桂林出资接收开办，因为龚氏不满工友参加工会组织，忽于中秋节将该店旧有的茶房工友解雇，以致引发劳资纠纷而使工人罢工。最后经职业工会上陈请求当局派员调解，旅社业同业公会与社运分会组织居中调解，才最终达成由资方

---

[1]《徐征吉律师代表彭涵铎为承受苏州太监弄江南饭店声明启事》，《江苏日报》，1942年11月7日，第3版；《江南饭店股东俞静安海记紧要声明》，《江苏日报》，1942年11月8日，第3版；《庄骧律师代表江南饭店股东汉记海记等为维持合伙契约紧要声明》，《江苏日报》，1942年11月12日，第3版；《江南饭店董事长章荣卿、经理沈盘林道歉启事》，《江苏日报》，1942年11月28日，第3版。

[2]《皇后饭店破坏行规 水灶业被迫停业》，《江苏日报》，1941年11月17日，第3版。

[3]《旅社增押柜茶房反对》，《苏州新报》，1939年11月17日，第5版。

津贴解雇茶役工友每员工170洋元,其他无契约关系的工友由资方优先录用的协议。此一惊动苏州的劳资纠纷,至此落幕。[1]

旅馆业的同业公会在此时期也发挥不小的作用。苏州的旅馆业同业公会名为"旅社业同业公会",在战前业已成立,但沦陷后一直未有重组与正式的活动,直至1940年才正式改组成立。[2]旅社业同业公会主要的功能是维护会员的权利,所以其内部规定包括:与职工会代表讨论劳资协约,拟定草约;查报与检举无照营业的旅馆;举凡转手或新开设者,必须经同业公会证明,并缴纳证明费等。尤其值得注意的是在1941年时,同业公会已经注意到旅馆业畸形发展、数量增加近倍的情况,若不加以限制,一旦营业中落,势必发生停闭等纠葛,故以维持同业利益为由,呈请警局停发营业执照,当局也照准。[3]此外,同业公会还是团结同业应付政府政策的重要组织,如前述同业公会团结一致抗议旅馆特捐一事。然而,大部分的情况是同业公会必须配合政府的法令与政策,如1944年4月同业公

---

1 《侯锡清律师代表大陆饭店员工一驳经理龚振山君之声明》,《苏州新报》,1940年9月22日,第1版;《社运苏分会派员调解大陆饭店解雇纠纷》,《苏州新报》,1940年10月3日,第5版;《大陆饭店劳资纠纷社运苏分会昨日召集调解》,《苏州新报》,1940年10月8日,第5版;《大陆饭店劳资纠纷社运苏分会续行调解昨获圆满结果》,《苏州新报》,1940年10月16日,第2版;《大陆饭店劳资纠纷庄骧调解成功》,《苏州新报》,1940年10月22日,第5版。

2 《广告吴县旅业同业公会会议通知》,《苏州新报》,1940年3月27日,第2版;《旅业同业公会成立推定常委三人吴县旅社同业公会成立》,《苏州新报》,1940年3月29日,第5版;《旅业工会新舍落成》,《苏州新报》,1940年6月18日,第2版。

3 《旅业呈警局请停发新照》,《苏州新报》,1941年9月2日,第3版;《吴县旅社业同业公会公告》,《江苏日报》,1941年12月17日,第2版;《旅社业公会开理事会议》,《江苏日报》,1942年1月21日,第3版;《吴县旅社业同业公会公告》,《江苏日报》,1942年1月23日,第2版。

会就被下令，要配合当局执行"新国民运动"之禁令（详见下节）。[1]

此际另一个同业公会——旅业职业工会，则是在劳资纠纷的事件中，扮演重要的居中协商的角色。抗战后期旅馆业者成立同业公会，而职员与员工也成立了职业工会。吴县旅业职业工会，乃旅馆业职工的工会，成立甚早，一度因战争中断，至1940年才拟恢复。[2] 沦陷后苏州旅馆职工所组工会，最初是800余人；1942年7月间重新整理，又多600余人；到1943年时又有增加，还有小客栈的茶房入会。加入工会的会费是2.5元，每月会费是0.5元。这团体的组织相当强化，要是进用非会员，他们就以小费收入不与资方拆账来抵制，让非会员无法立足。[3] 工会的功能主要是协调劳资关系，保障成员的权利。例如要求资方签订团体协约，以保障工友权益。同时也对会员的权力与非会员的入会有严格的规定，此举或许与抗战后期的经济萧条和同业竞争渐趋激烈有关。[4]

每当某间旅馆发生劳资纠纷时，按照当局的明文规定应由"法定机关"来处理，但县警局往往会介入，故1941年职业工会就备文呈请当局以后劳资纠纷应由法定机关处理，警所不该再滥权干涉。并指出1940年大陆饭店，1941年月宫饭店、江苏饭店等之劳资纠纷，抗议的劳工均遭当地警察机关滥权拘押，并要求不识字的工友

---

1 《旅馆业实践新运　昨日召开全体会员大会》，《江苏日报》，1944年4月9日，第3版。

2 《吴县旅业职业工会整理委员会通告》，《苏州新报》，1940年7月28日，第1版。

3 雪涛：《职工骄子：旅社中的侍应生最近统计》，《江苏日报》，1943年4月23日，第4版。

4 《旅业要求资方签订团体协约》，《江苏日报》，1941年11月10日，第3版；《吴县旅业职业工会通告》，《江苏日报》，1942年7月6日，第2版。

签下切结、缴纳无名之费用始得释放，遂使工友气愤填膺，调解更加困难。[1]此后发生的旅馆业劳资纠纷的案例，警局已少涉入，而由旅社业同业公会与旅业职业工会扮演居中协商的重要角色，如国泰饭店、大陆饭店、上海永丰、爵禄大吴等。[2]

第五节　旅馆与战时的社会问题

烟、赌、娼与侍应生

沦陷下苏州旅馆业所呈现的畸形繁荣，也衍生出许多社会问题。苏州旅馆的形象不好，报纸社论批评旅馆乃社会问题丛生之源，是"烟""赌""娼"的渊薮。甚至盗贼所获分赃之后，就在阊门外和北局的妓院旅馆里享乐，妓院旅馆被视为匪类窝藏之所。[3]

关于"烟"的方面，1941年"省警局"已下令，苏州城厢内外各旅馆有附设戒吸所（即是烟馆）者，对于治安方面不无影响，故饬令各旅馆限时将之迁出。1944年时又下令严禁旅馆向客人提供吸

1　《县旅业劳资纠纷由法定机关处理》，《苏州新报》，1941年3月7日，第2版。

2　本报讯：《吴县旅业公会昨开理事会》，《江苏日报》，1942年1月12日，第2版；《吴县旅业职业工会否认大陆饭店发还工友保证金声明之声明》，《江苏日报》，1944年4月5日，第4版；《旅业职工会十二次常委》，《苏州新报》，1941年9月9日，第2版。

3　《小评严格管理旅馆业》，《江苏日报》，1943年5月10日，第2版；流火：《试看人欲享受者的收场》，《苏州新报》，1940年12月19日，第2版。

食鸦片烟土与聚众赌博的服务。[1]根据这两次法令的公布，可以推测旅馆常有合法的戒吸所营业，在禁止后也可能还有提供私土的情形。有关烟土的问题，详见本书的第六章。

关于"赌"的方面，即使在苏州著名的旅馆，如阊门外的大东旅社、京沪饭店与新苏饭店等，依然有房客公然聚赌而遭到警察逮捕的案件。[2]又如中南、中洲旅馆与金城饭店等，也曾被警察查获在旅馆内开赌。[3]横马路的悦来旅馆还发生有某串同公务人员在旅馆内设立大规模的赌台，每次输赢甚巨，百姓受害匪浅的事件。[4]

至于"娼"的方面，例子更多。例如阊门外的大苏饭店、城中饭店就曾遭查获有私娼。[5]又如观前街的大陆饭店因为有娼妓聚集之情况，却拒绝警方检查而被勒令停业。[6]所以当时报纸有社论推测旅馆之所以常常客满的原因，"还是不外乎纵情声色的人占其多数"[7]。上述情况完全符合报纸报道的旅馆为烟、赌、娼聚集场所的内容。

---

1 《戒吸所迁出旅社后警局复查》，《苏州新报》，1941年5月3日，第2版；《严禁旅社书寓供客吸烟聚赌》，《江苏日报》，1944年10月25日，第3版。

2 《旅客聚赌　移解总局》，《苏州新报》，1940年7月16日，第2版；《旅邸聚赌拘送警所》，《苏州新报》，1940年7月18日，第5版；《开旅馆雀战带入警所核办》，《苏州新报》，1941年7月30日，第5版。

3 《旅邸雀战　赌徒被拘》，《苏州新报》，1939年10月26日，第5版；《金城饭店赌案》，《苏州新报》，1940年7月19日，第5版。

4 《悦来旅馆设赌台巡官往捕未获》，《苏州新报》，1941年3月16日，第5版。

5 《大苏饭店查获私娼》，《苏州新报》，1940年3月7日，第5版；《城中饭店拘获私娼》，《苏州新报》，1940年4月8日，第5版。

6 《大陆饭店拒检查，省警局勒令停业》，《江苏日报》，1942年5月12日，第3版。

7 独手：《闲话吴中四馆》，《江苏日报》，1943年10月25日，第3版。

虽然有些旅馆提供许多娱乐，例如有女歌者演唱苏州弹词，[1]然而到旅馆住宿的房客中，有不少人寻求的不止于此。据旅社里的消息讲："现在的旅社，是十分之三为真正的旅客，十分之二是借房间接事务，十分之五，却完全是开了房间打牌胡闹的人物。"因此，报纸记者从这上述消息推测，这十分之五的旅客，完全是从各种不正当的牟利路线上获致了利益，上旅社去找刺激。[2]也有社论指出上旅馆的是找浪漫气氛的年轻人：

尤其是一般年青人，谁都喜欢辟室雅叙，做这一夜"粉红色梦"的调调儿，于是这旅馆业之在今日，怎的不要发展到全盛的地步。[3]

旅馆之所以衍生出上述这些社会问题，其中一个关键在于旅馆的服务生，当时称之为侍应生，或称之为茶房。据估计当时在苏州旅馆业任职的侍应生就有2000余人。在旅馆工作的收入往往超乎想象的好，据当时报纸上的一则新闻指出：

"侍应生"这个名词，也是在最近1940年左右的时期产生出来的，看了这个字面，当然比较以前"茶房"两个字文雅得不少，他们的生活，也和着名称一样的变化得优越。在现代的生活，不要说

---

1 予且：《春游苏州特辑：苏州印象记》，《杂志》（上海），第12卷第6期（1944年3月），第37—39页；苏青：《春游苏州特辑：苏游日记（二月十二日至二月十五日）》，《杂志》（上海），第12卷第6期（1944年3月），第42—43页。

2 雪涛：《畸形发展下的苏州旅馆业》，《江苏日报》，1943年10月20日，第3版。

3 独手：《闲话吴中四馆》，《江苏日报》，1943年10月25日，第3版。

一般穿着长衫整天捱柜台的小伙计，和着戴起眼镜握着算盘坐在账台上的先生们不及，就是一辈委任的公务人员，似也望尘莫及。因此，毋怪在某店有一次招考"侍应生"的广告在报上刊出后，应征的人物中，有着×队的准尉特务长，和着×校的国文教员，也去应征。[1]

上述所言也非夸大虚构，如乐乡饭店应征侍应生的登报广告公布不久，很快就额满，显示侍应生的收入令人欣羡。[2]

该文接着又述及侍应生的待遇，侍应生并无薪资，即使有的旅馆给薪，也不过每月2至5元的形式而已。以前资方还曾提供两餐，自从米价腾贵之后，有的每月贴给饭食30和50元不等，新开的旅馆就索性不供给了。于是他们全靠小费与其他收入维生，且还要提二成与资方拆账。因此侍应生就专在旅客身上打算，造成小费须得超过正账的恶习，但即使如此都过得比一般公务人员还好。凡是旅馆内轮值一夜正班就有100或80元的收入，已不足为奇。[3]相对地，学校教员与"机关职员"的薪资并不高。苏州受薪阶级的生活待遇，据1942年的杂志记载，黄包车夫月可得200余元，商店职员约120、130元，工人自100余元到三四百元不等，机关职员仅有100元，小学教师最低，月薪最高不过60元，连玄妙观中的乞丐，月亦可得

---

1 雪涛:《职工骄子：旅社中的侍应生最近统计》,《江苏日报》, 1943年4月23日, 第4版。

2 《乐乡饭店筹备处启事》,《苏州新报》, 1940年11月24日, 第2版。

3 雪涛:《职工骄子：旅社中的侍应生最近统计》,《江苏日报》, 1943年4月23日, 第4版。

100余元。[1]由此可知教员与某些公务人员的薪资低下，远不如旅馆侍应生一夜值班所得。也难怪有教师宁愿斯文扫地，也要应征旅馆侍应生的工作。

侍应生的其他收入，主要是担任中介者，他们带动旅馆周边的情色消费。前面提到政府规定入住旅馆需要担保人，所以茶房中介旅客只要找妓女，妓女的组织"歌女社"就可为之担保。茶房可借此收取旅客的中介费（客姆赏），以及歌女社的中介费（拔头钱）。即使是著名的旅馆（如大东旅社）的茶房向来都会中介妓女，以收取"拔头钱"为生。[2]大东旅社还曾发生有三位摩登女子进入旅馆觅友，茶房徐某以为此三女为妓女，故以妓女被征入旅馆须给拔头钱为由，向此三女索讨，三女怒而饱以美女掌，最后闹到警局。[3]此外，还有案件显示旅馆的茶房对旅客放高利贷，旅客因无力偿还而自杀。[4]

抢劫与自杀

除了上述的烟、赌、娼之外，在旅社内常发生的其他社会案件，最引人注目的是在旅馆内被劫或是自杀之事。[5]例如1940年就

---

[1] 燕良：《魔鬼统治下的苏州》，《苏讯》（衡阳），第37、38期（1942年7月），第15—16页。

[2] 青子：《巴人小语 苏州之旅馆》，《社会日报》，1939年5月14日，第2版。

[3] 《少女旅邸动武原因为拔头钱》，《苏州新报》，1940年11月13日，第5版。

[4] 《报道：茶房剥削旅客案——老父不愿领回》，《苏州新报》，1940年8月24日，第5版。

[5] 《江南饭店中 旅客唐鸥鹏遭匪抢劫》，《苏州新报》，1940年8月13日，第5版；《江南、大中南两饭店盗案获犯坚不吐实》，《苏州新报》，1940年8月21日，第5版。

发生多起旅馆的抢案，先是阊门外的南京饭店，就发生有三人强盗集团潜入打劫旅客的案件。接着更引起全市注目的是江南饭店的抢劫案。位在北局的江南饭店，也算是苏州著名的旅馆。该年8月间，居然有四人假名搜查房间，一人把风，三人强入某房间，抢夺现金之外，还将被害人强押出去搜刮身上的首饰。半小时后，在西中市的大中南旅社又发生戒吸所被抢劫一事。经调查后发现是同一批罪犯所为。[1] 又从报载在旅馆内所发生的抢案看来，旅客的身分有福建商人来苏州采购商品者，可见当时苏州经济恢复达一定的程度。[2]

更常见的是自杀案件，在旅馆自杀的案件在战前苏州的报纸偶有所闻，[3]但从1939年以来的报纸看到更多层出不穷的自杀事件，而且都是发生在旅馆饭店里。当时报纸的专栏就指出这种特殊的现象，尤其是北局与观前街的旅馆，常成为外地旅客自杀之处，所以《苏州新报》里有《北局观前鬼气森然》一文，提到：

> 苏州在近来，颇有外路人特地赶来，开了旅馆房间，实行自杀的。无锡少妇赵徐氏在旅馆自缢身死以后，跟着便是上海商人傅文绍的服毒不救。这两个没有勇气的弱者，一男一女，同趋于觅死之途，当然各人心中，都有一种说不出的苦衷在。[4]

---

1 《三盗闯入南京饭店搜查旅客劫巨款》，《苏州新报》，1940年3月10日，第5版；《江南饭店中　旅客唐鸥鹏遭匪抢劫》，《苏州新报》，1940年8月13日，第5版；《江南、大中南两饭店盗案获犯坚不吐实》，《苏州新报》，1940年8月21日，第5版；《江南饭店等劫案获犯嫌疑不足》，《苏州新报》，1940年10月14日，第2版。

2 《暴汉闯入旅馆　掳孤身客攫取巨款　报警所三人落网》，《苏州新报》，1940年7月6日，第5版。

3 靡靡：《服毒》，《大光明》，1933年7月10日，第2版。

4 《北局观前鬼气森然》，《苏州新报》，1939年11月4日，第2版。

虽然苏州的旅馆常常发生各式各类的案件，但从案件中的旅客身份可以反映出苏州在当时华中沦陷区的经济角色。先看自杀的案件，如护龙街大井巷皇后饭店发生上海来苏从事药业之年轻人在旅馆自杀。[1]还有在上海附近工作的职员到苏州旅馆自杀的例子。如原在上海三马路茂秦洋行任职的傅文绍，以环境恶劣而厌世，就在投宿的城中饭店服毒自杀。另一位主角是位宁波籍的知识青年，原在上海任职，战后失业至苏找工作无着落，而于旅馆内自杀。[2]有上海少女周玉仙，只身投宿观前之安东饭店，吞食鸦片自杀。[3]如有无锡少妇投宿护龙街太安客栈时于室内自缢的案件。[4]护龙街的国泰饭店曾发生南京汪伪政权政府官员到苏州召妓，却遗失财物因而自杀的事件。[5]

还有来苏经营锡箔业者，本轻利重，收入颇丰之下，于旅馆寻欢而遭仙人跳。亦有绍兴妇女偕二少女来苏谋生，遇同乡二女遭诱骗，幸在旅馆寻获一案。[6]阊外鸭蛋桥的扬子饭店曾发生茶房将房客

---

[1] 《大井巷皇后饭店—西装少年自杀》，《苏州新报》，1940年6月14日，第5版。

[2] 《城中饭店—嘉兴旅客　服安神片自尽》，《苏州新报》，1939年11月1日，第5版；《城中饭店服毒者系洋行职员》，《苏州新报》，1939年11月2日，第5版；《城中饭店服毒旅客　昨日毒发毙命》，《苏州新报》，1939年11月3日，第5版；《沪天昌绸厂职员来苏　辟室服毒自杀》，《苏州新报》，1940年3月21日，第5版；《失业三载来苏谋事未成　辟室服毒图自杀》，《苏州新报》，1940年3月23日，第5版。

[3] 《安东饭店—少女吞服鸦片自杀》，《苏州新报》，1940年12月2日，第5版。

[4] 《无锡少妇来苏　辟室旅邸自缢》，《苏州新报》，1939年10月31日，第5版。

[5] 《国泰饭店狎妓失窃主角阊外投河自杀》，《苏州新报》，1940年6月21日，第5版。

[6] 《旅邸寻花少妇情重茶肆撞见本夫含酸》，《苏州新报》，1941年7月31日，第5版；《两少女遇骗　旅邸寻获》，《苏州新报》，1941年6月3日，第5版。

寄存的钱席卷潜逃，而该案苦主是一位从南京赴苏州采购之商人。[1]又如大东旅社查获客商挟带大批走私蚕种，该案反映从无锡到湖州经商者常需路经苏州。[2]胥门外大马路义隆客栈曾发生旅客暴毙事件，该案死亡的客人来自河南省。[3]

上述的例子说明苏州虽然在抗战时期是处于沦陷区，但仍然是江南重要的城市与交通孔道，所以到苏州采购的外地商人、来苏求职的外地人，以及南京汪伪政权的官员来苏消费的人数着实不算少。其中又以来自上海与绍兴之人最常见，反映了沦陷后期大量上海人与绍兴人移居苏州的现象。

小结

本章考察了沦陷后苏州旅游业与旅馆业发生的转变。当地报纸大肆报道苏州的旅馆业倍极繁荣，甚至比起战前有过之而无不及，称之为"畸形繁荣"。本章探讨此"畸形繁荣"的原因，一方面是交通恢复、社会稳定，而使苏州的旅游业到1939年后逐渐复苏，无论官、民，或是日本游客，来访苏州者颇为频繁，这与过去人们对沦陷区的刻板印象有很大的差别。另一方面旅馆业的畸形繁荣也与

---

[1]《扬子饭店内茶房潜提旅客存款》，《苏州新报》，1940年3月16日，第5版。

[2]《大东旅社查获大批蚕种》，《苏州新报》，1940年3月20日，第5版。

[3]《河南客民病毙旅邸》，《苏州新报》，1940年6月28日，第5版。

沦陷区大量的人口流动，造成苏州城市社会结构与消费群体的变化息息相关。苏州在1940年成为沦陷区伪江苏省的省会后，大量的消费人口群集苏州，是造成苏州"房荒"以及旅馆业"畸形繁荣"的主要原因。由是苏州的新辟旅馆纷纷设立，数量超越战前，且价格贵、设备差，却还是常常高挂"客满牌"。

沦陷时期的苏州旅馆业虽繁荣至极，但该行业者也面临经营上的问题，除了延续战前的劳资纠纷与苛捐杂税问题，还要面对伪政权对社会的管制。当时的伪政府不论是对旅行，还是旅馆，都有严格的规范。出外行旅者要申请证件方能通行，而通行的范围也有严格规定。对投宿旅馆者，当局要求入住客人一律登记详细人身资料，并且需要有保人具结作保。但在这些管制措施中，有一项特殊的情形，就是对卫生特别注意。政府开始注意检查酒楼、饭店与旅馆的卫生设备，对旅馆的卫生条件有更完整、更现代化的要求。在税捐方面，原本地方当局要征收旅馆捐，在同业公会不断抗议并向上陈情之后，改为向旅客征收旅客捐；至沦陷后期，则由汪伪政府财政部统一征收旅馆消费特税。

而经营方面，在沦陷后期面对物价飞涨、通货膨胀，业者不得不在调涨房费与当局限价政策之间，进行抗争。此外，业者内部的劳资关系不如茶、菜馆二业来得和缓，劳资纠纷较为严重。这时改组成立的旅社业同业公会与旅业职业工会，就扮演居中协调的重要角色。虽然受物价与通膨的影响，但旅馆业者大多仍是获利颇丰。直到抗战末期汪伪政权实行更严格的管制与限电政策，才使旅馆业衰退。

旅馆业畸形繁荣下衍生出许多社会问题。沦陷后期，苏州旅馆的形象不好，常被视为社会问题丛生之源，是"烟""赌""娼"的渊薮。这些衍生的社会问题实与侍应生居中中介有关。此外，还有在旅馆内被劫，或是在旅馆内自杀的社会案件。这些社会问题虽然层出不穷，但案件中的旅客身份，却也反映出苏州在当时华中沦陷区的经济角色。来自上海、南京、无锡、湖州、河南等各地的行旅者多如牛毛，不管是赴苏州采购、到苏州求职、经商路经苏州，还是在苏州旅馆自杀、到苏州召妓等，都说明苏州在抗战时期虽然是沦陷区，却仍是江南重要的城市与交通孔道、旅行与消费的聚集地。此时的苏州已不再是战前的"住宅区都会"，而是变为"商业繁盛的省会"。

第六章　不戒吸的烟馆

> 除了上述的三馆之外，而号称"戒烟所"的烟馆生意，尤其是特别良好。虽则土贵如金，每一小盒烟，至少要卖到几十元，而吃烟的人，还是不以为贵，情愿典衣质物，卖田卖地的要拼命地去吸，正因为大利所在，所以城厢内外的几家大烟馆，如隐庐宝记之类，每天的生意，总要做到十万元，而一般开烟馆的老板，谁不是大发其财。说也稀奇，米价卖到千元，人家已在那里，大喊其吃不消，而鸦片烟这样的卖得昂贵，天天又在那里上涨，而吸的人还是这末的多，……
>
> ——独手:《闲话吴中四馆》[1]

烟馆作为沦陷时期苏州城市经济"畸形繁荣"的代表之一，其实吸烟风气与烟馆的盛行，其来有自，如第一章里所提及，早在战前的苏州，这样的现象已经有段很长的历史。至沦陷之后，苏州的

---

[1]《江苏日报》，1943年10月25日，第3版。

烟馆为何又特别盛行？着实是值得深入探究的议题。而这个议题，又涉及政治、社会与经济多个面向。因为吸烟的风气与烟馆的建立，和政治力的介入脱离不了关系；而吸烟与烟馆，又是伪政府重要的税收来源之一，甚至成为苏州一地经济繁荣的重要支柱，却造成许许多多的社会病态现象。尤其值得注意的是，沦陷区的统治者如何面对这样具有"道德性"的问题。本章拟尝试探讨上述的诸问题，希望借此呈现沦陷时期苏州城市生活的另一面向。

近三十年来，学术界对于民国时期的鸦片研究，其实已有相当丰硕的成果。有一大部分探讨的主题，是关于近代中国烟毒的问题。直接涉及抗战时期华中沦陷区鸦片问题的研究，以江口圭一、卜正民（Timothy Brook）、小林元裕等人的著作为代表。[1]若以区域研究的专书而言，对上海、四川与云南这些地区，分别有区域性研究，[2]至于苏州的相关研究，数量并不多，而且主要集中在抗战之前。关于沦陷后苏州的鸦片问题研究，几乎是一片空白。[3]本章即梳理抗战后苏州的吸烟与烟馆问题，并以1942年下半年作为分界点，呈现沦陷前期与后期的变化。

---

[1] 江口圭一：《日中アヘン戦争》，东京：岩波新书，1988；Timothy Brook and Bob Tadashi Wakabayashi eds., *Opium Regimes: China, Britain and Japan, 1839-1952* (Berkeley: University of California Press, 2000)；小林元裕：《近代中国の日本居留民と阿片》。

[2] 秦和平：《四川鸦片问题与禁烟运动》、秦和平：《云南鸦片问题与禁烟运动（1840—1940）》、苏智良：《上海禁毒史》，上海：上海书店出版社，2009。

[3] 蒋民国：《近代苏州烟毒问题及治理》，苏州科技学院硕士学位论文，2010。

第一节　鸦片垄断贩卖体系的建立

鸦片的种类、货源与价格

抗战前苏州的鸦片来自上海，而上海的毒品又来自四面八方。最上等的鸦片是云土，产自云南，由云南经暹罗、香港运到上海；较次的是川土，四川产，由四川经长江运到上海；再次等的叫红土，是东三省、热河区与内蒙古的产品，质量劣，毒素重，吃的人少，但加工提炼能制成白粉和红丸，多为一般贫苦阶级人所吸食。[1]日本人支持下成立的伪满洲国与伪蒙疆政权（即三个傀儡政权，统属于"蒙疆联合委员会"，又称"蒙疆政权"），所产之鸦片在战前就大量流入内地，实与日本人的政治野心有关。1935年殷汝耕在日本人扶持下，成立"冀东防共自治委员会"，日本人以之为中介，不断地从伪满洲国走私各类毒品到冀东，再转运至华北各地。[2]

沦陷后，江南地区的"维新政府"在日人的规划下，仿照过去在伪满洲国与伪蒙疆政权的统治方法，成立戒烟总局，督率地方的宏济善堂办理鸦片的垄断贸易。官方供给的鸦片称为"官土"，系戒烟总局所运烟土，皆贴上印花，盖上印戳。宏济善堂的货品运

---

[1] 陈存仁：《抗战时代生活史》，上海：上海人民出版社，2001，第120页。

[2] 江口圭一：《日中アヘン戦争》，第51—52页。

输，皆由戒烟总局协助之。[1]1939年，日人在沦陷的上海华界成立宏济善堂，经销华中的鸦片，取代原来由杜月笙垄断的鸦片销售网络。欧战爆发以前，官土主要是从伊朗进口，当时通称之为"波斯土"，由三菱商事公司和三井物产公司采办。[2]此外，还有"北口货""华叶子"等名目，售价每两40到45元左右，几与米价相等。抗战之前曾流行从云、川而来的所谓云土、川土，至此早已绝迹。[3]

到了1940年下半年，由于受到欧战爆发之影响，货源奇缺，价格飞涨，官土供给与支配发生困难。华中一带包括苏州、无锡、武进等地承销官土的宏济善堂与零售的戒烟所等，常有断货之虞。当时苏州记者访问当地"戒烟局"与宏济善堂后，指出当地自该年5月以后，官土的支应确实发生问题，再加上华中无锡地区的烟民众多，难以支配，宏济善堂已将近停顿。[4]于是宏济善堂在华中地区开始种植鸦片，据国民政府内政部禁烟委员会的调查统计，日本在占领区内种植的罂粟——包括在湖北省、苏北（淮海特区）、安徽

---

[1] 日本人在1939年时已在伪蒙疆政权建立一套由种植者→土药公司→清查署→鸦片配给人→瘾者的体系。参见江口圭一《日中アヘン戦争》，第69—80页；又参见关捷主编《日本对华侵略与殖民统治》，下册，第178、181页。

[2] 江口圭一：《日中アヘン戦争》，第92—110页；关捷主编：《日本对华侵略与殖民统治》，下册，第174、179、181、188页；经盛鸿：《南京沦陷八年史》，北京：社会科学文献出版社，2005，下册，第923页。一说是1941年12月太平洋战争爆发后，日本在东南亚掠夺到大量的波斯土，由是极力推销而使价格降低。参见张学群、俞菁《日本侵华罪行简述》，收入苏州市地方志编纂委员会办公室、苏州市档案局编《苏州史志资料选辑》，苏州：苏州史志资料编辑部内部发行，2005，辑30，第267—268页。

[3] 仲臬：《戒烟所：一榻横陈任凭吞云吐雾》，《苏州新报》，1940年12月6日，第6版。

[4] 《特货来源不继——官土支配困难》，《苏州新报》，1940年8月11日，第4版。

（蚌埠、芜湖）等地划定的烟区——面积多达1500万余亩。[1]同时也大量贩卖蒙疆烟土，也就是所谓"西土"。[2]

烟土的价格也随之水涨船高，当时报纸上的戒烟广告往往形容："在土贵如金的今日，勿再流连烟榻"；"况土贵如金，倍于往昔"等，都反映了此时期的烟土价格。[3]1940年12月时，报载波斯土等货的售价是每两40到45元左右，几与米价相等。到了1941年6月时，报载当时全波斯红土每两售价已逼近百元大关，波西（即波斯土与西土混拼而成）亦达70余元，且时有断货。[4]亦即在半年之间，价格上涨近一倍之多。到了1943年9月之后，就连鸦片的黑市价格也高得惊人。据报载当时黑市的鸦片价格几个月前还是600余元，此际已破千元大关。每两鸦片相当于一石米的价格，所以当时的报纸形容"黑饭"还比"白饭"更贵重。[5]

除了官土之外，还有私土，也就是非宏济善堂供给的鸦片，成了官方查缉的对象。无论是"戒烟局"，还是后来改组的"禁烟局"，以及宏济善堂本身，都有专责部门负责会同警方查缉私土。如沦陷初"行政院戒烟总局"的缉私大队设于上海；[6]又宏济善堂总

---

1 关捷主编：《日本对华侵略与殖民统治》，下册，第174、179、181、188页；经盛鸿：《南京沦陷八年史》，下册，第926页。

2 江口圭一：《日中アヘン戦争》，第116—140页。

3 《幸福果 根本戒烟》，《江苏日报》，1942年5月9日，第3版；《浦子灵戒烟药片》，《江苏日报》，1942年5月12日，第3版。

4 仲皋：《戒烟所：一榻横陈任凭吞云吐雾》，《苏州新报》，1940年12月6日，第6版；仲皋：《戒烟所：土价飞涨急煞老枪》，《苏州新报》，1941年6月13日，第6版。

5 《真正黑市话鸦片》，《江苏日报》，1943年9月11日，第4版。

6 《戒烟缉私大队在沪成立》，《苏州新报》，1939年11月17日，第2版。

堂采办委员会于1941年6月组织缉私队,随同采办员一起出发,严行缉私,并分令上海、蚌埠、芜湖各地方"戒烟局"切实协助;[1]而苏州的"戒烟局"下属有总务、征税与缉私三科,并设有缉私队。

1941年8月新任局长唐翼之上任后,以上层再三嘱令注重缉私工作为由,还扩大了缉私部门的组织。[2]苏州的"警署"与"戒烟局"也在苏州各城门口设有检查站,严格搜查夹带私土出城,从苏州的报纸上也常看到许多私土被查获的案例,这也反映私土盛行的情况。[3]在苏州市档案馆的商会档案里,也可以看到许多1940至1941年间邮件包裹里挟带鸦片烟土的走私案件。[4]

从这些案例可以看到走私的货源,最大宗仍是来自上海。[5]而苏州也是私土走私的中介站,如1940年4月查获走私贩夹带烟土,欲往湖南湘潭贩卖。[6]1944年5月,苏州的禁烟局查获大规模专门集体私运烟土,由苏州运往他地;并在平门外苏常公路入口处附近,查获运输私土(私制鸦片)的汽车与货品。[7]苏州附近乡村与小城镇的私土,也是由苏州运往该处贩卖。[8]因为获利可观,于是还有不少妇

---

[1] 关捷主编:《日本对华侵略与殖民统治》,下册,第181页。

[2] 《戒烟局长唐翼之昨正式就职视事》,《苏州新报》,1941年8月13日,第2版。

[3] 《少女携带鸦片图出城门被拘》,《江苏日报》,1942年8月9日,第2版。

[4] 这类档案分别列入苏州市档案馆藏苏州商会档案的档号I07-001-0043与I07-001-0039项下。

[5] 《头关好混在关难逃私携烟土终被查获》,《苏州新报》,1941年6月12日,第5版;《火车站查获私运毒品犯》,《江苏日报》,1943年10月23日,第3版。

[6] 《裤带内藏土出站被捕》,《苏州新报》,1940年4月27日,第5版。

[7] 《苏区地方禁烟局截获大量私土》,《江苏日报》,1944年5月26日,第3版。

[8] 《周龙生腰藏烟土》,《苏州新报》,1940年11月20日,第2版。

女、青少年私贩烟土的例子。[1]这样的运销网络似乎仍然延续晚清以来上海为鸦片进口地、苏州为主要集散地的情况。

除了鸦片，沦陷时期的苏州还流行另一种价格低廉但毒性强烈的毒品——红丸与白面（白粉）。白面虽然在战前的上海曾流行，但在苏州不曾有过，沦陷后才由上海带进来，之后吸食者渐渐多起来。据说吸食初期无甚感觉，但日子久了，肺部将会溃烂，形同慢性自杀。[2]1941年的苏州报纸里形容说：无论是城区或乡区，平均十人中就有四五人吸食鸦片，其中不乏妇女与小孩，而且多数还是吸"白面"的。[3]

戒烟总局、宏济善堂、特业公会

沦陷时苏州成立了三个重要机关：戒烟总局、宏济善堂、特业公会。这三个机关都是为了卖鸦片而设的，戒烟总局是规范烟民与戒吸所的总机关。[4]戒烟总局与宏济善堂各有分工，前者管行政，后者独家垄断销售；宏济善堂各地的分堂理事，皆由总堂选派。[5]华中宏济善堂设总堂于上海，在苏州设有地方善堂，分配城乡区各零售

---

1 《私售鸦片积嫌隙妓院鸨妇图陷害》，《江苏日报》，1942年8月12日，第3版；《妇人携带鸦片出城被警查获》，《江苏日报》，1943年4月2日，第3版；《童子私携烟土呈解总局核办》，《苏州新报》，1941年5月25日，第5版。

2 吴振铎：《杀人不见血的毒品：鸦片！白面！》，《江苏日报》，1943年6月26日，第4版。

3 胡安谷：《清乡声中的禁烟问题（续）》，《苏州新报》，1941年7月12日，第5版。

4 余二：《记苏州一"毒人"》，《沪光》（上海），第4期（1946年4月），第1页。

5 《华中宏济善堂调整各地方分堂》，《苏州新报》，1941年3月28日，第4版。

店经销的官土。[1]

1937年12月苏州成立"自治会"时，就设有禁烟局，由日本人实质控制。至"维新政府"成立后，由日本"兴亚院华中联络部"出面，于1938年11月22日，为"维新政府"草拟一份"维新政府戒烟制度要纲"，提交"维新政府"讨论。这些纲要的主要内容是，由"维新政府"正式建立管理毒品销售的行政机构，亦即戒烟总局与各地方戒烟分局，实行鸦片专卖政策。[2]

"维新政府"1939年4月30日颁布"维新政府戒烟制度要纲"，依此在"行政院"下成立"戒烟总局"（总局址在上海百老汇大楼6楼，局长朱曜）和各地戒烟分局。"维新政府"在颁布的法令文件上，将鸦片与海洛因等烈性毒品截然分开，再令传戒之意，对鸦片烟土实行"渐禁""弛禁"等"寓禁于征"与"专卖"的政策法令；再由"维新政府"授权委托宏济善堂及其所辖各土膏店、烟馆等，统一经营鸦片的贩卖销售与监督工作，实行鸦片专卖，由当局对之征税。[3]这样就使鸦片的销售完全合法而公开，而背后仍是由兴亚院操纵。[4]

华中宏济善堂名义上是个慈善机关，实际上却是一个为日本推销鸦片与毒品的贩卖机关。1938年初，日本华中方面军特务部总务班班长楠本实隆到沪，指派"苏浙皖特税处"批准成立"上海公卖

1　《苏州地方宏济善堂通告》，《苏州新报》，1940年9月8日，第1版。

2　经盛鸿:《南京沦陷八年史》，下册，第937页。

3　经盛鸿:《南京沦陷八年史》，下册，第935页。

4　从1939年11月所召开的行政院戒烟总局大会中，可以明显看到兴亚院的角色。因第一决议中，有地方上烟毒案件的问题，需由分局上呈行政院与兴亚院，一起会同拟订办法。参见《行政院戒烟总局在镇举行四次会议》，《苏州新报》，1939年11月9日，第4版。

处"(负责者为盛文颐、方达璋、蒲剑英等人),成为附日政权最早的贩毒机关。楠本找来曾在天津毒品界活动的里见甫(中文化名为李鸣),与中国烟商联络,仿照大连宏济善堂,筹组华中宏济善堂。1939年6月5日,在"维新政府"授意下,戒烟总局委任李鸣为华中宏济善堂理事长,总董是盛宣怀的侄子盛文颐,字幼庵,人称"盛老三",宏济善堂于上海北四川路正式挂牌开张。[1]各地成立分堂,苏州的负责人是朱振华。[2]为笼络地方烟商,地方宏济善堂以无日人参加为原则,理事长也由当地人推选。[3]

宏济善堂秉承日本兴亚院和大使馆的命令,全权管理鸦片的经营,自上而下形成纵向的公卖体系,"戒烟局"反而没有直接控制的能力。[4]总堂之下设地方分堂,分堂之下设土膏行(膏店),土膏行之下设戒烟所(烟馆、售吸所)。宏济善堂将购进的鸦片批发给各领有当局执照的土膏行与烟馆,向烟民公开出售;苏州分堂向上海总堂进货,总堂所得巨额收入都上交日军特务部,货至苏州还有警察保护,到苏州后分装批发给土膏行,再转零售店及戒烟所。伪政府戒烟总局与各地方分局对宏济善堂及所辖各地方分堂、各土膏

---

1 关捷主编:《日本对华侵略与殖民统治》,下册,第177—178页。

2 其他的分堂负责人如下:南京蓝芑苏、镇江徐成裕、芜湖蔡公侠、松江严春堂、嘉兴郭伯良。

3 关捷主编:《日本对华侵略与殖民统治》,下册,第178页。

4 地方局请求增加特货限额案,仍需转华中宏济善堂,可见宏济善堂的地位与角色。又如1940年初苏州的"戒烟局长"得知官土来源稀少,只怕零售商涨价,故要求零售商不得涨价,唯其所云也指出烟土数量之支配,照章由宏济善堂负责,地方"戒烟局"仅处监督位置,不得过问。参见《三省戒烟会议决处理烟犯划分权限请迅颁麻醉药品条例》,《苏州新报》,1939年12月7日,第2版;《戒烟局杨局长召零售商谈话戒吸所及甲种吸户购官货于规定利益之外不得抬高》,《苏州新报》,1940年1月14日,第5版。

行与烟馆征税,规定鸦片税每两征收1.2元。[1]此外,宏济善堂也组织特业总公会,规定"凡中国区域内之特业公会,皆为会员;各地特业公会在购货时,须先向总公会申请,总公会再转请宏济善堂核定"。[2]

鸦片的税收也是"维新政府"的重要财政来源,如梁鸿志的南京"维新政府"的开支有30%到约33%是来自鸦片的收入。[3]因而有学者认为"维新政府"初期的财政都靠宏济善堂拨付,所以"维新政府"实际上是靠沦陷区的烟民来支持的,各地大小组织的官员都是宏济善堂所豢养的。[4]

苏州的烟商与汉奸

关于沦陷时期苏州贩卖鸦片的机制与大盘商,在抗战时期相关之记载并不多,反而是在战后的报刊中有较详细的记录,其中也充斥着许多传闻。据战后资料记载,苏州毒化机构原隶属上海管辖,之后苏州自成另一地方势力。这三个机关分别由几个苏州汉奸主持,即朱振华、丁廉宝、潘子亮(潘瑞元)、韦宝萱等人。这些

---

[1] 关捷主编:《日本对华侵略与殖民统治》,下册,第175—181页;经盛鸿:《南京沦陷八年史》,下册,第926—927页。

[2] 曹大臣:《日本侵华毒化机构华中宏济善堂》,《抗日战争研究》,第1期(2004年),第120页。特业公会的待遇应该很好,似乎也很有地位,所以在报纸上看到有特业公会已歇之茶房,假借宏济善堂名义诈骗。参见《苏州地方宏济善堂启事》,《苏州新报》,1940年1月18日,第1版。

[3] Timothy Brook, "Opium and Collaboration in Central China, 1938–1940," in *Opium Regimes: China, Britain and Japan, 1839-1952*, edited by Timothy Brook and Bob Tadashi Wakabayashi, p. 336;李恩涵:《日本在华中的贩毒活动(1937—1945)》,《"中央研究院"近代史研究所集刊》,第29期(1998年6月),第200页。

[4] 陈存仁:《抗战时代生活史》,第121页。

人在沦陷时期的形象并不一致，但战后都被当地报刊归类为汉奸。朱振华为宏济善堂苏州分堂理事长。丁廉宝为苏州毒化巨奸，为特业公会主席，操全苏城烟土的配给权，并开设宝祥钱庄与宝记售吸所。潘子亮出身苏州阀阅世家，为苏州特业公会要员之一，兼任上海戒烟总局总稽查，开久康钱庄。韦宝萱，系宏济善堂会计。此外，还有王振川，为伪省长陈群要友，在丁廉宝前之主要毒枭；叶荫苹，宏济善堂要员。[1]

朱振华原名朱忠保，在战前即指挥一帮人专营贩毒，沦陷之初走通日本军部关系，并拜盛老三为干爹，得任苏州宏济分堂理事长。他的势力庞大，交际广泛，上至日本军部、翻译，下到帮会流氓都有往来。其势力还伸及昆山、无锡、常州诸地，甚至苏锡两地的鸦片价格涨跌有时也由他操纵。朱除向上海宏济总堂购买官土，还暗中指使土贩到安徽搜购烟土，然后再回苏、锡私售，有的还卖给宏济善堂，再包装作官土出售，以赚取价差。1940年，则由丁廉宝接办苏州宏济分堂。[2]

沦陷时在苏州主持宏济善堂，又任特业公会主席的丁廉宝，致力推销烟土、推行毒化政策。在苏州一地，瘾君子有五六万人，日销烟土一万两以上，所以丁有"烟土大王"的绰号。自从他霸住苏州的特业之后，广收门徒做他的爪牙。他搭上了陈公博而得势，所以在阊门一带，全是丁的世界。抗战胜利的消息传到的次日，他就急于逃匿到上海，其间还曾在上海爱文义路潘瑞元所购之宅邸中寄

---

[1] 花影：《苏州毒人传》，《快活林》（上海），第13期（1946年4月），第4页。

[2] 张学群、俞菁：《日本侵华罪行简述》，收入《苏州史志资料选辑》，辑30，第267—268页。

住多日。[1]

　　丁在沦陷时期苏州社会的形象颇为两极化，一面是善人的形象，反面则被视为与汪伪政权合作的奸商。在沦陷时的苏州，丁氏被地方认定为公共慈善活动的领袖，如担任阊胥盘区的救火会主任，并于1941年成立吴县阊胥盘区地方公益会。[2]有时宏济善堂会举行冬令施粥的活动，丁氏和潘瑞元也因此获得"大善士"之美名。[3]在报纸上也常常看到丁氏担任许多行业间纠纷或劳资纠纷的中介调人，并得到业界的肯定，特别登报志谢。如1941年10月与11月间，先后发生的锡箔业者的劳资纠纷、船运业与委托售货业者间之纠纷、旅馆业者与水灶业者间所发生的纠纷等等，都是赖丁廉宝从中调解。[4]但是另一方面，因为丁氏在苏州政商界的势力太大，往往引人非议。如1941年7月，当时苏州有征地方事业补助费，但商人认为此举是变相的商人捐，所以深恶痛之，并且一度以为丁廉宝

1　传闻丁廉宝在战前还只是阊门外石佛寺弄一家燕子窝的小伙计，丁致富后喜欢上了苏州女弹词人范雪君，为范出专刊把她捧红，又发愿以二十条黄金和上海一幢洋房为聘礼，娶范为妾。参见苏客《苏州的土大王丁廉宝远走江皋》，《快活林》（上海），第7期（1946年3月），第5页；绿枫：《苏州汉奸一览表》，《文饭》（上海），第5期（1946年3月），第9页；子曰：《苏州杜月笙——丁廉宝"爱煞"范雪君》，《海潮》（上海），第8期（1946年5月），第2页。

2　《丁廉宝启事》，《苏州新报》，1941年7月8日，第1版；《公益事业之回顾与前瞻》，《江苏日报》，1942年1月1日，第3版。

3　宏济善堂冬季施粥，受领者有650余户，参见《苏州宏济善堂将独办施粥厂》，《苏州新报》，1939年12月13日，第2版；《苏地方戒烟医院开始收容烟民》，《苏州新报》，1940年1月5日，第5版；《鸣谢丁廉宝大善士暨潘子欣大善士》，《江苏日报》，1942年4月22日，第2版。

4　《鸣谢丁廉宝先生启事》，《江苏日报》，1941年10月15日，第2版；《感谢丁廉宝先生启事》，《江苏日报》，1941年10月15日，第2版；《吴县水灶业同业公会感谢丁廉宝先生》，《江苏日报》，1941年11月20日，第2版。

第六章　不戒吸的烟馆　　　227

有企图包捐该项任务。该月其家宅即遭不明人士摧毁，这可能是报复行为。[1]

潘瑞元则是任"禁烟总局稽查"，向有苏州"土皇帝"之称，原系丁夹袋中人物，亦是推行毒化之有力人员。他本是苏州望族潘氏的后裔，小名瑞元，后来用潘子亮之名，活跃于汪伪政权时代，所以苏州人士知道潘子亮的尤多于潘瑞元。[2]抗战胜利后，潘与丁二人联袂逃到上海。初犹堂堂出没交际场所，自从闻悉朱振华被捕，他们才开始恐慌。继而丁远走，一说逃往汉皋，一说匿迹在沪西某寺院里；潘则寄寓在沪上一亲戚家中，有时还易装到苏州探望老母，行踪甚密。[3]

韦宝萱是宏济善堂苏州分堂的财政大权独揽者，但较低调，不像丁廉宝、潘瑞元那样出风头，抗战胜利后他已迁移到他地，[4]后来易名为卫志仁，仍然住在自建的洋房内。他与陆家麒是苏州分堂理事长朱振华的左右手。还有一位叶荫苹是厕身其间当跑腿的。韦、陆、叶三人在苏州烟土界有鼎足之势，抗战胜利后则易名开设股票公司，俨然成为正式商人。[5]上述这几人在抗战胜利后都从苏州脱逃，依然逍遥法外。

此外，战前已传闻苏州本地的烟土大王有所谓"四山"之称

---

[1] 《丁廉宝启事》，《苏州新报》，1941年7月8日，第1版；《丁廉宝谢启》，《苏州新报》，1941年7月28日，第1版。

[2] 寒容：《苏州"土皇帝"潘瑞元》，《新上海》（上海），第4期（1946年1月），第9页。

[3] 沫客：《苏州五毒》，《快活林》（上海），第18期（1946年6月），第11页。

[4] 余二：《记苏州一"毒人"》，《沪光》（上海），第4期（1946年4月），第1页。

[5] 沫客：《苏州五毒》，《快活林》（上海），第18期（1946年6月），第11页。

号者，但未知确切的人名，直到其中一位于苏州沦陷后被人检举告发，才知其名为王桂山。事发于1939年10月，苏州警局破获一起私土案，该案指出王桂山在苏州沦陷后插股宏济善堂，其所售者表面为官土，其实有大部分是私土，因人检举而曝光。王桂山却因为与宏济善堂理事长朱振华有私谊而被保释，引起原告不满。事后苏州宏济善堂理事长朱振华于报纸上声明，王桂山并未入股善堂，其也未保释王某。苏州戒烟局长杨钦承得知，下令彻查王桂山私土案。据原告证实，王某与理事长朱振华确实有关系，且在善堂股东名单上，可见彼此利用，关系非常。[1]

有些苏州人在南京任官，也有助长鸦片销售者。如袁君畴，原是小学教员出身，革命军北伐到苏州，搭上了第二十一师师长严重的关系，一跃而为苏州市公安局长。后来官运亨通，历任浙江多个县分的县长。当日军侵犯浙东时，他潜逃回上海，后来参加汪伪政府，出任"全国禁烟总局长"。他曾利用职务之便，屡次偷运大量烟土，交给苏州禁烟分局为其兜售而大发其财。[2]

---

1 《中新里莺莺书寓　破获贩卖私土机关》，《苏州新报》，1939年10月31日，第5版；《王桂山保释后　原告不满》，《苏州新报》，1939年11月1日，第5版；《苏州地方宏济善堂理事长朱振华启事》，《苏州新报》，1939年11月2日，第2版；《戒烟局长杨钦承　澈查贩私土案》，《苏州新报》，1939年11月3日，第5版。

2 绿枫：《苏州汉奸一览表》，《文饭》，第5期（1946年3月），第8页。

第二节　烟馆与吸烟的盛行

戒烟所即烟馆

所谓的戒烟所或戒吸所，其实就是鸦片烟馆。当时报纸的社论就讽刺说：

> 在城区呢，则尤其来得奇怪，有什么戒烟所、戒吸所等的名称，明明是吸食的地方，反而说是"戒吸所"；明明是买［卖］烟土的地方，反而说"戒烟局"。还不如堂而皇之的叫做"售吸所"，来得名符其实些。据一个朋友告诉我，最奇怪的还有什么叫做"鸦片吸量减少所"，这真是滑天下之大稽的了，竟有这样的掩耳盗铃矛盾到极点的事。[1]

外国人估计1938年的苏州约有500家鸦片烟馆，这里的估计可能是包含城市与乡村。[2] 又据当地报纸报道估计，1940年时苏州当时已有戒烟所140余家。次年报纸的社论，形容苏州城内的戒烟所已达数百家之多。在1942年8月时，城厢内外戒吸所估计有160余处，

---

[1] 胡安谷：《清乡声中的禁烟问题（续）》，《苏州新报》，1941年7月12日，第5版。

[2] Merrill, *Japan and Opium Menace*, p.60，转引自李恩涵《战时日本贩毒与"三光作战"研究》，南京：江苏人民出版社，1999，第122页。

到1944年略有减少，为142家。[1]这些戒烟所按月要向地方戒烟总局缴牌照费，方可营业。而且逐月须购官土若干，并须造表具报。

至于吸食者，必须是领有执照的烟民，方得购买吸食。[2]据1939年"戒烟局"的规定，从10月开始烟民需要登记换照，烟民执照半年换一次，分甲种（可在家吸烟）、乙种（只许在戒吸所吸烟），甲种3元，乙种1元。凡未领照或逾期不登记者，以私吸论。[3]到了1942年，为了加紧搜括，将烟民执照由半年改为按季换照。[4]虽需戒烟执照才可至戒烟所买鸦片烟，不过从报纸上的新闻看来，当时苏州仍有不少戒烟所暗地里为无照烟民（又称"黑籍"）提供鸦片，由此可知当时有登记的"合法"烟户并非全部。[5]

到底苏州吸食鸦片烟的人数有多少呢？1939年底苏州烟民登记数量有2000余名，但这绝对不是全部。[6]因为同年年底常熟县烟民登记截止后，只有不到500人，《苏州新报》的记者认为此数字比战前登记的烟民2000人，相差甚远，仅有原来的四分之一。[7]如果

---

1 仲皋:《戒烟所：一榻横陈任凭吞云吐雾》，《苏州新报》，1940年12月6日，第6版；廷：《关于历届烟禁之感言》，《苏州新报》，1941年6月3日，第3版；《戒烟局长唐翼氏调整科人选》，《苏州新报》，1941年8月20日，第2版；《澈底扑灭烟毒省垣售吸将停闭半数定明晨以抽签法决定》，《江苏日报》，1944年8月9日，第3版。

2 仲皋:《戒烟所：一榻横陈任凭吞云吐雾》，《苏州新报》，1940年12月6日，第6版；廷：《关于历届烟禁之感言》，《苏州新报》，1941年6月3日，第3版。

3 《行政院戒烟总局苏州地方戒烟局布告第九号》，《苏州新报》，1939年10月5日，第1版。

4 局长王通:《苏州地方戒烟局布告》，《江苏日报》，1942年7月1日，第2版。

5 《无照烟民拘警惩办》，《江苏日报》，1943年7月7日，第3版。

6 《苏州地方戒烟局烟民登记踊跃》，《苏州新报》，1939年11月16日，第5版。

7 《常熟开始查挤无照私吸烟民》，《苏州新报》，1939年12月3日，第4版。

第六章　不戒吸的烟馆

由此推测，苏州在1939年真实的鸦片吸食者至少也应该有8000到10000人。只可惜之后有关烟民登记的数字并没有系统性的记录，报纸的相关记载如下：

表6-1：沦陷时期苏州烟民登记的数量

年代	数量	资料来源
1939	2000余人	《苏州地方戒烟局烟民登记踊跃》，《苏州新报》，1939年11月16日，第5版。
1941	1000余人	《地方戒烟局拟即恢复戒烟医院》，《苏州新报》，1941年10月9日，第3版。
1944	2600余人	《省垣烟民办理登记将实施分期戒绝》，《江苏日报》，1944年8月12日，第3版。

戒烟所的内部大都陈设四榻、五榻及各种灯器具，室内置有账台，分别管理银钱、烟膏、烟灰、烟枪等要务。此外，雇有伙计数人，专司整理烟铺、装烟煮膏、侍奉茶水等杂役。（参见图6-1）这些伙计其实也是瘾君子，是没有执照的"黑籍中人"。当时人有称呼烟馆为"燕子窝"者，大约取其地方狭窄，仅堪容膝，污秽狼籍，出入频繁之故。[1]不过，戒吸所的收入是相当丰硕的，即使是其雇用的烧烟工，虽然名称上不好听、社会地位很低，但收入委实不错。[2]此外，戒烟所中间设有麻将桌供顾客使用，每日收入殊属可观，此为戒烟所的外快。虽然戒烟所上缴不少税收，又得买一定的官土，但是从报纸上看到戒烟所的抢案频仍，可见其收入颇丰，否

---

[1] 仲皋：《戒烟所：一榻横陈任凭吞云吐雾》，《苏州新报》，1940年12月6日，第6版。

[2] 《烧烟：行业虽低进账委实不错》，《苏州新报》，1941年8月16日，第6版。

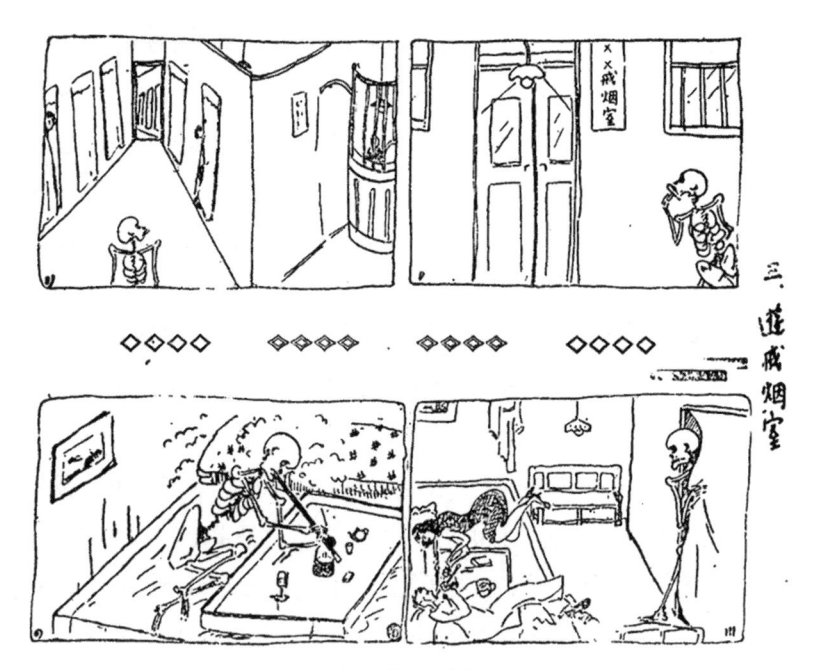

图 6-1：抗战时期讽刺戒烟漫画之一

资料来源：《新东方杂志》（上海），第2卷第3期（1940年11月），第54页。

则就不会成为抢匪的目标。[1]最有名的抢案，莫过于丁廉宝于阊外石佛寺口所开设的宝记戒吸所，在1940年发生的抢案。[2]再从报纸广告中有关戒烟所转手的启事并不多，可见戒烟所经营获利颇稳定。[3]

烟馆的消费者形形色色，烟馆的规模也有大小。小烟馆每早

---

1 《福记戒烟所暴徒掠劫》，《苏州新报》，1940年12月4日，第2版；《戒烟所深夜营业蒙面匪大肆搜劫》，《苏州新报》，1941年7月8日，第5版。

2 《阊外石佛寺口宝记戒吸所被四盗闯入搜劫》，《苏州新报》，1940年2月22日，第5版。

3 《泉记戒烟所启事》，《江苏日报》，1943年11月2日，第4版。

第六章 不戒吸的烟馆

以加戥（很小的秤子）为号召，也有每出锅一次，凡购得增重少许，以广招徕。一般老烟枪咸乐闻之，故每日清晨六七时，川流不息。间有一二老主顾吸量颇大者，举止阔绰，戒烟所的所主为迎合其心理及营业前途起见，允其放账，或五日一结，或半月清偿。不过，也有欠钱却又另投别家的"赊钱断主客"，以及烟膏之被吸者"打泡"连灰带走者，最为业者所痛恨。还有所谓"穷碰极"者，以前或曾阔绰过一时，因挥霍无度，今日分文难求，但烟瘾到来又无法遏止，于是不得不向小烟馆商量以旧破衣旧物权为抵押，俾得"过门"。

还有少数烟馆规模颇大，设备精良。如承德里口开设了一所大型烟馆，里头有着能容纳20多座烟榻的内堂，被重重帘幕隔离为一个云雾缭绕的空间。榻上瘾君子手持烟枪，就着烟灯吞云吐雾，馆内以古诗句拼凑出来的"重帘不卷留香久，短笛无腔信口吹"对联，遂成了此景的绝佳写照。吸烟之余，燕子窝里也备有莲子羹、细沙粽、八宝饭等甜点供烟客选购。馆内还设有单间，以女招待提供打烟泡、装烟枪、搥背说笑等服务。这样的消费环境，使该烟馆成为不少人谈生意、拉关系的首选场所。[1]

戒烟所开设的位置，据当局规定不得设在公共场所，但是常见酒馆、旅馆或茶馆里偷偷设立戒烟所。例如鑫记戒烟所附设在观前

---

[1] 丁廉宝于石路石佛寺弄开设的宝记戒烟所，同样于设备方面下了功夫，装潢得仿佛富丽堂皇的旅馆，吸引不少富户与有权势者在此流连。参见张学群、俞菁《日本侵华罪行简述》，收入《苏州史志资料选辑》，辑30，第271页。

街的同济和酒馆内,遭到警局查出且勒令迁出。[1]戒烟所设立的位置,与顾客层级有关,非闹区的地区所设之戒烟所的客层多是中下阶级。例如1941年7月在东南葑门城内甫西桥街有一云雾戒烟所,系本地人王福生独资所设,该所因地段关系,专做中下阶级烟民生意,故营业时间须迟二三小时或竟至天明。每夜门户不禁,也因此成为匪徒乘隙行抢之目标。[2]

除了正式"合法化"的戒烟所,还有许多私设烟馆的例子。在报纸上时常看到警员与缉私员查获私烟馆的案件,而且私烟馆常设在像玄妙观附近、阊门外的商业区里。[3]如在天后宫街骆驼桥浜口曾遭警察查获私售烟窟,此案乃未领照而开设烟馆,又私售鸦片烟给无照吸烟者,其中还有南京人。[4]也有苏州娼寮私营赌场抽头,又私售鸦片。[5]甚至玄妙观内的道士都在观内的文昌殿私设烟赌场。[6]而戒吸所或烟馆私设赌场聚赌的情况,在报纸上也很常见。

---

1 《鑫记戒烟所设公共场所》,《苏州新报》,1941年7月26日,第5版。在苏州小街僻巷的茶馆,间有附设戒烟所,更有聚赌抽头者,盖为下层人士的行乐天地。参见臬仲《苏州情调(二六):茶馆有闲阶级消遣所,下流社会行乐地》,《苏州新报》,1941年1月5日,第6版。

2 《戒烟所深夜营业蒙面匪大肆搜劫》,《苏州新报》,1941年7月8日,第5版。

3 《玄妙观小菜场旁破获贩毒烟窟》,《苏州新报》,1939年10月15日,第5版;《戒烟所缉私队破案三起》,《苏州新报》,1939年10月28日,第5版;《贩毒主犯判处徒刑》,《苏州新报》,1939年10月29日,第5版。

4 《天后宫街骆驼桥浜查获私售烟窟》,《苏州新报》,1940年8月23日,第5版;另一例子是在阊门外的私烟馆被查获,参见《文昌殿变为赌烟窟 道士抽头聚赌》,《苏州新报》,1940年12月11日,第5版。

5 《娼寮私营烟赌 警署据报往捕 鸨母谎报盗劫》,《苏州新报》,1940年12月2日,第5版。

6 《文昌殿变为赌烟窟 道士抽头聚赌》,《苏州新报》,1940年12月11日,第5版。

第六章 不戒吸的烟馆

烟毒之害，从报纸上可以看到许多例子，由此也同时看到吸鸦片的消费阶层颇广。例如有茶馆店主因吸鸦片烟而染上瘾，以致家业与婚姻皆受影响。[1] 也有不少人因烟瘾发作而死于街头或自杀，或是有外地人在旅馆里利用鸦片来自杀。[2] 当时吸烟者甚至有一般乞丐者流，以乞得之钱，不惜付之一吸。就连人力车夫亦喜小吸，常以血汗之资浪掷于此。[3]

至于吸食鸦片的上层阶级是什么人，从1941年下半年之前的苏州报纸上，很少看到这类描述。偶而可以看到的是有某昆剧名伶到售吸所吸烟而结识售吸所主，进而发生感情纠纷。[4] 到了1941年下半年后，因为进口的烟土价格大涨，各处的戒烟所也开始涨价，下层老烟枪担心价涨，急得泪涕交流；但上层者则不惧，高等设备的雅室，如云霞阁、朱云记等，仍是有榻皆满，谈笑风生，出入之流，一吸数十金而毫无吝色，报纸评论道："盖自有其挥霍之来源。"[5] 但是到此之后，愈来愈多的报道将这些上层消费者指向"公务人员"，如有查获监狱科长之妻吸鸦片而遭逮捕的案件。[6]

---

1 《吸烟不顾家务——妻请别居》，《苏州新报》，1940年7月16日，第2版。

2 《脱烟瘾身死》，《苏州新报》，1941年6月10日，第2版；《烟瘾大发投河自杀》，《苏州新报》，1941年7月12日，第5版；《娼寮私营烟赌：警署据报往补鸨母谎报盗劫》，《苏州新报》，1940年12月2日，第5版。

3 仲皋：《戒烟所：一榻横陈任凭吞云吐雾》，《苏州新报》，1940年12月6日，第6版。

4 《坤伶结识吸售所主　感情破裂出走》，《苏州新报》，1939年12月16日，第5版。

5 仲皋：《戒烟所：土价飞涨急煞老枪》，《苏州新报》，1941年6月13日，第6版。

6 《涉嫌吸烟送医调验》，《苏州新报》，1941年6月18日，第5版。

戒烟广告与戒烟医院

因为鸦片的价格愈来愈高,大部分的瘾君子已无力负担,由是在报纸上出现许多戒烟的广告。戒烟的广告在战前的报纸上已经出现,但是并不像沦陷后如此频繁且多样化。此时这些戒烟广告其实是反映了沦陷后鸦片涨价的趋势,宣传在所谓"土贵如金的今日",使用这些戒烟方法可以不再流连烟榻。

最常见、触目皆是的戒烟广告是关于戒烟新药。新药种类之多,命名之奇,真可说是光怪陆离。如号称对数百万人有效的"黑海星"、从上海传入的"梅庵氏戒烟露"、日本制成而由北京传入的"四巴诺露"、号称是云南土人所产制的戒烟蝴蝶草、专戒毒瘾且仍可照常工作的"林灵戒烟丸"、资生堂监制的"资生参片",以及康福多、千金片、新海洛断瘾、浦子灵、寿尔康(寿尔赐保命)、安度赐保命、幸福果、林灵经济戒烟丸、林方戒烟丸等等。这样的情况不只是苏州,上海亦是如此,甚至可能有过之而无不及。[1]

再从这些戒烟药品的广告词里,可以发现有些药其实可能只是一般的补药,但是却强调多种疗效,其中就包含戒鸦片。如安度赐保命(ENDOSPERMIN)的广告,夸言其可预防未老先衰、神经痛、动脉管硬化、糖尿症等,尤其能治愈鸦片烟瘾。[2]有的则是标榜该药品是大医院与医生所采用,如声称戒烟特效药康福补锭是"省府"卫生科科长、化验所所长与省立医院院长共同认可与推荐的。[3]当时早已有人指出戒烟是需长时间到医院戒除,上述这些药品只是奸商

---

1 老枪:《药商黑幕:戒烟茶膏新噱头》,《大观园》(上海),第2卷第4期(1940年8月),第100—101页。

2 《安度赐保命(ENDOSPERMIN)》,《江苏日报》,1942年5月3日,第1版。

3 《戒烟特效药》,《江苏日报》,1944年9月13日,第4版。

看准瘾君子因为鸦片价格大涨、不堪负担，于是趁此时机利用大众传媒的号召，吸引烟民上当以谋利。[1]另一方面，这些夸大的广告词与大量的戒烟广告，反映当时吸鸦片烟的消费层之广，使这些奸商在短期内致富。

　　戒烟广告中还可见许多医院设立了戒烟科或戒烟部，专门为瘾君子所设。有的标榜"短期断瘾""无痛戒烟""限日断瘾"，或是特聘上海的名医来苏主持"科学化戒烟"等。[2]从广告中可以看到戒烟的费用，如江南医院的广告声明戒烟费5500元，一次付清，三天断瘾。[3]费用如此之高，令人咋舌，也绝非一般人可负担。却有病人登报感谢江南医院的院长，采用每3小时注射抗烟剂、每5小时注射葡萄糖，如此72小时后即可更生，绝无痛苦、完全断瘾。[4]从事这类治疗的医院，从《苏州新报》与《江苏日报》上的广告可以看到有苏州国医医院、同仁医院（城内锦帆路2号）、苏州保健医院（城内宋仙洲巷）、昆山的普济医院、民智产科医院（城内古市巷57号）、江南医院（新闾门内梵门桥弄）、新生戒烟医院（城内司前街10号）等。由此可见，当时不只是药商而已，医院也借宣传治疗快速的"科学化戒烟"来谋利。

　　至于官办专门的戒烟医院，早在战前已成立了，沦陷后苏州的

1　老枪：《药商黑幕：戒烟茶膏新噱头》，《大观园》（上海），第2卷第4期（1940年8月），第100—101页。

2　《苏州国医医院无痛戒烟黑籍福音》，《苏州新报》，1940年9月22日，第2版；《同仁医院特聘上海陈清琦医师来苏》，《江苏日报》，1942年1月7日，第4版；《科学化戒烟接洽处同仁医院国际西药行》，《江苏日报》，1942年11月1日，第2版。

3　《江南医院二期集团戒烟广告》，《江苏日报》，1944年8月18日，第2版。

4　《表扬庄氏戒烟技术并谢江南医院医护诸员》，《江苏日报》，1944年10月9日，第2版。

图 6-2：抗战时期讽刺戒烟漫画之二

资料来源：君毅《一再戒烟》，《江苏日报》，1942年4月3日，第2版。

地方"戒烟局"于1940年1月，在城内十梓街设立官办戒烟医院。[1]最初官办戒烟医院对前来投戒的烟民完全不收费，后来因为经费的问题，酌收膳食费。虽然因为米价上涨，再加上医院的经费有限，所以膳食费略有提高，但当时的苏州"戒烟局长"杨钦承还算颇支持，故每人每日不过3角至7角，费用可谓低廉，但名额并不多，只有男15人，女5人。[2]到1940年6月，苏州地方"戒烟局"成立戒烟医院历经5个月，号称已有130人戒烟成功，并拟成立烟民工厂一所（暂名烟民习艺所），以救济失业者。[3]据报载，官办戒烟医院每月经费一千数百元，全靠杨局长一人筹措，来年8月杨局长离职后，经费无着，遂暂告结束。[4]新任的"戒烟局长"唐翼之对此举似无太高的兴趣，经记者在报纸刊载带有批评的社论后，"戒烟局"开始着手要求烟民登记；烟民登记后计有千余名，遂拟恢复戒烟医院。[5]然而直到1944年才正式筹设戒烟医院。（详见下节）

除了戒烟新药与戒烟医院，到沦陷后期，苏州还出现许多光怪陆离的戒烟法，如有无赖设神坛，宣称仙法仪式可戒烟，实则是敛财的工具。[6]

---

1 《苏戒烟医院决于元旦成立》，《苏州新报》，1939年12月25日，第2版。

2 《戒烟局令戒烟医院减低烟民膳费》，《苏州新报》，1940年11月30日，第2版；《戒烟局令各县市务所保送烟民免费施戒》，《苏州新报》，1940年12月21日，第5版。

3 《苏州地方戒烟局六三节的感想与愿望》，《苏州新报》，1940年6月3日，第2版；《筹设烟民工厂 经费已有着落》，《苏州新报》，1940年6月12日，第5版。然而此举是否实现，则不得而知了。

4 《戒烟医院暂告结束 烟民深感杨氏德政》，《苏州新报》，1941年8月14日，第5版。

5 《献给戒烟当局的》，《苏州新报》，1941年8月17日，第2版；《地方戒烟局拟即恢复戒烟医院》，《苏州新报》，1941年10月9日，第3版。

6 《警务当局澈查取缔仙法戒烟》，《江苏日报》，1944年6月29日，第3版。

第三节　沦陷后期汪伪政权的禁烟运动

1940年3月，汪伪政府在南京成立后，曾拟修正"维新政府"的"戒烟制度要纲"，包括加重毒犯处刑标准，恢复原1936年绝对禁毒年限等条款。为此，军特务部总务班班长楠本实隆与汪伪政府有所冲突。1940年10月，戒烟总局改隶内政部，张秉辉为新任局长。最后，汪只得听从日本人之命令，并未切实禁止毒品。[1]但是，到了1942年下半年，汪伪政府开始在沦陷区推动"新国民运动"之际，禁烟就成为运动的重要议题。到了1944年初，汪伪政府更是公开执行禁烟政策。

关于为何汪伪政府沦陷区内对鸦片的管制呈现如此大的转向，过去学界有几种说法：

一是指出日本人见国际情势不利而让步。1942年年底，日本检讨太平洋战争以来的中日关系时，认为将来如欲抽出全力对付英、美，则非与中国谋和不可，于是主张应向汪伪政府示好。1943年日本政府推出对华外交新政策，表示要尊重中国主权，重视汪伪政府。[2]不过，这样的解释之不周全处，在于如果日本人为示好，为何选择放弃其获利甚丰的鸦片专卖制度，而不是其他的政策？由是有

1　关捷主编：《日本对华侵略与殖民统治》，下册，第178页。

2　同前注，第183页。

学者指出，因为日本垄断鸦片专卖的利润在逐渐减少，且在其他物资统制上所取得的利益十倍于鸦片专卖，故在利益上损失不大，才愿意放手给汪伪政权。[1]

第二种说法主要是强调学生运动的影响。汪伪政府宣传部部长林柏生想利用民众仇恨烟毒的心理，收回鸦片公卖权，因此极力拉拢青年学生，组织学生运动起来发动清毒行动。同时，中共在南京组织学生运动，实践清毒运动的成效，也常在大陆的相关作品中被强调。南京的宏济善堂、烟馆等多处遭学生捣毁，损失重大。1944年3月，宏济善堂遂于各大报刊载了解散启示。[2]这样的说法有两个弱点：一是将中共地下组织所动员的清毒行动的影响局限在了南京一地；二是低估了学生运动的自主性，学生不可能只是被煽动，他们有自己的想法。[3]以苏州为例，正好可以判断这波学生的清毒运动是否影响南京以外的地区。

第三种可能性，是从汪伪政权的角度来说，一说是到了1943年秋天，汪伪政府已有足够的资金可以承受鸦片控制权的争夺所带来的损失，所以才敢放手去行动。但却也有完全相反的说法，指出是

---

[1] 李恩涵：《日本在华中的贩毒活动（1937—1945）》，《"中央研究院"近代史研究所集刊》，第29期（1998年），第218页；小林元裕：《近代中国の日本居留民と阿片》，第260—263页。

[2] 关捷主编《日本对华侵略与殖民统治》，下册，第183—186页；曹大臣：《日本侵华毒化机构华中宏济善堂》，《抗日战争研究》，第1期（2004年），第130—134页；经盛鸿：《南京沦陷八年史》，下册，第930页。

[3] 1943年12月间沦陷区如杭州、上海、芜湖、广东各地，都有许多学生主动成立清毒委员会或集体走向街头。参见Mark S. Eykholt, "Resistance to Opium as a Social Evil in Wartime China," in *Opium Regimes: China, Britain and Japan, 1839-1952*, edited by Timothy Brook and Bob Tadashi Wakabayashi, 370-371.

因为汪伪政府为了税收不得不铤而走险。[1]据学者估计,汪伪政府在1940到1942年之间,包含鸦片税收在内的"特税"占总税收的比例从3.0%增加到5.9%;待汪伪政府的戒烟总局取代日本人控制的宏济善堂之后,鸦片利益有可能为汪伪政府带来更多的收入,只可惜现今的统计资料无法看到。[2]不过,这样的税收比重相较"维新政府",显示鸦片税收对汪伪政府而言,远不及"维新政府"来得重要。

第四种说法,是指出重庆国民政府的禁政遏止了日本毒化政策。实则重庆国民政府在沦陷区内也曾组织查铲队,在日占区铲除烟苗,由是重庆国民政府对清毒与禁烟运动也有助力。[3]不过,这样的力量只能说减少鸦片生产的量,并不能完全解释沦陷区鸦片政策的转向。

除了上述四种说法,是否还存在其他可能的原因呢?以下先是论述汪伪政府禁烟转向的过程,再从实际执行的过程探讨烟民组成、烟馆存废、禁烟的新方法等面向,试图提出另一种解释。

从"新运"的禁毒运动到三年禁烟计划

到了1942年6月以后,社会上对于鸦片烟的盛行与禁烟的工作,愈来愈多批评。即使在带有官方色彩的报纸里都有社论,不但指出烟毒流行已深,并批评沦陷后当局未有效执行禁烟,主张必须禁绝烟毒。[4]或是不直接论及官方的专卖制度,而是将焦点转移,将

---

[1] 同前注,第365页。

[2] 小林元裕:《近代中国の日本居留民と阿片》,第252—253、263—265页。

[3] 曹大臣:《日本侵华毒化机构——华中宏济善堂》,《抗日战争研究》,第1期(2004年),第134页。

[4] 临庄:《肃清烟毒》,《江苏日报》,1942年6月3日,第1版。

过去鸦片无法禁绝之因，归诸军阀割据、蒋介石禁烟不力。[1]

1942年下半年汪伪政府开始推行"新国民运动"，报纸上的社论更是公开要求应该趁此运动来动员群众禁绝烟毒。同时透露出过去官方着重的是"寓禁于征"，其实是重视征收鸦片捐或烟税，并没有决心禁烟。[2]更有意思的是报纸上的社论指出当前鸦片烟毒盛行，实与沦陷后苏州戒烟所名实不符有关，即批评当局的专卖政策，同时又批评应严禁公务员、党员吸烟；反而是认为战前蒋介石主政时期国民政府的戒毒政策颇好，应设法再次彻底执行。[3]此际的"新运"制定有专门处置旅馆内设赌与私设烟馆之办法。[4]1943年3月，"新国民运动"指导委员更进一步发布了"江苏省清乡区各县清毒办法"，下令苏州地方当局实行。该办法明订党员、军警、公教人员、自治机关与人民团体人员等，皆不得吸食或贩卖鸦片烟土（包括其他毒品），且要立具并联保切结，若查获将受惩处。尤其提及旅馆若查获有吸食者，轻者警告，三次以上则勒令歇业。[5]

此际汪伪政府对禁烟的宣传也愈加着力，1941年首次要求扩大六三禁烟纪念日的宣传，宣传的口号之一就是强调要与"同文同种"的邻邦合作，意指和日本合作。[6]1942年标举鸦片战争百周年

---

1 《昨六三禁烟节省垣举行扩大宣传》，《江苏日报》，1942年6月4日，第2版。

2 《小评：肃清烟毒》，《江苏日报》，1942年8月29日，第2版。

3 《社论：澈底禁毒》，《江苏日报》，1943年6月3日，第1版。

4 《新运检查没收烟具赌具将定处置办法》，《江苏日报》，1942年9月19日，第3版。

5 华中师范大学中国近代史研究所、苏州市档案馆合编：《苏州商会档案丛编》，第5辑下册，第1462—1465页。

6 《六三禁烟纪念　苏大民会奉令　举行扩大宣传》，《苏州新报》，1940年5月31日，第2版。

纪念与反英兴亚援印（支持印度独立）的活动，要求各县人民团体要派员参加，在北局大光明台召开。[1]当地报纸大肆宣传，"宣传部长"林柏生还有长篇的宣传文刊登于报纸上。[2]当1943年六三禁烟节时，报纸上都有长篇介绍苏州当地由官方举办的"拒毒纪念大会"。这类活动与"新国民运动"结合，强调抵抗英国帝国主义侵略的精神，宣传中国鸦片烟的盛行源自晚清的鸦片战争，也借此宣传英美帝国系有侵略中国的野心，将"清毒禁烟"与"击灭英美"画上等号，由是合理化汪伪政府与日本合作进行"大东亚协力战争"。[3]从这些宣传中，其实可以看到汪伪政权尝试透过宣传戒烟运动，为其政权的合法性找到立足点。

而学生运动在此际的确也产生了催化禁烟的效果。从1943年冬发起运动，各地纷纷响应，苏州亦不例外，也因此影响了汪伪政府的禁烟决策。[4]1944年年初的苏州报纸就刊出新闻，指出当时主要以南京与上海为中心的"中国青少年团"，发起了肃清烟、赌、娼的除三害运动，得到各地城市的支持。苏州当地的党、政、军、警等单位也发表共同谈话，支持肃清烟、赌、娼的运动。[5]苏州系当时的

---

1 苏州市档案馆藏苏州商会档案，档号113-001-0108-110，《关于召开"江苏省会鸦片战争百年纪念反英兴亚中日印"大会的通知》(1942年)。

2 这次活动的报道见于《江苏日报》，1942年8月20日至29日各版中。

3 《戒烟局昨焚毁查获毒品烟具》，《江苏日报》，1943年6月4日，第2版；茅子明：《三戒的必要性》，《江苏日报》，1944年2月16日，第4版；《清毒禁烟与击灭英美》，《江苏日报》，1944年2月17日，第1版；《谢厅长发表谈话唤醒烟民从速戒除以期实践新运》，《江苏日报》，1944年6月4日，第2版。

4 《社论：禁政之进展》，《江苏日报》，1944年10月8日，第1版。

5 《肃清烟赌娼虞县各机关长官发表共同谈话》，《江苏日报》，1944年1月31日，第2版。

第六章　不戒吸的烟馆

伪江苏省省会,设有江苏省"中国青少年团"的省团部;该团部开始召开恳谈会,通过"三戒宣传"计划,对各学校的校团部下指导棋;再动员学生到通衢巷实施街头演讲及张贴标语,又有劝导队分赴各公共场所与戒烟所等处活动。[1]如此宣传的确发生不小的作用,苏州城内有多处烟馆也因此而停业。[2]在此需要说明的是,从苏州的资料看来,这些推动禁烟的学生团体,无法显示其与中共地下学生组织如青年救国社有任何关系。[3]

1944年2月15日,汪伪政权高举禁烟的大旗,"国民政府行政院会议"通过禁烟计划大纲,以三年为期,禁绝鸦片与毒品。并且声称日本"帝国政府"愿意倾全力协助;日本政府并已下令取缔在华日侨贩卖鸦片毒品的行为。[4]汪伪政权之内政部长梅思平(1898—1946)所设定的禁烟办法如下:一、禁止种植与运输贩卖鸦片;二、要求烟民登记,并勒令分期分年戒绝;三、普设戒烟医院以强制烟民投戒。此外,"内政部"将设立新的"禁烟总局",专责禁烟,以取代旧有的戒烟局;又限令原有的戒烟所在一定时限内要全部关闭。[5]

---

[1] 《青少年运动今起展开,肃清烟赌舞》,《江苏日报》,1944年2月10日,第2版。

[2] 《三戒运动宣传周第二日情绪热烈》,《江苏日报》,1944年2月12日,第2版。

[3] 战前的学生运动从1919年到1925年,累积了几十年的经验,而政党已经学会如何利用与控制学生运动。有关战前学生运动的研究,参见吕芳上《从学生运动到运动学生:民国八年至十八年》,台北:"中央研究院"近代史研究所,2015年初版二刷。政府操纵学生运动的策略,也同样地应用在这次清毒运动;并且延续利用战前学生运动上街游行、标语、宣传的旧例。参见Mark S. Eykholt, "Resistance to Opium as a Social Evil in Wartime China," 370-376.

[4] 《政院昨开例会通过禁烟三年计划》,《江苏日报》,1944年2月16日,第1版。

[5] 《毒氛立即扫除 鸦片三年禁绝》,《江苏日报》,1944年2月16日,第1版;《内政部设禁烟局》,《江苏日报》,1944年2月18日,第1版。

大致而言，禁烟三年计划的主要原则有五：三年禁绝鸦片、绝对禁种烟、实施烟民登记、普设戒烟医院、扫除毒氛。[1]

1944年4月，宏济善堂由汪伪政府的内政部接收，部设禁烟总局，由日本与南洋运来的鸦片直接由禁烟总局管理与发卖。

1945年初，禁烟总局撤销，鸦片专卖与禁烟事务改属汪伪政府的军事委员会禁烟总监，由陈公博自兼。[2]此举一方面提高了禁烟执行机构的层级，另一方面也可能是汪伪政府内部争权夺利的结果。

此时对过去战前国民政府所实施的禁烟运动，也有高度的评价，认为当时已颇具成效，可惜"事变"之后中断，而未竟全功。不过，主要是将功劳指向汪精卫，言其于1935年任行政院长时，厉行禁烟，并曾执行"禁烟办法大纲"，规定五年禁绝，却因抗战中断，现在继续沿用汪精卫当时之办法，自1944年3月至1947年3月，号称执行三年计划。[3]

禁绝公务员吸烟与废止戒烟所

"新国民运动"之集团拟查缉与制裁苏州城内的大烟窟，乃因指涉公务人员在其中吸烟，又高谈阔论。[4]"新国民运动"的查缉行动中，反映了公务人员在私设吸烟馆里是很大一批消费者。[5]到了

---

1 《禁烟与清毒》，《江苏日报》，1944年2月20日，第2版。

2 张学群、俞菁：《日本侵华罪行简述》，收入《苏州史志资料选辑》，辑30，第271页。

3 《毒氛立即扫除鸦片三年禁绝》，《江苏日报》，1944年2月16日，第1版；《内政部设禁烟局》，《江苏日报》，1944年2月18日，第1版。

4 《各新运团正考虑制裁省垣大烟窟》，《江苏日报》，1942年9月18日，第3版。

5 《严禁公务员吸烟》，《江苏日报》，1942年9月18日，第3版。

第六章　不戒吸的烟馆

1943年，社会要求禁烟的风浪高涨，也有许多报纸的社论反映了这样的风潮。而且许多社论将过去吸烟风气的兴盛与当局禁烟政策的失败，归诸当局的"官吸民禁"，亦即纵容公务员吸食鸦片烟才导致戒烟所愈来愈多、问题愈加严重。[1]

苏州的报纸之所以特别强调公务人员的吸烟，其实与苏州城的社会结构有密切的关系。1940年3月汪精卫伪政权在南京成立，苏州在汪伪政权的统治下，成为伪江苏省的省会。由是苏州聚集相当多的公务人员，公务人员吸食鸦片的情形，更成了公开的秘密。

1943年5月"江苏省政府"下令举凡党、政、军服务人员及学校员生，有鸦片烟瘾者限两星期内向主管自行报名，至多一个月戒断，由医师给证才行，否则开除党籍与学籍。[2]1944年3月，汪伪政府的行政院通过公务员戒烟办法，[3]戒烟办法中明令公务员限期两周内向主管机关出具切结，并无吸食烟毒，且需机关内荐任以外之三人具保，并负连带责任；若已染上瘾者，也需于半月内向主管机关自首，限期戒绝，最多以一个月为限。不止公务人员，党员也一体适用。到5月以后，若有党员、民众检举与"新运"团体查获者，将送法办。江苏省内确实也实施这样的戒烟办法，苏州的禁烟局也

---

1 《肃清烟毒》，《江苏日报》，1943年3月25日，第2版;《要求当局严禁烟赌》，《江苏日报》，1943年6月9日，第1版;《严禁公务员吸毒》，《江苏日报》，1943年11月30日，第2版。

2 苏州市档案馆藏苏州商会档案，档号I05-001-0429-025,《关于抄发江苏省党政军服务人员及学校员生限期戒烟办法训令》(1943年5月1日)。

3 《最高国防会议通过公务员戒烟办法》，《江苏日报》，1944年3月3日，第1版。

非常积极地运作。¹苏州限期于4月13日，开始登记施戒，于一个月内戒绝烟瘾；之后，就由民众、党员与"新运"工作人员会同警局检举，送法办。²

此时期的禁烟计划中，举凡苏州城乡的戒烟所，都将限令于1944年年底关闭禁绝。1944年8月时，苏州的"戒烟局"拟将苏州原有的142家戒烟所于近期关闭一半，由是召集吸烟所的负责人集会，用抽签方式来决定哪71家要关闭。³虽然后来决定其中71家歇业关门，不过据报纸记载，这些烟馆其实仍然暗地在开业接待烟客。⁴1944年9月底，"戒烟局"要求剩下的苏州戒烟所全部停闭。⁵到1944年年底，"戒烟局"又把关闭吸烟所的计划执行到乡村，要求各乡区的戒烟所也要抽签逐步关闭。到1945年1月乡区的戒烟所已全部关闭。⁶

在下令戒烟所关闭之后，又怕死灰复燃，所以"戒烟局"还要求"警局"协助查缉私设烟馆的违法行为。又因过去旅馆与娼寮有

---

1 《陈省长励行禁毒　谕令公务员限期戒烟》，《江苏日报》，1944年4月7日，第2版；《肃清党务人员烟毒　吸食者限期限戒绝》，《江苏日报》，1944年4月8日，第2版；《全省吸毒公务员明日起开始戒绝》，《江苏日报》，1944年4月12日，第2版。

2 《公务员戒烟期满　新运会严厉执行》，《江苏日报》，1944年5月15日，第2版。

3 《限期禁烟办法举办烟民登记分期勒戒》，《江苏日报》，1944年3月1日，第1版；《澈底扑灭烟毒省垣售吸将停闭半数定明晨以抽签法决定》，《江苏日报》，1944年8月9日，第3版。

4 《禁烟紧急措施》，《江苏日报》，1944年9月2日，第3版。

5 《省垣各售吸所限本月底全部停闭》，《江苏日报》，1944年9月26日，第2版。

6 《澈底完成禁政省垣各乡区售吸所定明晨抽签逐步淘汰》，《江苏日报》，1944年10月17日，第2版；《乡区售吸所已全部停闭》，《江苏日报》，1945年1月12日，第2版。

第六章　不戒吸的烟馆

提供客人鸦片烟者，因此勒令禁止这些场所再提供鸦片。[1]从报上看到，的确有新国民之团体会同警方，查获私设烟馆之案例。此外，1944年吴县阊盘区设有临时庇寒所收容贫民共300人，其中三分之一有毒瘾，可见一般平民吸毒之多。[2]到1945年时，报纸评论指出即使苏州已明令关闭所有城乡的戒烟所，但是私烟馆却充斥城厢内外，甚至比以前戒烟所的数目还多，故有人要求当局严加取缔，也迫使政府再次正视私烟馆盛行的问题，而再度下令严加查缉。[3]从"戒烟局"禁政查缉私烟馆，又登报盼各界协助检举看来，汪伪政权颇有希望借禁政以获得大众支持其合法性的意味。[4]

烟民登记、戒烟医院与禁烟成效

三年禁政的重要措施之一，即要求烟民登记，并勒令其戒烟。苏州成立地方禁烟局后，即要求烟民登记后领照，自1944年6月1日开始。[5]据报纸记载，当时苏州的烟民登记后的人数，在6月时已较过去多出六七倍；至8月时已有2600余人。[6]不过，这2600余人

---

1 《省警局协助禁政严密查禁售吸所》，《江苏日报》，1944年10月9日，第2版；《严禁旅社娼寮供客吸食鸦片》，《江苏日报》，1944年11月18日，第3版。

2 《吴新运实鉴团劝导禁烟拒毒》，《江苏日报》，1944年12月29日，第2版。

3 《省垣城厢内外私烟馆充斥深盼当局严予取缔》，《江苏日报》，1945年1月24日，第3版；《当局查禁私设烟馆》，《江苏日报》，1945年1月29日，第2版。

4 《澈底推进禁政查缉私烟馆　盼各界协助检举》，《江苏日报》，1945年7月18日，第2版。

5 《苏州区地方禁烟局通告》，《江苏日报》，1944年5月29日，第2版；《烟民登记领照后日开始办理》，《江苏日报》，1944年5月30日，第2版。

6 《烟民登记踊跃禁烟局工作极紧张》，《江苏日报》，1944年6月14日，第2版；《省垣烟民办理登记将实施分期戒绝》，《江苏日报》，1944年8月12日，第3版。

其实也不过比1939年的烟民数量多600余人而已（参看表6-1），可见经过多年，苏州烟民登记的数字虽然有增长，但其实幅度不算太大，而且离真实数量仍有差距。直到1944年9月，苏州已登记的烟民数目，据估计也只是所有烟民的一半。[1]无论如何，此时期烟民的登记数量，应该是沦陷之后最精确的一次。

然而，苏州是否有足够的戒烟医院提供给烟民勒戒呢？虽然汪伪政府中央已下达三年禁烟计划，但是苏州直到1944年上半仍未设太多戒烟医院，当地报纸有社论批评有关当局应尽速成立戒烟医院，才能让烟民有可靠的戒烟方法，而烟民各自戒绝，恐怕会乱投药石，且市面戒烟的药品广告多是无效，流弊甚多。[2]1944年7月，汪伪政府的行政院下令拟在苏、浙、皖三省会及南京、上海二特别市筹设戒烟医院，但未论及苏州。[3]直到1944年9月，苏州才筹设戒烟医院于盘门新桥巷省立医院内。[4]报纸的社论呼吁要尽速多成立戒烟医院，且设备力求完善、费用务必低廉，如此才能吸引一般中下阶层烟民前来投戒。[5]

最终，苏州的戒烟医院于1944年12月成立，系借用江南医院的设备，治疗主要是用递减法，辅以酩酊法，戒绝时间最少10天，最多2个月。因为没有固定的经费，所以投戒者每月需缴150元，若

---

1 《戒烟医院即将成立》，《江苏日报》，1944年9月7日，第2版。

2 《小评：普遍设立戒烟医院》，《江苏日报》，1944年5月21日，第2版。

3 《三省两市设戒烟医院昨政院第二一六次会议通过司法行政部务院令暂由次长代行》，《江苏日报》，1944年7月19日，第1版。

4 《戒烟医院即将成立》，《江苏日报》，1944年9月7日，第2版。

5 《社论：禁政之进展》，《江苏日报》，1944年10月8日，第1版。

第六章　不戒吸的烟馆　　251

真系贫民，可免缴费。[1]到了1945年3月，苏州禁烟医院设立3个月后，号称成绩斐然，戒烟人数有100余人。[2]戒烟医院成立后，苏州的"戒烟局"遂从1945年4月开始，主动传讯未满30岁而尚未自动投戒的烟民入禁烟医院勒戒，并公布人名；果然前来登记投戒的人数愈来愈多，这方面戒烟医院的确发挥了一定作用，也可以验证此时期汪伪政府的禁烟政策的确较沦陷前期更为严厉。[3]

综观沦陷后期苏州禁烟运动的成效，从以上的描述中可以看到，已勒令关闭戒烟所、要求烟民登记与自动到戒烟医院投戒、规定公务人员强迫投戒等方面，都有发挥确实的作用。不仅如此，从报纸上还可以看到其他的禁烟成效，如严禁旅社书寓为客人提供吸烟聚赌服务，严格查禁境内私自栽种鸦片者；[4]又于1944年年底将禁烟政策主管由内政部提升为军委会主管，内政部长指出过去失败主因之一就是贪污，所以认为由军委会主管后，军医系统也加入，将可达更好的效果。[5]惟此政策推行的实际效果，因缺乏资料而无从得知。

1　《苏州戒烟医院今补行成立礼》，《江苏日报》，1944年12月27日，第3版；《苏州戒烟医院补行开幕典礼》，《江苏日报》，1944年12月28日，第2版。

2　《戒烟医院成绩斐然》，《江苏日报》，1945年3月2日，第2版。

3　《青年烟民即将传戒》，《江苏日报》，1945年4月9日，第2版；《省会青年烟民即日开始传戒名单业经当局公布》，《江苏日报》，1945年4月14日，第2版；《苏州戒烟医院投戒烟民踊跃》，《江苏日报》，1945年4月16日，第2版；《烟民传戒严厉执行》，《江苏日报》，1945年4月23日，第2版。

4　《严禁旅社书寓供客吸烟聚赌》，《江苏日报》，1944年10月25日，第3版；《澈底肃清烟毒严禁种植罂粟省令各县切实遵行》，《江苏日报》，1945年2月4日，第2版。

5　《军委会主管禁政成绩将更显著梅内长答记者问》，《江苏日报》，1944年12月4日，第1版。

即使有私烟馆死灰复燃、烟民登记的人数并非全部、戒烟医院的数量也有限等问题，且公务人员是否真得一体戒除也是很令人怀疑。不过，这都无法否定汪伪政府在这段期间的禁烟政策相较沦陷初期，确实发挥一定的效果。再从其宣传来看，其官员往往在报纸上呼吁"集社会力量为政府后盾"[1]，又把禁烟导向反英美帝国侵略与支持和日本合作的"大东亚战争"，说明汪伪政府此举与争取政权的合法性脱离不了关系。

小结

鸦片战争之后，五口通商，上海成为鸦片进口的输入地，而苏州成为鸦片销售的集散地。苏州的吸烟风气愈加流行，而烟馆也愈来愈普及。至抗战时期苏州沦陷，由日本人主导垄断鸦片的销售。原来在战前流行的云土、川土都已不在，而是以日本人从伊朗输入的官土为主；到了沦陷后期欧战爆发之后，因为官土货源奇缺，于是开始在华中地区种植鸦片，还从西北边疆地区输入西土。日本人和"维新政府"充分合作成立了三个主要垄断鸦片贸易的机构，也就是戒烟总局、宏济善堂与特业公会。为了笼络华中地区的中国人，宏济善堂主要是邀中国商人参加。另外他们把开设烟馆的同业

---

1 《禁政入新阶段林总监训令全国青少年集社会力量为政府后盾》，《江苏日报》，1944年12月4日，第1版。

组织成特业公会。宏济善堂主要负责销售与分配，而"戒烟局"则是从这些中国商人手中征收大量的鸦片税与执照税。在苏州主持宏济善堂的中国人，战后被视为汉奸，但是在沦陷的这段期间，他们的形象颇为复杂，时而被称作大善士，时而被认为是投机分子。

当时有当局执照成立的烟馆，被称作戒烟所和戒吸所，其实就是鸦片烟馆。早在战前政府"寓禁于征"的政策下，鸦片烟馆就以这样的型态出现。不过，到了沦陷后，戒吸所受到当局更严格的控制，而且必须购买一定比例的官土。戒烟所在苏州当时非常兴盛，再加上是独占垄断的生意，所以开设者收入颇丰。从当时戒烟所的分布也可以看到与城市空间相关的特点，例如晚清以来烟馆集中的地方是阊门外与玄妙观这一带商业中心，主要是供上阶层消费的高级烟馆；而位在其他地区的烟馆，则是服务中下阶层。

吸烟与烟馆其实涉及许多不同的面向。从社会的面向来看，我们发现吸烟的消费阶层非常广泛。除了上阶层或是工商业者之外，其实有很多是下阶层穷人，甚至是无业者与乞丐也都会把他们挣得的小钱用来吸食鸦片。而到了沦陷后期，报纸揭露吸食鸦片的上阶层有许多是所谓的公务人员。在沦陷后期公务人员吸烟成了禁烟运动最重要的标靶，尤其在苏州特别醒目。这与苏州在沦陷后成为伪江苏省省会，进而聚集大批公务人员的特殊现象直接关联。

另外随着鸦片的价格不断攀高，尤其是到了太平洋战争爆发、上海租界区沦陷之后，海外输入的鸦片等于是完全被阻绝了；这时候我们看到报纸出现了大量的戒烟广告，虽然这些广告在战前已经在报纸上出现，却没有如此频繁而且多元化，包括戒烟新药、戒烟医院、戒烟诊所、科学戒烟等等，这其实都说明了鸦片烟的价格不断攀高，导致人们开始想到彻底戒烟，也造就了当时一些新的产业。

鸦片一直脱离不了政治的面向，本章末节关注汪伪政权禁绝鸦片的政策与措施，让我们进一步了解了汪伪政权的性质。鸦片的经济面向最直接的就是涉及政府的税收。日本人垄断了鸦片的销售之后，"维新政府"的财源基本上也是靠着鸦片来解决。然而，汪伪政府成立之后，开始逐渐主张严格禁止吸食鸦片，日本人也声称愿意配合。这与汪伪政权过去一直强调的统制经济相互矛盾。为何汪伪政府会放弃这个重要的财源？过去对于汪伪政权之所以禁鸦片有四种不同的说法，然而不论是主张日本人的让步说，或是中共的学生组织运作说，还是汪伪政权争夺利权之说，抑或是国民政府游击队铲除烟苗田之说，在解释上都还留下许多不足之处。透过本章的探讨，笔者尝试提出另一种说法，也就是汪伪政权为了得到沦陷区居民的支持，取得其政权的合法性，势必得针对鸦片这个具有道德性的议题做出决断。而抗战之前汪精卫任职国民政府行政院长时期所实施的禁烟政策，在此时势必得持续与沿用。这也说明沦陷时期汪伪政权的政策，与抗战前南京国民政府的政策，有一脉相承的关系。

汪伪政权在沦陷后期推行的禁烟运动，如果从苏州的例子来看，戒烟所勒令关闭、烟民登记与鼓励其自动到戒烟医院投戒、严禁公务人员吸烟并勒戒等方面，相较沦陷初期确实达到一定的成效。附带一提的是，抗战胜利后，省政府要求苏州警局派员清查城厢烟馆所有者的姓名住址，传闻当地仍有140余家，但这些私设者常有报效给有关当局，故当地官员常置之不理，于是省政府要求调查。[1]不仅如此，还开始取缔沦陷时期广告中常见的戒烟药。[2]但因为很快进入内战时期，所以难以评估其成效。

[1] 苏州市档案馆藏苏州商会档案，档号I02-002-0020-067,《为奉令饬查城区烟馆及开设人姓名住址等情形抑即遵照办理具报由》(1946年2月1日）；苏州市档案馆藏苏州商会档案，档号I02-002-0027-003,《奉令查境内有无私设烟馆供人吸毒由》（1945年10月14日）。

[2] 苏州市档案馆藏苏州商会档案，档号I03-001-0206-048,《为奉令查禁各医院私自戒烟及各药房出售含有鸦片代用性质之药品由》(1946年10月28日）。

结　论

如同本书在导论中所提及的，过去有关抗战时期的研究大多是以抗敌的论述为核心。然而，抗战的历史本身仍然有多元的面向被忽略而尚待发掘，沦陷区的历史就是重要的面向之一。透过对沦陷区的城市史研究，不但可以跳脱出抗敌的论述，同时也可以扩大抗战史研究的视野。本书即试图以苏州为例，探索沦陷区的城市社会史。苏州在抗战初期虽然遭到严重的破坏，但随后即恢复社会秩序，并且其休闲娱乐业呈现畸形繁荣的发展，这与过去想象中的沦陷区生活情况，有很大的落差。

关于苏州畸形繁荣的原因

从苏州城市的恢复，一方面可以看到短距离逃难人口的迁徙情况，另一方面也看到因为人口的迁徙造成的社会结构变迁。如同本书第二章第四节，以及其他章节中所述及的，苏州在沦陷之后的复苏过程中，治安相对其他城市更稳定，物价也比上海低廉许多，再加上位于京、沪之间，处在交通枢纽的重要位置，也是华中地区商品采购的重要集散地。由是寻找工作机会的外地人，如绍兴人与当地的锡箔业者、寻求避难安居的上海寓公和其他沦陷区的难民，以及从事商品交易买卖的外地商人等，纷纷以苏州为避居之首选。再加上回城的原有居民，以及伪江苏省政府成立后移入的大批公务人员，造就苏州城市社会结构的转变，同时带来新的一批有力消费者。

在外来的消费人口中，又以公务人员最为醒目。上海的报道就指出沦陷后苏州的茶馆业、旅馆业与食品业反而较战前更为发达，就是因为有汪伪政府组织里的新贵挥霍甚豪所致。如同本书第四章提及菜馆业的空间分布，沦陷后期苏州出现新兴的菜馆空间，即以养育巷为中心的附近街道集中了许多菜馆，很可能就是为了满足邻近的景德路上各类公家机构的官员与公务员之需求，而如雨后春笋般地纷纷开设。从第五章里也可以看到旅馆的消费者中，有许多公务人员，因而汪伪政府规定禁止在当地有住家的军公教投宿之后，影响了苏州旅馆的生意。至于烟馆的消费者，从第六章提及"新国民运动"的查缉行动中，也反映了公务人员所占的比重甚高，于是才有汪伪政府要求党、政、军及学校教员、学生勒戒的命令。

虽然苏州的休闲产业畸形繁荣，部分导因于人口的迁徙，然而，这也只能说明城市内消费人口大幅增长，并不一定能完全解释繁荣的原因。若从社会心理的角度来看，沦陷区城市的休闲产业正好反映了当时人对未来没有确定感，而寻求暂时安乐的社会心理。战时苏州茶馆的流行，说明了苏州相对其他地区是"物资充裕""生活安适"，但苏州人流连于茶馆，也是"在极度苦闷之中，亦能自寻乐趣而已"。再如旅馆的住宿者，虽然有真正的旅客和租房接办事务者，但也有相当比重是"打牌胡闹"或喜欢"粉红色梦"的年轻人,无异将旅馆当成现实的避难所。至于烟馆的盛行,日本人与伪政权将之合法化是助长流行的推力,然而之所以能从社会上层蔓延到下层,甚至在价格不断上涨之下,仍有人宁愿为之倾家荡产,除了上瘾之外,其实也是一种战时逃避现实的心理所致。

然而苏州休闲业的畸形繁荣,并不能代表是一种常态。若仔细观察现象的背后,我们将发现社会贫富两极化、暴力事件层出不穷、劳资纠纷的持续、女性的物化等现象。在畸形繁荣的同时,当时已有人指出社会的另一面,是谋生不易、孤苦无援的世界,反映的情况就是乞丐增多、自杀率高。从沦陷时期苏州旅馆的新闻,确实可以看到许多乞丐毙于街上与在旅馆内自杀的案件。虽然乞丐在战前的苏州已存在,但是从地方报纸上看到对其的报道,相较于沦陷后报纸上的新闻所述及的凄惨状况,绝对是无法相提并论的。至于在旅馆内自杀的事件,虽然在战前报纸已偶有所载,但沦陷后在报纸所见的频率之高,令人咋舌,当时报纸就形容北局观前街的旅馆是"鬼气森然",而自杀者"都有一种说不出的苦衷在"。其中有许多是外地前来投宿而自杀者,这些外人有许多是试图在苏州求职谋生者,最后仍是失望地感慨环境恶劣而厌世。这类现象说明苏州虽有繁荣的外表,却是贫富两极化的世界。

除此之外,暴力的事件在沦陷时期的苏州似乎也较战前更为频繁。代表性的就是第三章提到的茶馆里因为吃讲茶与聚赌,而引起的暴力事件。虽然这两种现象都不是沦陷以后才出现,但是论频率与规模,的确是到了沦陷后更显突出。尤其是后者甚至还发生群众包围警察、意图拒捕的事件。而且参与者大多数是下层的劳动阶级,这反映了下层社会的不安与骚动的情况。当时的劳资关系也可以反映下层劳动阶层的生活状况。四馆之中除了旅馆,此时期未见严重的劳资纠纷。而旅馆业的劳资纠纷实则在战前已见,此时期劳资纠纷发生的原因和战前相似,都是因为业主无故解雇职工而引起的,显见劳资关系的矛盾由来已久,或可说是战前的延续,而非沦陷后特殊的现象。其他三馆较少有劳资纠纷发生的现象,多少说明了畸形的繁荣使这类职工的生计较好,但不能完全反映当时苏州所有的劳资关系。例如茶食糖果业职工和茶板箱职工都曾有过劳资纠纷。沦陷区城市内的劳资关系与劳资纠纷仍待更进一步的研究。

至于妇女的生活,虽然本书并未有专章处理此议题,但本书各章节中,也体现了沦陷时期妇女生活之梗概。首先是看到沦陷初期逃难妇女的艰辛,与未及逃离的妇女之悲惨下场。接着看到茶馆、菜馆与咖啡厅业者到沦陷后期开始聘请女招待,甚至邀请乐团与歌女演唱,使得茶室、菜馆与音乐咖啡座成了声色场所。虽说是受到上海风气之影响,但是就连当时报纸的社论都批评这是"刻意的把生意建筑在女人身上",也就是以物化女性来吸引顾客的做法,对一般妇女的生计与地位是否真有帮助,着实难以肯定。

沦陷时期苏州城市生活所发生的变化,还有一个特色,就是受到上海的影响。苏州与上海关系密切、联系紧密,其实在战前的许多方面都可以看到。就以休闲服务业而言,如同第一章第四节所述及的,战前来到苏州观光旅游的游客中,就有许多是上海的中产阶级。到了沦陷后,两地并没有因为战争而阻隔,反而关系更加密切。不仅有许多上海的寓公移居苏州,许多上海的休闲服务业文化也深深影响苏州。例如沦陷后期出现的新型茶馆与菜馆,提供新的娱乐与服务,就是因为有些商人看到上海的前例,认为有利可图,由是在苏州纷纷设立。这时期另有许多新的菜馆开幕,尤其令人瞩目的是上海与四川菜系的菜馆,反映了上海方面的影响力愈加明显，即使是四川菜其实也是由上海引进的。烟土方面，苏州的私土大多来自上海；戒烟广告里也常声称是特聘上海的名医，来苏主持"科学化戒烟"等。来到苏州旅游的游客，最多最著名者，和战前一样依然是来自上海。苏州旅馆兴盛的时间点，刚好与上海衰弱的时间点相契合。可见两地旅馆业的消长，反映出两地之间人口流动的关系密切。这些现象，说明了两地的关系密切，尤其是太平洋战争爆发，日军进占上海租界之后更加明显。

关于伪政权的性质

探讨沦陷区的城市生活时，无法规避对伪政权的认识问题，尤其是对汪精卫伪政权的认识。过去学界的观点，通常视之为傀儡、汉奸、通敌者。[1]但欧美学界称汪伪政权与日本的关系是一种"协力"（collaboration），而且对汪伪政权的认识评价更为多元，侧重不同的面向和层次。[2]傀儡政权与"协力政权"的视角有何不同呢？前者的角度看待伪政权，视之完全由日本人操纵。然而"协力政权"的说法则不同，认为其有一定程度的自主性，且当时与日本人合作的诸多"协力政权"之间，也存在着竞争关系。

若将傀儡政权与"协力政权"放在光谱两端作量尺，再来衡量本书列举的苏州伪政权诸例，那么最初的"自治会"与"维新政权"，更接近傀儡政权的一端；而太平洋战争爆发后的汪伪政权，获得更多的物资统制的参与主导权，推动"新国民运动"，更有力

---

1 Ke-wen Wang, "Irreversible Verdict? Historical Assessments of Wang Jingwei in the People's Republic and Taiwan," *Twentieth-Century China* 28.1(2002): 57-81.

2 关于美国学界对汪精卫评价之变化，参见 Jian-Yue Chen, "American Studies of Wang Jingwei: Defining Nationalism," *World History Review* 2 (Fall 2004): 2-34.

地执行禁烟政策，显示其政权的自主性，则更接近"协力政权"的一端。而汪伪政权推行的统治政策也是为了与其他的对手竞争，如禁烟运动与"新国民运动"的推行，一方面是与蒋介石竞争政权的合法性，一方面也企图将华北的其他伪政权纳入其统治范围。

虽然过去对伪政权的评价有许多讨论，但是大部分都从政治的角度，然而对当时的平民大众而言，伪政权的性质是傀儡抑或是协力，似乎并无太大的意义，笔者也无意对伪政权的性质进行评价，更不是为汪精卫翻案，而是通过本书的论述引出另一种审视抗战时期城市研究的视角。笔者以为，与其从政权领导人或是地方精英的角度，不如从市民大众的生活，来评估汪伪政权在沦陷区的角色与其所发挥的作用。笔者尝试从社会的角度来探讨。从苏州的例子，可以让我们对当时伪政权的基础，以及伪政府力量深入社会的程度有更深、更进一步的了解。

从财政税收的角度来观察，自"维持会""自治会""维新政权"到汪伪政权的成立，这些政权的基础仍然是在城市地区。因为从农村能征收的税收有限，鸦片专卖的获利与城市内消费有关的税捐，成了支撑伪政权的重要财政基础。"维新政府"时期苏州的省政府对业者开征营业税，吴县公署分别对菜馆业者开征筵席捐，对旅馆业者开征旅馆捐。汪伪政权成立后，将筵席捐改为向顾客征收，税率5%；旅馆捐也改为旅客捐，税率3%。鸦片专卖的所得甚高，"维新政权"的财政多赖此收益。汪伪政权成立最初并未改变专买政策，到1942年下半年开始实行禁烟政策，税收是否因此而大幅减少呢？或是因为汪伪政府的戒烟总局取代日本人控制的宏济善堂，而带来更多的收益呢？这两个问题至今仍无史料可以解答。到1944年，统一由"中央财政部"征收消费特税，茶馆、菜馆与旅馆皆是征收的对象,且税率提高到15%。1945年更改为累进制,最低是15%,最高是40%,如此形同变相加税。由此可见,伪政权在税收方面竭泽而渔,汪伪政权更是试图将部分地方的财政税收"中央化"。

我们还可以看到,在战时伪政权不断地将其统制力量深入到城市生活中。除了实施保甲制与通行管制,其还企图控制休闲业的活动。由本书各章节中都可以看到伪政权的管制措施。如从第三章关于茶馆的讨论,可以看到1941年"省警局"所发布的管理茶馆规则,内容规定之详细,是战前所未见的。而为了抑制物价,将茶会视为操纵物价的元凶而加以取缔的措施,以及禁止谈论国事的命令,都反映汪伪政权欲进一步控制公共休闲空间的企图。从第四章中也看到汪伪政权除了用限价政策,还对菜馆业经营所需的食米、食用油与蔬菜肉类等,采取配给的制度。从第五章也看到对旅馆的管制,尤其是投宿的条件需要保人的规定甚为严格。官方垄断鸦片专卖体系之外,在第六章中还可以看到官方规定吸食者必须是领有执照、登记有案的烟民,方可购买吸食。如此力量的渗透,是战前政府所无法企及的。

汪伪政权对茶馆、菜馆与旅馆的管理法令中,还有一项值得注意的,是关于卫生要求愈加重视,这也是战前的政府能力所未及者。在战前的苏州虽然已经有卫生运动,民间的社团如青年会、普益社、乐群社等都努力宣传卫生教育,新生活运动时期也有不少宣传；[1]市政府设卫生科，还有公安局下设卫生清洁队，同时政府也已注意到贩卖食品的卫生问题，编列了执行的细则，[2]不过，整体而言，政府执行卫生的工作只局限于公共街道与小贩业的管理，对于菜馆、茶馆与旅馆的卫生管理与取缔法规尚未成型，政府管制力量的渗透远不及沦陷之后。然而，如果从发生的时间来看，沦陷后苏州当局对卫生的重视最早是从"维新政府"时期开始。如同第五章所提及的，1939年10月在新苏饭店所爆发的霍乱流行事件，引起日军的注意与重视，接着才有对茶馆、菜馆、旅馆与酒楼的卫生要求，陆续发布相关的规定。讽刺的是，对公共卫生要求与彻底的实践，看似是一种推广现代化的历程，其实是在战时占领者为保持战力的动机而强力执行的结果。

如何在伪政权统治下生存

虽然因为有新兴的消费阶层与逃避现实的集体心理，促使休闲业大盛；然而面对战时伪政权的高压统治，人们又如何生存下去？是否可能抵抗这样的统治呢？以休闲业者的角度来看，在战前作为政府与业者之间沟通桥梁的同业公会，曾经发挥相当重要的功能。例如战前的茶馆业与旅馆业的同业公会，曾经成功地阻止吴县政府

---

1 《青年会之卫生运动》，《吴语》，1927年6月24日，第2版；《普益社卫生演讲》，《吴语》，1927年6月19日，第2版；《官巷乐群社卫生演讲大会》，《吴语》，1927年8月23日，第1版；夏和春：《代论养成卫生习惯以收新生活运动之实效论》，《苏州明报》，1935年2月11日，第5版。

2 《市政处卫生科之工作》，《吴语》，1927年8月24日，第2版；《公安局长整伤市容着手组织公安局卫生清洁队分清洁疏治巡查等三组进行》，《苏州明报》，1935年1月30日，第6版；《公安局开谈话会张汉威决定卫生勤务执行细则着手进行编查户籍办法警员不得赌博消遣》，《苏州明报》，1935年2月12日，第6版；《阊区警所之注重卫生》，《吴语》，1926年7月16日，第2版。

征收茶馆捐与旅馆捐；菜馆业者也曾集体罢市，抗议征收筵席捐，而要求改为营业税。

然而，沦陷后伪政权强势将这些同业公会重组或改组，此际的同业公会成了直接由国家统治的民间组织，是否能够与当局博弈呢？如沦陷后业者自组的茶馆书场同业公会成立不久，很快就有官方筹组的茶馆水灶业同业公会出现。后者得配合当局管控卫生与统一物价，更无力要求免征消费特税。菜馆业自组的同业公会一样无法阻止县当局征收筵席捐；甚至到沦陷后期还遭当局指派成立新的同业公会，成了为当局服务的民间团体。旅馆业者的同业公会是其中较成功抵抗当局征收旅馆捐，而改征旅客捐的例子。不过，到了汪伪政权统一将之定为消费特税征收时，业者仍无力反抗。至于烟馆业者的同业组织——特业公会，则根本就是宏济善堂的下属机构，而宏济善堂实际上是接受日本人命令，管理鸦片经营的组织。

但是另一方面我们看到休闲业者为了生存，即使伪政权发布许多政策命令，他们也并不一定会照单全收。沦陷后期汪伪政府虽然强力推动平抑物价的政策，但菜馆业业者对当局的限价规定并不认真执行，而且对当局要求征收的筵席捐，业者也发展出一套应付的方法，甚至借此税捐为由而中饱私囊。在汪伪政权对食米等物资的配给与管控之下，形成了黑市，且日益猖獗，如此的物价与物资管制恐怕与汪伪政权声称的效果有段落差。旅馆业者对政府的限价政策也不太理睬，直到当局祭出限电等节约消费政策后，才影响到旅馆的生意。以上这些都说明了休闲产业业者为了生存，也试图在日常中反抗当局的各种剥削与管制政策。

至于是否能看到当时沦陷区消费者的抵抗声音呢？就本书所能利用的当时文献史料来看，因为报纸的官方色彩，很难直接体现出反抗的话语与行为，但是我们依然可以看到一些蛛丝马迹。例如在茶馆里虽然官方严禁谈论国事，但报上记载茶馆里大家聊天讨论时，政府官场里的人事异动往往成为话题，不难想象其中充斥着对官员的嘲讽，由此推断茶馆成了人们抒发不满情绪的场所。沦陷区的茶馆所呈现的抵抗政治学，和大后方成都的茶馆不同，后者针对的是敌人，而前者针对的是伪政府。

战争下的繁荣城市

古代中国的城市长期以来是所谓行政城市，亦即由政治力量所设置，主要是以行政与军事的职能为核心。唐宋变革之后发生了"中古城市革命"，以经济力量而兴起的城市出现，同时原有的行政城市，其经济职能也更加强化。苏州可以说是这样的代表之一，由是有学者将明清时期工商业重镇称为"苏杭型城市"。即使明清鼎革之际苏州经历兵燹，至18世纪之后不但已恢复旧观，甚至繁荣更胜晚明。

进入19世纪之后，因为太平天国之役，苏州遭受极大的破坏，经济地位已完全由上海取代。之后的苏州再也没有回到18世纪盛极一时的情况，即使它的文化地位依然重要。如果用比喻来形容当时的上海与苏州，上海好比是暴发户，而苏州则是穷秀才。同时这也标志着以传统手工业为动力的"苏杭型城市"逐渐退出近代的舞台，而由以现代企业聚集为动力的上海模式所取代。

未料抗战沦陷却给苏州带来一线转机。所谓"危机也是转机"，战争诚为苏州城市生命史中的转折点。抗战无疑地给苏州带来破坏，但沦陷后也造就苏州的"畸形繁荣"。因为社会较为安定，外来移居者增多；因为地理位置的重要，带来大量的贸易；伪政权又将省会设置于此，遂有大量的公务人员往来于苏州。以上诸多原因所造就的畸形繁荣，充分体现出历史上城市发展的另一种型态，笔者姑且称之为"战争下的繁荣城市"。这类城市因为战争所带来的诸多因素，而在战争期间发展异常兴盛，超越战前城市发展的程度。苏州是沦陷区的代表，重庆与昆明大概就是大后方的代表。

沦陷区内的其他城市是否都呈现和苏州一致的情况呢？因为现阶段的研究才刚起步，这个问题还仰赖未来更多的研究成果来解答。但需要澄清的是，日伪为了保持战力，当然会尽可能地恢复沦陷区的社会秩序，同时也希望复原既有的生产力，以获得战争的资源。但伪政权绝不可能刻意地扶植苏州的城市产业。正如同本书所描述的，苏州这"四馆"都沦为伪政权征收苛捐杂税的对象就是明证。

虽然沦陷时期苏州的繁荣看似如此独特，然而战争下的繁荣城市也有一些共通性。例如当时苏州的消费习惯与社会心理，和大后方的重庆就很相似。就以菜馆、咖啡厅的消费现象为例，在抗战时期任职于重庆国民政府的陈克文（1898—1986），在其日记中描写1939至1940年间的重庆，虽然遭受日军轰炸，但是他所叙述的日常生活，常见友人或官员宴请，亲友相约菜馆聚餐、打牌，以及在咖啡厅里聊天。在重庆也是各省地方菜系的菜馆云集，包括福建、上海、湖南与本地的川菜馆。即使重庆遭轰炸致使菜馆生存呈现危机，[1]菜馆业也并未因此全面萧条。甚至物资开始拮据，大学教授无法生存之际，菜馆生意仍好。如陈克文的日记在1940年11月20日

---

1 陈克文著，陈方正编辑校订《陈克文日记（1937—1952）》，台北："中央研究院"近代史研究所，2012，1939年7月12日记：因为日机的轰炸，重庆城内馆子只有两家，每日十一时之后，便关门不做生意（第449页）。

描述当时武汉大学推了两位教授做代表，来院请求解决他们的食米问题。也听说复旦大学食米快没有了，学校将有断炊之虞。可是陈克文在小馆子宴客时却发现："在馆子里似乎没有感觉到米贵的严重问题，蔬菜一样的充盈，大家很随意的吃喝，这又不能不说是一件怪事。"[1]这和沦陷后期苏州在配给、限价的政策下，菜馆依然兴盛的情况很相似。

这样的现象很大的成因是重庆聚集了大量避难或迁移来的消费族群，他们的需求甚高。陈克文的日记在1940年7月16日写道："敌机分两批在（重庆）新市区和城内投弹，上清寺一带的小饭馆都烧精光了，公务员和没有家的市民吃饭更感大困难。"[2]陈克文自称："礼拜六没有甚么地方消遣娱乐，只好大家吃吃小馆子。"[3]又如他描述友人陈之迈（1908—1978）在夏季每到吃饭都要叫苦，说这样的生活实在吃不消；又说："我不是吃不得苦，不过这样吃苦便不能够工作了。"[4]可见当时知识分子在苦闷的气氛下，也好进菜馆、咖啡厅，以之作为暂时逃避现实的去处。如同一次他往汇利饭店喝茶，碰着一大堆到重庆后所未有的咖啡馆叙会。谈笑之间友人很慨叹地对大家说："我们今天仿佛恢复了一年前多（多前）的汉口生活了。"[5]

同样地，自云"生平大患在好吃"的梅光迪（1890—1945），于1940年1月28日抵达昆明时的书信中，描写他拜访了吴宓、汤用

---

1 《陈克文日记（1937—1952）》，1940年11月20日，第680页。
2 《陈克文日记（1937—1952）》，1940年7月16日，第634页。
3 《陈克文日记（1937—1952）》，1940年4月20日，第585页。陈之迈当时任职行政院政务处参事。
4 《陈克文日记（1937—1952）》，1940年6月19日，第620页。
5 《陈克文日记（1937—1952）》，1940年3月31日，第574页。

彤、陈寅恪三人，汤用彤在饭店宴请他，说这些大学教授都知道哪家菜馆的口味好，似乎这些教授是天天进菜馆。[1]梅在1940年3月29日的信函中，描写他刚到重庆的情况，虽然遭受日军轰炸，但重庆依然生气盎然，街道更为宽敞、更为洁净之外，"咖啡屋的数量在增长，更别说宾馆和餐馆了"[2]。战争似乎为餐饮业制造了更多种不同的顾客群，使餐饮业异常发达。再回到社会心理来看，大后方重庆、昆明的社会心理，其实和沦陷区苏州市民很一致，即面对战争的不确定性，产生"今朝有酒今朝醉"的心态，这也是助长餐饮业蓬勃发展的重要动力。

抗战胜利后的苏州

抗战胜利之后，苏州的经济情况并没有更好。城市内在复员方面则面临了两大难题，一是治安不佳，一是基层自治行政的衰败，因此《申报》的记者形容苏州，"虽然披上了一件胜利的外衣，终掩饰不了内在的伤痕"[3]。影响市民日常生活更重要的是通膨严重，物价大涨。首先看到的是苏州粮食供应问题。苏州附近所产的粮食已不足以供给当地人消费，每年发生缺少40万石的恐慌。这仅有的食粮，除了军粮的收购和对地方杂牌部队的供应，更有巨额数量是被粮食贷款所吸收。于是当地的米价瞬间涨到4万多元。[4]到1947年初，苏州物价激烈上涨，尤以食米涨风最烈。县府据报此次涨风实有不

---

[1] 中华梅氏文化研究会编，梅铁山主编，梅杰执行主编：《梅光迪文存》，武汉：华中师范大学出版社，2011，第431页。

[2] 《梅光迪文存》，第447页。

[3] 吴守仁：《苏州碎话》，《申报》，1946年5月20日，第7版。

[4] 吴守仁：《水乡苏州》，《申报》，1946年5月17日，第7版。

肖奸商从中操纵，及囤积居奇所致，遂召集粮食业公会及各粮行负责人，举行紧急会议，剀切晓谕政府平抑米价决心，严密查禁米商囤积居奇，并限定苏州米价不得超过上海市价。[1]但是事实证明，效果非常有限。

除了米价，各类物价涨幅也是难以抑制。虽然在1945年抗战胜利后，苏州被喻为"小上海"，而且物价比起上海要低廉许多；[2]不过随即开始上涨，即使当局颁布平抑物价的政令，但是只过一个月，日用品、蔬菜与肉类又涨了一倍有余。这样的情况下，工商业要存活的条件比起沦陷时更为严苛。如过去熙熙攘攘的观前街，许多店铺都纷纷闭市休业，以致市容萧条。业主的理由是，政府要求恢复9月以前的价格，果真如此是不敷成本的；还有军人前来购物时，常要求减价打折；再加上治安不好，常有抢劫案件，令业者忧心。由是平抑物价的政策反造成负面的效果，过去八年人民已深受高物价之苦，再加上失业者增多，民心不安。有记者形容："二月前放鞭炮含泪期待国军的莅临，二月后紧闭着铁门愁眉苦脸。"[3]

到了1946年，苏州的工商业情况更加险峻，商家倒闭之风盛行，即使是数十年殷实老店，亦难以维持。据调查，该年7月至9月底，苏州商号倒闭总数已在460家以上，除了制造业，菜馆业有11家。自10月至11月底，据非正式统计，陆续倒闭之各业商号，犹有100家以上。究其症结有：原料稀少、运销不畅、工资昂贵、

---

1 《苏米价狂涨一度迫九万关》，《申报》，1947年1月30日，第3版。

2 丁芝：《苏州闲话》，《海风》（上海），第6期（1945年12月），第5页。

3 明子：《苏州的"苦难相"》，《周报》（上海），第8期（1945年10月），第22—23页。观前街萧条的情况到1946年仍未改善，参见程小青《苏州杂写》，《快活林》（上海），第4期（1946年2月），第12页。

高利贷剥削、人民购买力薄弱与课税太重等等，促使加速崩溃。一般商人均期盼政府能给予普遍低利贷款以治标，但政府的5亿元工商贷款杯水车薪、无济于事，至来年初商家惨告倒闭者约有十之二三。[1]

1946年的一份杂志形容苏州过去繁荣之景，至今一落千丈，只要看三个地方便可知，即乏人问津的旅馆、菜馆，以及无货可卖的减价商店，由是形容苏州"已不是天堂气象"。[2]苏州过去在沦陷时盛极一时的休闲服务业，在抗战胜利后反而走下坡，这与省政府在胜利后迁回镇江，大批公务人员迁离苏州有极密切的关系。[3]首先受到影响的是旅馆业者，过去沦陷时期天天客满的情况已不再，政府又取缔女向导与打麻将，顾客因此减少。许多旅馆经营困难，遂改设书场以吸引客人，如中央饭店与金山饭店等。[4]过去生意鼎盛的菜馆，如味雅、新雅、红宝、红叶等，也因为省公务员皆离去，于是十桌九空。唯独有歌女卖唱的大东茶室与红运茶室，还可以暂时支撑，吴苑茶馆则是少数生意历久不衰者。[5]即使原来生意很好的音乐咖啡座与歌女驻唱的茶室，除了大东与红运这些少数的例子，大部

---

[1]《苏州商家倒闭风盛》，《申报》，1946年11月22日，第3版；《苏州农历新年中经济窘态毕露》，《申报》，1947年1月29日，第3版。

[2] 长生：《市面萧索的苏州已不是天堂的气象》，《礼拜六》（上海），复刊第25期（1946年5月），第9—10页。

[3] 吴侬：《苏州三多》，《海光》（上海），第33期（1946年7月），第8页；凤三：《苏州三不多》，《吉普》（上海），第21期（1946年4月），第6页。

[4] 吉平：《苏州风》，《快活林》（上海），第6期（1946年3月），第11页。

[5] 局内人：《百业萧条话苏州》，《海星》（上海），第20期（1946年7月），第7页。

分的生意也是很清淡，歌女薪水之低就连生存都成问题。[1]反而是茶馆仍盛，据称每天有3万茶客踏进茶馆，因为茶会从事黑市交易已成了半公开的秘密。[2]

到1949年上半年，国共内战中国民党军失利，战争情势急转直下，使苏州也嗅到了火药味，于是一阵逃难热像传染病一样到处蔓延。苏州聚集了从南京及对江过来避难的商民，以及从镇江迁来的省政府公务人员眷属，由是再度造成了其短暂的"畸形繁荣"。[3]1949年4月27日清晨，中共解放军于小接触后，即进入盘门，苏州的历史也因此进入了另一个阶段。[4]

1　陈英：《可怜的苏州歌女》，《吴淞江》（上海），第3期（1946年5月），第4页。

2　《天堂的幽逸生活：苏州的茶馆》，《一四七画报》（北平），第5卷第4期（1946年），第11页。

3　《马乱兵荒旅客寥落两路营业不堪回首路局视察团归来谈沿线情况》，《申报》，1949年3月14日，第4版；《春风绿透姑苏城内外》，《申报》，1949年4月9日，第5版。

4　《苏州来客话风雨》，《申报》，1949年5月12日，第1版。

征引书目

一、史料

(一) 报刊

《一四七画报》,北平,1946。

《三六九画报》,北平,1944。

《大光明报》,苏州,1929—1935。

《大观园》,上海,1940。

《小刊物》,上海,1938。

《中央经济月刊》,南京,1944。

《中美周报》,纽约,1948。

《中报》,苏州,1924—1927。

《天明》,苏州,1935。

《文饭》,上海,1946。

《生力旬刊》,福建,1938。

《申报》，上海，1920—1949；汉口，1938；香港，1938。

《吉普》，上海，1946。

《宇宙风》，广州，1938。

《江苏日报》，苏州，1941—1945。

《江苏省公报》，苏州，1940。

《江苏省政府公报》，镇江，1930。

《江苏晨报》，苏州，1923。

《西北风》，汉口，1936。

《作家季刊》，南京，1944。

《吴淞江》，上海，1946。

《吴语》，苏州，1921—1927。

《吴县晶报》，苏州，1932、1934—1935。

《快活林》，上海，1946。

《周报》，上海，1945。

《孤岛生活》，上海，1938。

《拒毒月刊》，上海，1931、1935。

《社会日报》，上海，1937。

《青青电影》，上海，1945。

《青复月刊》，苏州，1941。

《政治月刊》，上海，1941—1942。

《旅行杂志》，上海，1927—1938。

《时报》，上海，1914。

《浙江战时教育文化》，苏州，1939。

《海光》，上海，1945。

《海星》，上海，1946。

《海风》,上海,1945。
《海潮》,上海,1946。
《妇女界》,上海,1940。
《现世报》,上海,1938。
《商业统制会刊》,上海,1944。
《晶报》,上海,1938。
《新上海》,上海,1925、1946。
《电声》,上海,1938。
《实用英文半月刊》,上海,1938。
《实报半月刊》,北平,1937。
《实业月刊》,南京,1938。
《沪光》,上海,1946。
《福尔摩斯》,上海,1932—1936。
《广播无线电》,上海,1941。
《影剧》,上海,1943。
《战地》,金华,1939。
《战地通信》,香港,1937。
《县政研究》,南京,1939。
《励志》,南京,1936。
《礼拜六》,上海,1946。
《杂志》,上海,1944。
《艺文杂志》,北京,1944。
《苏州明报》,苏州,1935。
《苏州晨报》,苏州,1923。
《苏州新报》,苏州,1939—1941。

《苏讯》，衡阳，1942。

《警务丛报》，上海，1913。

（二）档案

苏州市档案馆藏苏州商会档案，档号I14-001-0119-042，《为各烟馆定限于六月底一律停歇事的照会》（1907年6月24日）。

苏州市档案馆藏苏州商会档案，档号I14-034-0152-037，《为严禁烟馆由》（1907年）。

苏州市档案馆藏苏州商会档案，档号I14-002-0680-008，《函覆旅馆同业公会请求免税一案事致吴县县商会》（1932年8月23日）。

苏州市档案馆藏苏州商会档案，档号I14-002-0596-028，《为吴县旅馆茶房组织工会横行本会各商店受摧残请依法纠正援助事致商会》（1932年12月10日）。

苏州市档案馆藏苏州商会档案，档号I14-002-0680-036，《为据情呈请令行财政局核免茶馆业抬子捐事致吴县呈》（1932年12月12日）。

苏州市档案馆藏苏州商会档案，档号I14-002-0650-053，《函为旅馆捐等业经县政会议解决希转催照缴欠捐由》（1933年4月1日）。

苏州市档案馆藏苏州商会档案，档号I14-002-0690-056，《为奉令茶旅馆业书场业应遵章征收营业税函请查照》（1935年3月1日）。

苏州市档案馆藏苏州商会档案，档号I14-002-0676-102，《函转财政厅查照将已征收之旅馆茶馆捐改订办法按期征收牌照费以及资整理由不得》（1935年11月11日）。

苏州市档案馆藏苏州商会档案，档号I14-013-0017-036，《吴县菜馆业同业公会：会员名册》（1942年1月1日）。

苏州市档案馆藏苏州商会档案，档号I13-001-0108-110，《关于召开"江苏省会鸦片战争百年纪念反英兴亚中日印"大会的通知》（1942年）。

苏州市档案馆藏苏州商会档案，档号I05-001-0429-025，《关于抄发江苏省党政军服务人员及学校员生限期戒烟办法训令》（1943年5月1日）。

苏州市档案馆藏苏州商会档案，档号I02-002-0173-102，《为案查举办物品另售及筵席暨旅馆娱乐三项消费特税的函请并来局申请登记由》（1943年12月25日）。

苏州市档案馆藏苏州商会档案，档号I14-003-0233-012，《为电请缓起征物品零售及筵席捐消费特税由》（1944年1月17日）。

苏州市档案馆藏苏州商会档案，档号I14-003-0219-048，《经营商号代征战时消费特税须知，江苏省战时消费特税暂行章程，筵席捐旅馆消费特税暂行章程》（1945年1月1日）。

苏州市档案馆藏苏州商会档案，档号I14-003-0234-026，《为准函请免征收茶馆水灶业消费特税一案由的函》（1945年1月1日）。

苏州市档案馆藏苏州商会档案，档号I14-013-0017-095，《吴县菜馆业同业公会：请领吴县县商会会员证清册》（1945年5月1日）。

苏州市档案馆藏苏州商会档案，档号I02-002-0020-067，《为奉令饬查城区烟馆及开设人姓名住址等情形抑即遵照办理具报由》（1946年2月1日）。

苏州市档案馆藏苏州商会档案，档号I02-002-0027-003，《奉令查境内有无私设烟馆供人吸毒由》（1945年10月14日）。

苏州市档案馆藏苏州商会档案，档号I03-001-0206-048，《为奉令查禁各医院私自戒烟及各药房出售含有鸦片代用性质之药品由》（1946年10月28日）。

（三）其他

（清）王炳燮:《毋自欺室文集》，收入沈云龙主编《近代中国史料丛刊》，辑24，册237，台北：文海，1968。

（清）包世臣:《齐民四术》，北京：中华书局，2001。

（清）李光祚修，（清）顾诒禄等纂:（乾隆）《长洲县志》，收入凤凰出版社编《中国地方志集成·江苏府县志辑》，册13，南京：凤凰出版社，2008。

（清）沈世奕撰:《苏州府志》，据日本内阁文库藏康熙二十二年序刊本景照，台北：汉学研究中心。

（清）袁景澜:《吴郡岁华纪丽》，南京：江苏古籍出版社，1998。

（清）徐珂:《清稗类钞》，台北：商务印书馆，1983。

（清）孙嘉淦:《南游记》，收入山右历史文化研究院编《山右丛书初编》，册9，太原：山西人民出版社，1986。

（清）绿意轩主人:《花柳深情传》，永和：汉源文化事业公司据北京师范大学图书馆馆藏上海广雅书局石印本校点，1993。

（清）叶楚伧:《金昌三月记》，收入《苏州文献丛钞初编》，下册，苏州：古吴轩出版社据新民图书馆民国八年初版《小凤杂著》排印，2004。

（清）顾禄:《桐桥倚棹录》，上海：上海古籍出版社，1980。

（清）顾禄:《清嘉录》，南京：江苏古籍出版社，1986。

（清）顾震涛:《吴门表隐》，扬州：扬州古籍出版社，1986。

（清）龚又村:《自怡日记》，收入《中国近代史资料丛刊续编·太平天国》，册6，桂林：广西师范大学出版社，2004。

中国人民政治协商会议江苏省苏州市委员会文史资料研究委员会编:《苏州文史资料》,辑1-5,苏州:政协苏州市委员会文史资料委员会,1990。

中国人民政治协商会议江苏省苏州市委员会文史资料研究委员会编:《苏州文史资料》,辑18,苏州:政协苏州市委员会文史资料研究委员会,1988。

中国人民政治协商会议等编:《苏州文史资料选辑》,辑14,苏州:苏州文史资料编辑部内部发行,1985。

中华梅氏文化研究会编,梅铁山主编,梅杰执行主编:《梅光迪文存》,武汉:华中师范大学出版社,2011。

尤玄父编:《新苏州导游》,南京:凤凰出版社,2013。

包天笑:《食衣住行的百年变迁》,香港:大华出版社,1974。

包天笑:《钏影楼回忆录》,香港:大华出版社,1971。

包天笑:《钏影楼回忆录续编》,香港:大华出版社,1973。

(伪)江苏省政府秘书处第二科编辑:《江苏省政府成立初周纪念概况》,收入张研、孙燕京主编《民国史料丛刊——政治、政权机构》,郑州:大象出版社,2009。

江苏省博物馆编:《江苏省明清以来碑刻资料选集》,东京:大安株式会社,1967。

胡适:《胡适日记全集》,册5,台北:联经出版社,2005。

高仓正三著,孙来庆译:《苏州日记:1939—1941揭开日本人的中国记忆》,苏州:古吴轩出版社,2014。

陈克文著,陈方正编辑校订:《陈克文日记(1937—1952)》,台北:"中央研究院"近代史研究所,2012。

陆允昌主编:《苏州对外经济志(1896—1900)》,南京:南京大学出版社，1991。

陆允昌编:《苏州洋关史料》，南京：南京大学出版社，1991。

陆文夫:《陆文夫文集》，苏州：古吴轩出版社，2006。

陆鸿宾编著、颜大圭审定:《旅苏必读》，苏州：吴县市乡公报社，1922。

华中师范大学中国近代史研究所、苏州市档案馆合编:《苏州商会档案丛编》，辑3、4、5、6，武汉：华中师范大学出版社，1991—2010。

贾子彝编:《江苏省会辑要》，收入张研、孙燕京主编《民国史料丛刊——政治・政权机构》，郑州：大象出版社，2009。

赵烈文:《能静居日记》，《中国近代史资料丛刊续编・太平天国》，册7，桂林：广西师范大学出版社，2004。

辽宁省档案馆编:《满铁调查报告》，辑7，桂林：广西师范大学出版社，2014。

戴熙:《吴门被难记略》，收入《中国近代史资料丛刊续编・太平天国》，册4，桂林：广西师范大学出版社，2004。

苏州市地方志编纂委员会编:《苏州史志资料选辑》，辑1、2合刊，苏州：苏州市地方志编纂委员会，1989。

苏州市地方志编纂委员会编:《苏州市志》共三册，南京：江苏人民出版社，1995。

苏州市地方志编纂委员会办公室、苏州市档案局编:《苏州史志资料选辑》，辑1，苏州：苏州史志资料编辑部内部发行，1990。

苏州市地方志编纂委员会办公室、苏州市档案局编:《苏州史志资料选辑》，辑2，苏州：苏州市地方志编纂委员会，1984。

苏州市地方志编纂委员会办公室、苏州市档案局编:《苏州史志资料选辑》,辑26,苏州:苏州史志资料编辑部内部发行,2001。

苏州市地方志编纂委员会办公室、苏州市档案局编:《苏州史志资料选辑》,辑30,苏州:苏州史志资料编辑部内部发行,2005。

苏州历史博物馆等编:《明清苏州工商业碑刻集》,南京:江苏人民出版社,1981。

二、论文

王克文:《欧美学者对抗战时期中国沦陷区的研究》,《历史研究》,2000年第5期,第170—179页。

田彤:《党权、法律与店东纠纷——以1933年苏州铁路饭店为分析案例》,《广东社会科学》,2010年第5期,第105—113页。

巫仁恕:《逃离城市:明清之际江南城居士人的逃难经历》,《"中央研究院"近代史研究所集刊》,第83期(2014年3月),第1—46页。

巫仁恕:《从游观到旅游:16至20世纪初苏州旅游活动与空间的变迁》,收入巫仁恕、康豹、林美莉主编《从城市看中国的现代性》,台北:"中央研究院"近代史研究所,2010。

李恩涵:《日本在华中的贩毒活动(1937—1945)》,《"中央研究院"近代史研究所集刊》,第29期(1998年6月),第179—222页。

林满红:《财经安稳与国民健康之间:晚清的土产鸦片论议(1833—1905)》,收入"中央研究院"近代史研究所社会经济史组编《财政与近代历史论文集》，台北："中央研究院"近代史研究所，1999年，第501—550页。

林满红：《清末本国鸦片之替代进口鸦片（1858—1906）——近代中国"进口替代"个案研究之一》，《"中央研究院"近代史研究所集刊》，第9期（1980年7月），第385—432页。

武锦连：《汪伪政权的"新国民运动"剖析》，《上海师范大学学报》，1989年第3期，第107—109页；

曹大臣：《日本侵华毒化机构——华中宏济善堂》，《抗日战争研究》，2004年第1期，第113—137页。

曾德刚：《北京"新国民运动"的思考》，《唐山师范学院学报》，第30卷第1期（2008年1月），第96—98页。

黄恽：《尤墨君与〈新苏州导游〉》，《苏州杂志》，2013年第1期，第63—64页。

刘绍华：《从珍品到毒品——鸦片类物质的道德经济学》，《中国饮食文化》，第6卷第1期（2010），第1—44页。

蒋民国：《近代苏州烟毒问题及治理》，苏州科技学院人文学院硕士论文，2010。

储伊宁：《近代江苏鸦片贸易的形成过程及其特征》，《江海学刊》，2001年第2期，第134—138页。

薛丽蓉、池子华：《中国禁毒史的一个断面——清末民初苏州禁烟研究》，《江海学刊》，2007年第5期，第143—148页。

谢晓鹏：《汪伪的"新国民运动"探析》，《江南大学学报（人文社会科学版）》，第6卷第2期（2007年4月），第51—53页。

稻畑耕一郎：《日本に遺された傅增湘の詩－并せて『東華』と『雅言』の関連に及ぶ》，《早稻田大学大学院文学研究科纪要》，第

58期（2013年2月），第3—21页。

Chen, Jian-Yue, "American Studies of Wang Jingwei: Defining Nationalism," *World History Review* 2 (Fall 2004): 2-34.

Eykholt, Mark S., "Living the Limits of Occupation in Nanjing, China, 1937-1945." PhD diss., University of California, San Diego, 1998.

Henriot, Christian, "Rice, Power and People: The Politics of Food Supply in Wartime Shanghai (1937-1945)," *Twentieth-Century China* 26.1 (Nov. 2000):41-84.

Lee, Sophia "Education in wartime Beijing, 1937-1945." PhD diss., University of Michigan, 1996.

Lin, Man-houng, "Late Qing Perceptions of Native Opium," *Harvard Journal of Asiatic Studies* 64.1(Jun. 2004): 129-143.

Mo, Yajun, "Boundaries and Crossings: Mobility, Travel, and Society in China, 1500-1953—A Survey of the Field," *Mobility in History* 6(2015): 150-157.

Schoppa, R. Keith, "The Changing Face of Collaboration: Hangzhou, 1938-1940,"(unpublished conference paper).

三、专书

小田:《苏州史记(近现代)》,苏州:苏州大学出版社,1999。

王金香:《中国禁毒史》,上海:上海人民出版社,2005。

王国平主编:《苏州史纲》,苏州:古吴轩出版社,2009。

王笛:《茶馆:成都的公共生活和微观世界,1900—1950》,北京:社会科学文献,2011。

王笛著,李德英、谢继华、邓丽译:《街头文化:成都公共空间、下层民众与地方政治(1870—1930)》,北京:中国人民大学出版社,2006。

王稼句:《姑苏食话》,苏州:苏州大学出版社,2004。

王树槐:《中国现代化的区域研究——江苏省》,台北:"中央研究院"近代史研究所,1984。

江苏文史资料编辑部编:《汪伪政权内幕》,南京:江苏文史资料编辑部,1989。

吴一心:《中国之抗战》,上海:中华书局,1948。

吕芳上:《从学生运动到运动学生:民国八年至十八年》,台北:"中央研究院"近代史研究所,2015年初版二刷。

巫仁恕:《优游坊厢:明清江南城市的休闲消费与空间变迁》,台北:"中央研究院"近代史研究所,2013。

李恩涵:《战时日本贩毒与"三光作战"研究》,南京:江苏人民出版社，1999。

周振鹤:《苏州风俗》，收入娄子匡编校《中山大学民俗丛书》，台北：东方文化，1969。

洪焕椿:《明清史偶存》，南京：南京大学出版社，1992。

唐艳香、褚晓琦:《近代上海饭店与菜场》，上海：上海辞书出版社，2008。

秦和平:《四川鸦片问题与禁烟运动》，成都：四川民族出版社，2001。

秦和平:《云南鸦片问题与禁烟运动（1840—1940）》，成都：四川民族出版社，1998。

张公权著，杨志信摘译:《中国通货膨胀史（1937—1949）》，北京：文史资料出版社，1986。

张海林:《苏州早期城市现代化研究》，南京：南京大学出版社，1999。

曹树基:《中国人口史　第四卷　明时期》，上海：复旦大学出版社，2001。

曹树基:《中国人口史　第五卷　清时期》，上海：复旦大学出版社，2001。

陈玉堂编著:《中国近现代人物名号大辞典》，杭州：浙江古籍出版社，2005。

陈存仁:《抗战时代生活史》，上海：上海人民出版社，2001。

陈泳:《城市空间——形态、类型与意义——苏州古城结构形态演化研究》，南京：东南大学出版社，2006。

傅葆石著，张霖译:《灰色上海，1937—1945：中国文人的隐退、反抗与合作》，北京：生活·读书·新知三联书店，2012。

黄美真主编，李占才等撰:《日伪对华中沦陷区经济的掠夺与统制》，北京：社会科学文献出版社，2005。

经盛鸿:《南京沦陷八年史》，下册，北京：社会科学文献出版社，2005。

叶文心著，王琴、刘润堂译:《上海繁华：都会经济伦理与近代中国》，台北：时报文化，2010。

臧杰:《民国影坛的激进阵营：电通影片公司明星群像》，北京：中央编译出版社，2011。

潘健:《汪伪政权财政研究》，北京：中国社会科学出版社，2009。

蒋秋明、朱庆葆:《中国禁毒历程》，天津：天津教育出版社，1996。

郑合成:《中国经济史研究》，台北：进学书局，1970。

钱穆:《八十忆双亲·师友杂忆合刊》，北京：九州出版社，2011。

魏斐德（Frederic E. Wakeman）著，芮传明译:《上海歹土：战时恐怖活动与城市犯罪，1937—1941》，上海：上海古籍出版社，2003。

关捷主编:《日本对华侵略与殖民统治》，下册，北京：社会科学文献出版社，2006。

苏智良:《上海禁毒史》，上海：上海书店出版社，2009。

苏智良:《中国毒品史》，上海：上海人民出版社，1997。

土屋光芳:《"汪兆铭政権"论：比較コラボレーションによる考察》，东京：人间の科学新社，2011。

小林元裕:《近代中国の日本居留民と阿片》，东京：吉川弘文馆，2012。

小林英夫、林道生:《日中戦争史论：汪精卫政権と中国占领地》，东京：御茶の水书房，2005。

江口圭一:《日中アヘン戦争》，东京：岩波新书，1988。

尾崎秀树:《近代文学の伤痕》，东京：岩波书店，1991。

柴田哲雄:《协力・抵抗・沉默——汪精卫南京政府のイデオロギーに对する比较史的アプローチ》，东京：成文堂，2009。

高纲博文主编:《戦时上海：1937—1945年》，东京：研文，2005。

堀井弘一郎:《汪兆铭政権と新国民运动：动员される民众》，东京：创土社，2011。

Brook, Timothy and Wakabayashi, Bob Tadashi eds., *Opium Regimes: China, Britain and Japan, 1839-1952*. Berkeley: University of California Press, 2000.

Brook, Timothy, *Collaboration: Japanese Agents and Local Elites in Wartime China*. Cambridge, Mass.; London, England: Harvard University Press, 2005.

Carroll, Peter J., *Between Heaven and Modernity: Reconstructing Suzhou, 1895-1937*. Stanford: Stanford University Press, 2006.

Coble, Parks M., *Chinese Capitalists in Japan's New Order: The Occupied Lower Yangzi, 1937-1945*. Berkeley; London: University of California Press, 2003.

Fu, Poshiek, *Passivity, Resistance, and Collaboration: Intellectual Choices in Occupied Shanghai, 1937-1945*. Stanford University Press, 1993.

Henriot, Christian and Yeh, Wen-hsin eds., *In the Shadow of the Rising Sun: Shanghai under Japanese Occupation*. Cambridge, UK; New York: Cambridge University Press, 2004.

Schoppa, R. Keith, *In a Sea of Bitterness: Refugees during the Sino-Japanese War*. Cambridge Mass.: Harvard University Press, 2011.

Wakeman, Fredric, *The Shanghai Badlands: Wartime Terrorism and Urban Crime, 1937-1941*, Cambridge University Press, 1996.

Yeh, Wen-hsin ed., *Wartime Shanghai*. London; New York: Routledge, 1998.

Yeh, Wen-hsin, *Shanghai Splendor: Economic Sentiments and the Making of Modern China, 1843-1949*. Berkeley: University of California Press, 2007.

Zheng, Yangwen, *The Social Life of Opium in China*. Cambridge; New York: Cambridge University Press, 2005.

四、网络资料

苏州市地方志办公室曾编辑了《苏州抗战史料目录》，内容都是记载抗战活动的史料与研究，网址参见http://122.11.55.148/gate/big5/www.dfzb.suzhou.gov.cn/zsbl/216927.htm（检索时间：2012年12月22日）。

http://lady.fengone.com/lady/20150716/579999.html（检索时间：2016年1月15日）。

附　录

明清以来，苏州向来是江南重要的旅游重镇，民国以后坊间出版了许多苏州指南的手册书籍，这种现象反映了苏州旅游业的发展与变迁。附录介绍各种版本的苏州指南，并分析这类文本的特征，详见如下：

1. 朱揖文原著、范烟桥重修、费善元校正：《苏州指南》（苏州文新印刷公司，1921—1931）共一册，附图〔近史所"近代城市史"资料库收录〕

本书最初的版本是1921年5月印刷，是笔者现今搜集到出版时间最早的苏州指南，最初原作者朱揖文完成后所冠的书名是《游苏备览》，出版时才改为《苏州指南》；[1]而且之后再版过至少

---

[1] 该书收录最初诸版本的序，其中最早序是唐忍庵所撰，文中有"朱揖文先生于是有《游苏备览》之辑"一语，可见最初书名应为《游苏备览》。1923年版本的王干生《序》，也说："前年有《游苏备览》之发行，唐子忍庵颜之曰《苏州指南》。"可见是唐忍庵将书名改为《苏州指南》。

十次。[1]作者朱揖文的生平虽然并不甚清楚，但是帮此书写序言的唐忍庵等人，[2]以及日后版本的重修者如范烟桥，[3]都是苏州著名的文人。如第一版有唐忍庵的《序》，指出该书作者"探幽陟险，援古证今"，编辑此书是专门提供不远千里而来苏州的游客，明了苏州名胜的由来。在体例上分别有《风景摄影》《正编·名胜》《附编·杂记》三部分，并附有《苏州城厢全图》一幅。正编名胜包括有留园等28处名胜介绍，附编的内容更广，如沿革与乡镇、水陆交通、各类机构（公署、学校、医院、邮局）、民间组织（会馆、同业公会）、各行各业（律师、医生、工厂、公司、印刷、金融等）、旅游娱乐相关（旅馆、菜馆、茶馆、照相馆、浴室、著名产物、娱乐场所）、食谱等。此书内容精简，却可以一而再、再而三地增修改版，堪称是苏州的指南书籍中最为畅销的一种。

---

[1] 该书版本如下：1、中华民国十年五月初版；2、中华民国十二年三月再版；3、中华民国十四年三月三版；4、中华民国十五年三月四版；5、中华民国十七年四月五版；6、中华民国十八年十月六版；7、中华民国二十年五月七版；8、中华民国二十三年一月八版；9、中华民国二十四年二月九版；10、中华民国二十五年九月十版。

[2] 唐奇（1901—1970），字润涵，又字忍菴（庵）、忍安，别署薏云，江苏太仓人。南社成员之一，曾担任过《思益旬刊》副刊编辑、太仓县议会及商会秘书，著有小说《苦命鸳鸯》《分飞燕》，以及旅游指南《蓉湖探胜记》等。参见网络资料 http://www.dfzb.suzhou.gov.cn/zsbl/1181627.htm，检索时间：2014年7月18日。

[3] 范烟桥（1894—1967），乳名爱莲，学名镛，字味韶，号烟桥，吴江同里人。清宣统三年（1911）入苏州公立第一中学堂（草桥中学），结识顾颉刚、叶圣陶、郑逸梅等文学同好，始作诗词。辛亥革命期间回乡，参加南社结识了陈去病、柳亚子等人。1912年入杭州之江学堂，次年改入南京民国大学。1922年随父迁居苏州，其间常为上海各报副刊及杂志写稿，创作长篇小说《孤掌惊鸣记》。后执教于上海正凤中学、持志大学、苏州东吴大学附中，并主编刊物。1930年代，常与包天笑约写弹词，后与影剧界接触，为上海的电影公司创作歌词与改编剧本。参见尹占群主编《苏州近现代名人及遗迹》，北京：文物出版社，2013，第192页。

2.陆鸿宾编著，颜大圭审定：《旅苏必读》（苏州：吴县市乡公报社，1922）[1]

编著者陆鸿宾（1854—?），字璇卿。光绪四年吴县县学附生。长元吴公立师范传习所毕业生。长洲县城内文一二图董事，长洲县十五都区董，宣统二年当选长元吴三县城议事会议员。民国时历任吴县金墅乡董、吴县学务委员、上海模范监狱会计科科长等职。编有《虎丘山小志》《旅苏必读》。[2] 从该书的三篇《序言》可以看到该书编辑出版的背景与动机。李伯莲的序就说四方来苏州的游人颇多，但"郡志一书，庞然巨帙，殊不适旅行之用"。颜忍公的序言更指出，"坊肆间出售之苏州指南等等，又皆略而不详，错漏百出，未足为旅行之助，论者惜之"。作者的《自序》则说：

东西各国，通都大邑，无不有专书纪述，为过客之指南。上海欧化，开通独早，指南一书，久已通行，出版已十余次，出书已数万册。吾苏为省会之区，名胜古迹，指不胜屈，而于旅行指南一书，尚付阙如。[3]

显然作者编辑此书就是为提供旅客游览的指南，而且是受到上海指南的影响。再者，上述这些序言里也可以看到早在此书之前，苏州已经有所谓"苏州指南"的书籍，只是内容很简略，大概指的就是上述初版的《苏州指南》。本书的内容远比上述的《苏州指南》

---

[1] 感谢本所林志宏教授慷慨赠送之电子档案。
[2] 参见夏冰《苏州士绅》，上海：文汇出版社，2012，第244页。
[3] 《旅苏必读》，第1—3页。

附 录

来得丰富，全书分四集，首集内容包括名胜古迹、风景图画、历史沿革、田赋物产、风俗杂考。第二集内容有苏州街巷地名、政府机构、电邮资讯、交通价目、宗教与各行业。第三集记录律师与诉讼、医生与医院、旅社、戏院、菜馆与书场等娱乐场所。第四集则是地名巧对、竹枝词、歌曲、谚语解释与补遗等等。

3. 陶凤子编：《（居游必携）苏州快览》（上海：世界书局，1926）

作者陶凤子（？—1943）生平资料不详，但著作颇多，包括《上海快览》《蒋介石演义》《国民革命军北伐演义》，与张震石合写《香闺花影》，与何一峰合写《湖海大侠》等等。《（居游必携）苏州快览》的《编辑大意》中提及该书具有两种需要，"一备旅行者奉为向导良伴，俾尽故宫花草。一备居住者留参考，俾洞识本地风光"[1]。体例上分为第一编《苏州之疆域》（沿革、形势、物产、道路）、第二编《苏州之交通》（陆路、水路）、第三编《苏州之邮电》（邮务、电报、电话）、第四编《苏州之事业》（行政事业、教育事业、通俗事业、慈善事业、工商事业、公众事业、个人事业）、第五编《苏州之衣食》（服装、饮食）、第六编《苏州之住宿》（居住、寄宿）、第七编（山、园）、第八编《苏州之古迹》（城门、宫殿、楼台、祠庙、寺观、湖溪、墓宅、杂类）、第九编《苏州之游戏》（游戏场所、游戏物类）、第十编《苏州之礼俗》（礼仪、俗尚、方言）。内容上较特别的是有《苏州之礼俗》的介绍，这是之前其他版本的指南所未见的。

---

1 《（居游必携）苏州快览》，第1页。

4. 郑逸梅:《(最新)苏州游览指南》(上海:大东书局,1930年3月初版),213面附图。

郑逸梅(1895—1992)系著名的作家,出生于上海江湾。本姓鞠,父营米业,却因3岁时邻居失火而家室遭殃,贫无立锥,便依靠外祖父为生,改姓郑。外祖父原籍安徽歙县承狮村,洪杨之役后避难来到苏州,营南货业。逸梅遂居苏州,考入苏州长元吴公立第四高等小学堂、江苏省立第二中学。1917年与赵眠云、姚苏风等人组织了"星社",成为苏州20年代最有影响的文学团体。在苏州期间,郑逸梅一直担任号称全国三大报《申报》《新闻报》《时报》的特约撰述,并获得"补白大王"之称。1927年加入上海影戏公司担任编剧工作,从此定居上海。1930年参加南社。[1]郑逸梅除了写作就是教书,先后任教过上海多所著名中学。郑逸梅一生从事写作,以字数计算,作品超过1000万,仅单行本著作就有60余种。这本《(最新)苏州游览指南》内容分《概说》《城内名胜》《城外名胜》《交通》《食宿游览》《机关》《清游小志》等七章。书前有苏州地图一幅,凡例及照片多幅。最特别的是《清游小志》,占全书的四分之一,是作者自撰的苏州游记。[2]

---

[1] 郑逸梅之自传,参见网络资源:http://blog.sina.com.cn/s/blog_b42cd8460101b5y0.html(检索时间:2017年4月19日)。

[2] 现今关于他的合集或选集中,并无此书,但据其所撰之《敝帚小识》一文,曾云1930年时,上海大东书局主人请托周瘦鹃来邀他编撰《苏州游览指南》与《杭州游览指南》二书,他决定只担任前书的编撰。参见郑逸梅《敝帚小识》,收入中华书局编辑部编《学林漫录》,北京:中将书局,1983,第八集,第245—246页。

5. 陈日章编：《京镇苏锡游览指南》（上海：上海禹域社出版，1932年）（近史所"近代城市史"资料库收录）

作者陈日章自称是浙江上虞人。上海《申报》曾有此书出版的广告，说明此书作者陈日章乃地理学家，所编此书就四大名区之交通、宿食、名胜、史迹等项，分区叙述，颇为详明新颖，并附有彩色地图四大张，不仅便利游览，且足供史地上之参考资料。[1]这本游览指南在体例上较为特殊，该书所载非一地，而是包括南京、镇江、苏州与无锡四地。作者的《序言》就说：

京、镇、苏、锡，形势连络，壤地相邻，民物殷阜，人文蔚起，固三吴襟带之邦，百越舟车之会。因山川之优美，风景如画；经名人之寄蹋，佳话流传；由往代之争雄，史迹至伙；得现在之经营，建设日增：故能吸引游人，徘徊不已。自铁路开通，新京、新省奠基以来，行程便捷，冠盖络绎。[2]

此书的形成，大致上反映了1930年代江南地区铁路交通的发展，使得江南这些较著名的古城，都成了旅游的重心。该书中苏州的部分，包含的内容有：《地图》《来程》《政区沿革》《城垣城门》《街道》《交通》《城内古今胜迹》《城外古今胜迹》《公私团体地址录要》《著名物品》《附诗》等。

---

1 《京镇苏锡游览指南出版》，《申报》，1932年7月25日，第12版。
2 《京镇苏锡游览指南》，第2—3页。

6. 尤翔著：《新苏州导游》（苏州：文怡书局，1939）（近史所"近代城市史"资料库收录）

作者尤翔，原名尤志庠，字玄甫，亦作玄父，号墨君，别署黑子，室名捧苏楼，他是南社的社员，交友颇广；著有《碧玉串》《新苏州导游》《捧苏楼墨屑》等，又与蒋箸超、张闽飞等合作《古今小说评林》。他先后在衢州师范学校、台州地区的海门（又作临海）第六中学、绍兴稽山中学、杭州师范学校、上海浦东中学等处从事语文教学。[1]他在抗战初期从浙江回到故乡苏州，编辑了这册导游书在苏州当地出版。[2]作者在《序》里指出其所撰此书，乃是受人之托，即出版者文怡书局的主人周文达所请。而他强调该书与过去的游记、方志皆不同："盖地方指南之书。所以备游人手此一编。可以按图索骥。借省导游者口讲指画之劳。"[3]书成于1938年冬，此时苏州已沦陷半年余。全书除《附录》外，共有11章，分别如下：《苏州概说》《游程提要》《附郭之游》《城北之游》《城中之游》《城南之游》《木渎·灵岩山·光福》《天平山·支硎山·天池山》《甪直唐塑》《胜游志余》《起居饮食与娱乐》等。此书虽成于抗战初期，但有许多反映的是战前苏州旅游发展的荣景，如关于旅游行程与景点的扩大；而部分又是呈现战乱沦陷后的萧条，如关于旅馆数量的记载。

---

[1] 陈玉堂编著《中国近现代人物名号大辞典》，杭州：浙江古籍出版社，2005，第92页。

[2] 参见黄恽《尤墨君与〈新苏州导游〉》，《苏州杂志》，2013年第1期。

[3] 《新苏州导游》，第1—2页。

7. 蒋白鸥编：《苏锡宜游览手册——〈太湖风景线〉》（上海：太湖出版社，1946 年 6 月初版、印 5000 册）

作者蒋白鸥，原名英汉，无锡人，新闻工作者。曾任《锡报》记者，《大锡报》副总编辑兼采访主任。擅国画，1949年后为无锡市美术家协会会员。《苏锡宜游览手册——〈太湖风景线〉》出版于1946年，太湖出版社发行。该书为苏州、无锡、宜兴的游览手册，内容分"姑苏风光""梁溪揽胜""阳羡奇观"三部分，既有名胜介绍，也有游记散文，还有苏锡之间的交通介绍。[1] 书前有太湖鸟瞰全图。此书由《姑苏风光》《苏州胜区素描》《梁溪揽胜》《无锡胜区素描》《苏州无锡游览日程表》《阳羡奇观》《苏锡陆路交通》《苏锡公路交通》《苏锡水路交通》等9个篇章组成。其中有大量的老照片，颇为珍贵，还详细介绍了当时无锡的米业、土特产、老字号等。[2]

8. 上海大中舆地学社出版，《最新苏州指南》（苏州：大公书局发行，1948）

本书并未列作者名，整本书的正文仅有32页，只占全书的一半，另外一半几乎都是广告。内附有《城内名胜图》、《虎丘名胜图》与《郊外名胜图》三幅地图，全书正文记载苏州各处名胜，还附有风景照片作插图。至于交通、邮电、各行业等相关信息，此书则完

---

1 无锡市史志办公室、无锡市档案局、无锡市政协文史委员会编《梁溪屐痕无锡近代风土游览著作辑录》，北京：方志出版社，2006，第89页。此书所收录的部分为《苏锡宜游览手册——〈太湖风景线〉》与无锡相关的名胜记载。

2 《半个多世纪前的苏锡宜游览手册——〈太湖风景线〉再现无锡旧影》，原刊于《无锡日报》2004年4月12日，参见网络资源：http://news.sina.com.cn/s/2004-04-12/09012280292s.shtml（检索时间：2014年7月18日）。

全没有记录。甚至关于旅馆,也只非常简略地说:"在城外广济桥、横马路一带。在城内观前街、北局、大井巷各处。"[1]比起上述其他的指南书籍,显然是轻薄短小。此书出版的时间虽是抗战胜利,但书末提到:"本书原拟记载车辆价目,以便游人不致枉费,但因物价波动,难于肯定,故除去之以减麻烦。"[2]由此反映了战后通膨严重的现象。从本书第五章第一节分析抗战沦陷后期的苏州旅业兴盛的状况来推测,本书的内容所载之旅游景点可能有不少记载反映的是抗战后期的现象。[3]

上述8种始于1920年代发行的苏州指南,有其共通的特征。首先是这类指南书籍出版的动机,都是为了提供外地游客到苏州旅游时"按图索骥"之用,这是过去苏州前所未见的新式书籍。虽然在晚明就可以看到旅游手册的出版,但是至今也仅能见到杭州西湖一地的游览手册,其他城市则无此类书籍出版,即使如苏州虽然已是江南重要的旅游重镇,而且有不少地方志的编纂,却仍未见旅游手册出版。[4]所以此类书籍的出版与流行,是苏州前所未见的。

其次,这类书籍的出现其实有很大的程度是受到上海的影响。从《旅苏必读》作者的自序里,就明白指出是看到上海的旅行指南

---

[1] 《最新苏州指南》,《导游》。

[2] 《最新苏州指南》,《附言》,第33页。

[3] 除此之外,在抗战后出版的苏州指南,还有另一本由吴县县政府编之《苏州游览指南》(苏州:制版社,1947),也只有12面。该书笔者尚未亲见,故暂略之。

[4] 巫仁恕、狄雅斯:《游道:明清旅游文化》,台北:三民书局,2010,第20—22页;关于晚明杭州旅游手册的研究,参见马孟晶《名胜志或旅游书——明〈西湖游览志〉的出版历程与杭州旅游文化》,《新史学》,24卷4期(2013年12月),第93—138页。

出版兴盛,而反思撰写苏州旅行指南的必要性。再就出版印刷而言,上述8种指南中有半数是上海市的书局或出版社所印行,可见上海的影响力,同时也可据此推测,赴苏旅行的游客中来自上海者应占有很大的比重。

第三,从使用或阅读的实用性与普及程度来看,《苏州指南》已再版过至少7次,已经说明了该书受欢迎的程度。再如印刷出版《旅苏必读》的是吴县市乡公报社,据该报社自称其特色,其一是该报信用卓著,在苏城的政府机构、学校与各大实业家,"无不置一编,先睹为快";其二是该报流通甚广,远及国内外,且普及内地吴县二十市乡,"虽穷乡僻壤,莫不有本报踪迹"。此外,在该书里的老苏台旅社的广告词,还声称备有《旅苏必读》此书,俾旅客翻阅。[1]看来该书的确有相当程度的发行量与普及性。又如出版《(最新)苏州游览指南》的上海大东书局,在该书末页广告其所印行的其他地区之游览指南,可见旅游书籍是该书局发行的重心。[2]我们再从当时知识分子的一些记录,可以看到这类指南书籍被使用的状况。如周黎庵著《半小时访章记》一文中,提到其和一群友人在1935年到苏州拜访章太炎,随身即携带《苏州指南》一书。[3]

第四,这类指南书籍都有关于苏州旅行交通的记载,显见铁路的角色非常重要,也反映游客的来源。最具代表性的是《京镇苏锡游览指南》,从书中关于游览苏州《来程》一项,就记载了从江南其他城市搭乘火车来苏州所费之时间。如上海来苏搭京沪铁路,特

---

[1] 《旅苏必读》,正文前之广告页。

[2] 包括:凌善清编《怎样的游西湖》、周瘦鹃编《湖上》、凌善清编《西湖丛话》、顾明道编《西湖探胜记》、方继之编《新都游览指南》《普陀山游览指南》等。

[3] 收入氏著《蓟门集》,出版地不详:庸林书屋,1941,第42页。

快车需2小时，快车多1刻，慢车则需3小时；从南京来苏，特快车约5小时20分，快车约需6小时10分，慢车约需7小时20分。无锡来苏的特别快车约需1小时5分，快车约1小时10分，慢车约1小时1刻到苏州站。杭州来苏则搭乘京沪、沪杭铁路联运，特快通车约需6小时40分到苏州站。[1]其他的各种旅游指南中，也往往将铁路运输置于交通项目之首，且将上海火车发车时刻列于最先，由此反映出来自上海的游客是苏州旅游的最大宗。

---

1 《京镇苏锡游览指南》，第223页。

索 引

A

安克强（Christian Henriot）4、93

B

包天笑 24-25、27-29、42、45、53、290
保甲 79、83、94、263
北伐 11、21、30、34、45、47、57-58、63、229
卜正民（Timothy Brook）217

C

茶博士 29-30
茶坊 23-24、52、162
茶馆书场业同业公会 123-125
茶馆水灶业同业公会 123-125、135-137、265

茶会 13、28、114-115、132-134、137、236、272
茶食糖果业同业公会 125
茶食糖果业职工 30、126、155、260
茶室 23、90、121-122、126、131、133、137、157-159、174、198、260、271
茶水业职业工会 126
茶肆 23-24、29、53、108
茶业同业公会 123
阊门 17、19-22、24-25、34、36-38、41-42、44-45、52、56、65、67、70、87、109、132、143-144、157、162-165、167、170、174、185、188、200、206-207、211、226-227、235、254
陈公博 256、247
陈夔龙 53、55
陈璆 183-184
陈泳 8、23、283
陈则民 81-82、88
程德全 21

程瞻庐 163

吃讲茶 13、28、117-118、128-129、131、137、259

D

大庆楼 21、37

弹词 25、29、108、118、208、290

丁廉宝 225-228、233-234

董修甲 88

杜月笙 4、219

F

傅葆石（Fu Poshiek）5

G

高仓正三 10、87、170

高纲博文 6

高冠吾 88

歌女 122、137、174、199、210、271-272

公共空间 13、107、134

顾衡如 81

观前街 20、22、24-25、27-28、34、44-45、53、68、70、80、86-87、102-103、109、121、143、145、148、158-160、163、165-169、184-186、200、202、207、211、259、270、297

光裕社 25、118

郭曾基 87-88

H

汉奸 9、16、81、86-87、225-227、229、254、261

鹤园 39、81、139、143、147、151、159

黑市 92-93、132、134、149、173、220、265、272

宏济善堂 15、61、218-220、222-229、242-243、247、253-254、262、265

虎丘 24、32-33、41、56、156、162-163、177、184、191

护龙街 22-23、44、65、69、122、143、147、157、165-170、212

沪宁铁路 20、42、63、164

黄果夫 159-160

黄驾雄 189

徽菜馆（徽馆）158

J

畸形繁荣 2、12、15-16、66、98、102-103、105、127、140、175、206、213-214、216、257-259、266-267、272

江南饭店 202-203、211
江苏省会 99、128、245
江苏省政府 60、82-85、88、97、98-99、135、142、151、196、248、258
江苏巡抚 21、53
街头文化 12、25、106-107、
节约消费 12、93、98、105、199、265
戒烟广告 15、220、237-238、254、261
戒烟局 85、219-221、224、229-231、240、246、249-250、252、254
戒烟药 15、57、62、237、256
戒烟医院 15、62、85、237-238、240、244-247、250-25
戒烟总局 15、218-220、220-224、226、231、241、243、253、262
金门 21-22、44-45、158、165、189
禁谈国事 13、136、138
禁烟运动 12、50、52、61-62、241、243-247、252、254-255、262
《京镇苏锡游览指南》9、35、43、294、298-299
景德路 21-22、44-45、74、87、141、145、165-166、168、170、172、174、258
《（居游必携）苏州快览》9、35、164、166、292
居住证 180
菊池敏夫 6
菊花山 24
军阀混战 11、21

K

柯必德（Peter J. Carroll）8
柯博文（Parks M. Coble）5
劳资纠纷 11、14、30-31、47-48、64、123、126-127、155、203-206、214、227、259-260
老苏台旅社 48、298
老正兴 110、139、147、149、153、156-159
乐乡饭店 181、189、191、209

L

李斐亚（Sophia Lee）6
李红 5、182-183
李士群 94、96、99
梁鸿志 225
两税案 31
林柏生 97、242、245
林道生 7-8、287
林则徐 53
临顿路 22-23、25-26、34、86、109、163-170
刘勤 160
陆文夫 117、119、280
陆文卿 42
沦陷区 1-8、12-14、16、62、74、83、88-89、91-93、95、99、105、107、138、140-142、173、176、178、180、191-192、194、196、198、

212–215、233、225、241–243、255、257–258、260–262、265–267、269
旅馆捐 14、18、49、64、84、90、196–198、214、262、265
旅行证 94–95、180
《旅苏必读》9、17、34、36、38、44、158、164、166、291、297–298
旅业同业公会 47–50、204
旅业职业工会 47–48、205–206、214

M

Mark S. Eykholt 7、242、246
《马关条约》20
梅乃魁 81
梅园 106、109–110、120、129、132、134

N

女茶房 122
女招待 122、137、144、160、174、234、260

P

潘瑞元 225–228
潘振霄 81–82
潘子义 82、88

蓬瀛茶社 27
平门 21–22、69、164–166、168、221

Q

钱稻荪 182
清乡 94、–97、99、142、152、180、222、230、244
情园茶坊 24

R

日常反抗（daily resistance）16

S

三万昌 25、31、106、109、133–134
三新旅社 21、189
山塘 24、32–33、41、162–163、174
盛老三 224、226
侍应生 144、188、205–206、208–210、215
书场 18、25–26、29–31、64、101、108–109、118–119、126、128、137、271、292
书场捐 18、31、90、125
舒石父 60
说书 27、29、90、118–120、129
松鹤楼 36、141、170

索 引 303

宋子文 60
《苏锡宜游览手册——〈太湖风景线〉》10、296

T

台子捐 18、27、31、64、90
太平军 19、162-163
太平天国 19、24、41、65、67、163、174、177、266
谭继洵 53
谭序初 53
唐慎坊 82、156
特业公会 15、222、225-226、253-254、265
通行证 77-79、83、94、178、180
通货膨胀 7、15、89、93、201、214
《桐桥倚棹录》24、33、41
统制经济 93、132、255
土膏店 55、223
土屋久泰 182

W

万利酒楼 159
汪精卫 7-8、66、84、88、95、97、99、142、247-248、255、261-262
王炳燮 53
王笛 106、122
王桂山 229

韦宝萱 225-226、228
"维新政府" 7、9、12、15、80、82、85-86、88、90-91、98-99、105、150、218、223-225、241、243、255、262、264
伪政权 1、3、5、7、9-10、12、14-16、66、80、86、88-90、92-98、105、140、142、145、148、150、153、173、180、193、198-199、212-214、227-228、241-242、245-246、248、250、255、259、261-267
魏斐德(Fredric E. Wakeman, Jr.) 5、7
文华楼 21、37
文学者大会 181-182、191
吴县城厢图 168-169、171-172
《吴县日报》9、28
吴县县公署 82-83
吴苑 25-29、36、53、106、108-112、114、123、134-136、141、170、271
吴宗廉 56

X

限价 14-15、111-112、125、132、148-150、156、173、201、214、263、265、268
肖邦齐(R. Keith Schoppa) 6
消费特税 12、14、90-91、105、126、152、173、198、214、262、265
小仓别墅 25
"协力政权" 6、82、261-262

新闻门 21、238
新国民筵席 153-154
"新国民运动" 12、94-98、105、125、153、162、199、205、241、244-245、247、258、261-262
新苏台饭店 189
新苏台旅社 21
《新苏州导游》44-45、178-179、184、295
胥门 21-23、28、41、44、56、104、109、147、162、165、170、213
宣抚班 74、77、81、83、141、172
玄妙观 22、24、29、31、33、38-40、45、55、103-104、109、130、133、141、162-163、165、167、169、184、209、235、254
学生运动 242、245-246

Y

鸦片公卖 18、58、60、84-85、242
雅集 25
烟民 55、57、60-62、85、219、222、224-225、227、231-232、235、238、240、243、245-247、249-253、255、263
岩间一弘 6

筵席捐 14、18、39、64、84、90-91、95、150-152、156、173、197-198、262、265
杨钦承 229、240
叶楚伧 41、127
叶鸿英 81、
叶文心（Yeh wen-hsin）4-6
音乐咖啡座 159-160、174、260、271
殷汝耕 218
营业税 18、31-32、39、49、60、82、84、99、194、199、262、265
尤翔 178、295
"寓禁于征" 55、57-58、64、223、244、254

Z

张一麐 74
张之铭 39、151-152
郑逸梅 26、35、74、141、290、293
周作人 181
朱振华 224-226、228-229
"自治会" 12、66、74、80-82、85-86、105、141、172、223、261-262
《(最新)苏州游览指南》9、35、43、74、141、164、166、293、298
《最新苏州指南》10、296-297

索　引　305